Heimwerker

DER PERFEKTE

DER PERFEKTE Heimwerker

Herausgegeben
von
Otto A. Fischer

NAUMANN & GÖBEL

DER PERFEKTE HEIMWERKER

Redaktion: Otto A. Fischer
Grafische Gestaltung: Creativ-Service-Studio, Hamburg
Satzarbeiten: Fotosatz Berger GmbH, Köln
Reproduktionen: Dahmen & Morgenstern, Duisburg
Gesamtherstellung: Mainpresse Richterdruck, Würzburg
Printed in West Germany

ISBN 3-625-10701-5

Inhalt

1 Werkzeug- und Maschinenkunde 8

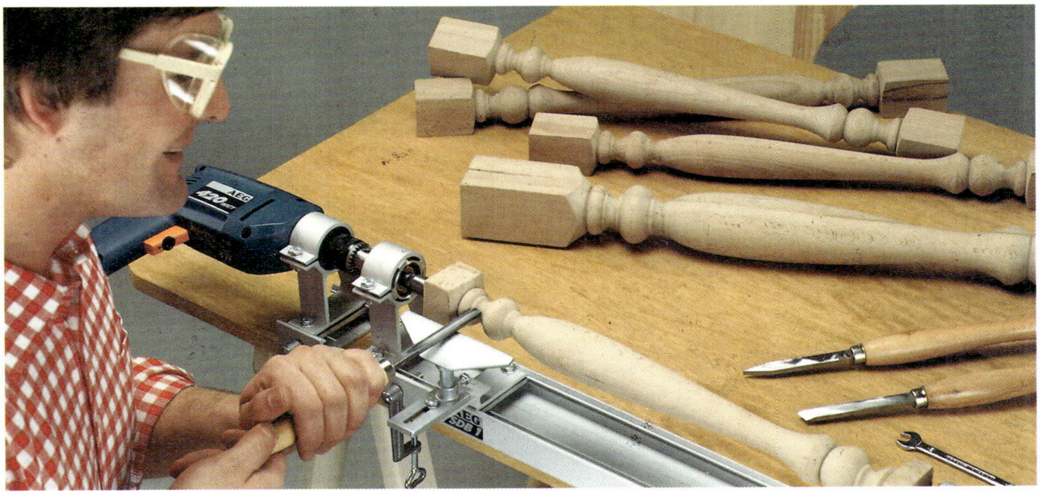

4 Rund ums Auto

Stichwortverzeichnis

1 WERKZEUG- UND MASCHINENKUNDE

Perfekt wie ein Profi

Was die Hersteller heute dem Heimwerker an Maschinen anbieten, das braucht den Vergleich mit Profi-Werkzeug nicht zu scheuen; einige Hersteller unterscheiden gar nicht mehr zwischen Heimwerker- und Profi-Qualität. Es gibt aber auch weniger leistungsfähige Heimwerkermaschinen zu kaufen. Eine gründliche Prüfung des Angebots ist deshalb dringend anzuraten, denn häufig entpuppt sich das Super-Sonderangebot als unpräzise und leistungsschwach.

Wenn man sich eine eigene Werkstatt einrichtet, dann muß es nicht gleich zu Anfang ein kompletter „Maschinenpark" sein. Besser ist es, man schafft sich seine Maschinen Stück für Stück, nach den jeweiligen Erfordernissen, an. Entscheidend ist beim Maschinenkauf die Qualität, denn mit einer billigen und schlecht verarbeiteten Maschine wird man niemals sauber und präzise arbeiten können. Das macht dann wenig Spaß. Achten sollte man auch auf die „Folgekosten", die ein Gerät mit sich bringen kann. Läßt sich beispielsweise der Schwingschleifer mit normalem Sandpapier bestücken oder braucht man dafür (bedeutend teurere) selbstklebende Spezialbogen? Solche Überlegungen wirken auf den ersten Blick kleinlich, aber wenn man größere Arbeiten zu erledigen hat, dann machen sich solche Unterschiede deutlich bemerkbar, und die „Weitsicht" beim Maschinenkauf macht sich bezahlt.

Darüber hinaus dürfte simples Sandpapier einfacher zu beschaffen sein. Abzuraten ist auch, jedenfalls in den meisten Fällen, von Vorsatzgeräten für die Bohrmaschine. Zwar ist der ursprüngliche Gedanke einleuchtend, daß man nicht für jede Maschine einen separaten Motor haben muß. Der Nachteil, den man sich auf diese Art erkauft, ist jedoch eine meist unhandliche und unpraktische Maschine, die man bestenfalls als Übergangslösung akzeptiert, bis man sich etwas „Richtiges" gekauft hat. Für viele Vorsatzgeräte reicht auch einfach die Drehzahl der Bohrmaschine nicht aus; eine gute Oberfräse beispielsweise dreht etwa drei- bis viermal so hoch wie eine Bohrmaschine. Die Versuchung, sich Vorsatzgeräte anzuschaffen, ist jedoch inzwischen lange nicht mehr so groß wie noch vor ein paar Jahren. Denn auch die Hersteller haben eingesehen, daß man mit solchen Geräten keinen Heimwerker begeistern kann, und vieles wird heute gar nicht mehr angeboten. Eine weitere Frage beim Kauf von Maschinen ist die nach der Größe und Leistung des Gerätes, denn es kommt nicht nur auf Leistung an.

Häufig sind kleinere Maschinen ihren „großen Brüdern" vorzuziehen, weil sie viel handlicher sind. Mehr dazu im einzelnen auf den nachfolgenden Seiten.

Rachengold
HUSTENBONBONS
Brenn-
Spiritus
Johnson
gloss
hobby
AEG
AEG
Zweigang-Schlagbohr-Schrauber
Two-speed percussion drill/screwdriver
Perceuse à percussion-visseuse
électronique à 2 vitesses
SB 2E 1001 RL
ZT-HKS

Bohren und Schrauben

Die Bohrmaschine ist ganz unbestritten die wichtigste Maschine in der Heimwerkstatt. Entsprechend groß ist das Angebot: Es reicht vom superstarken Bohrhammer bis hin zur winzigen Modellbau-Bohrmaschine. Daneben gibt es noch Akku-betriebene, netzunabhängige Bohrschrauber. „Normale" Schlagbohrmaschinen sind in verschiedensten Abmessungen und Leistungsstufen zu haben. Für welchen Typ man sich schließlich entscheidet, hängt in erster Linie davon ab, wofür die Maschine hauptsächlich gebraucht wird. Es wäre zum Beispiel Unsinn, sich einen großen, schweren (und verhältnismäßig teuren) Bohrhammer zuzulegen, wenn man hauptsächlich in Ziegelwände, Holz oder Metall bohrt. Beim Bohren in Beton allerdings werden selbst kleinste Löcher auch mit einer starken Schlagbohrmaschine schnell zur Quälerei. Elektronische Drehzahlregelung und Rechts-Links-Lauf haben heute fast alle modernen Bohrmaschinen und Bohrhämmer. Sie sind also alle auch als Schrauber einsetzbar. Doch wenn man viel zu schrauben hat, bewährt sich schnell ein leichter und handlicher Akku-Bohrschrauber.

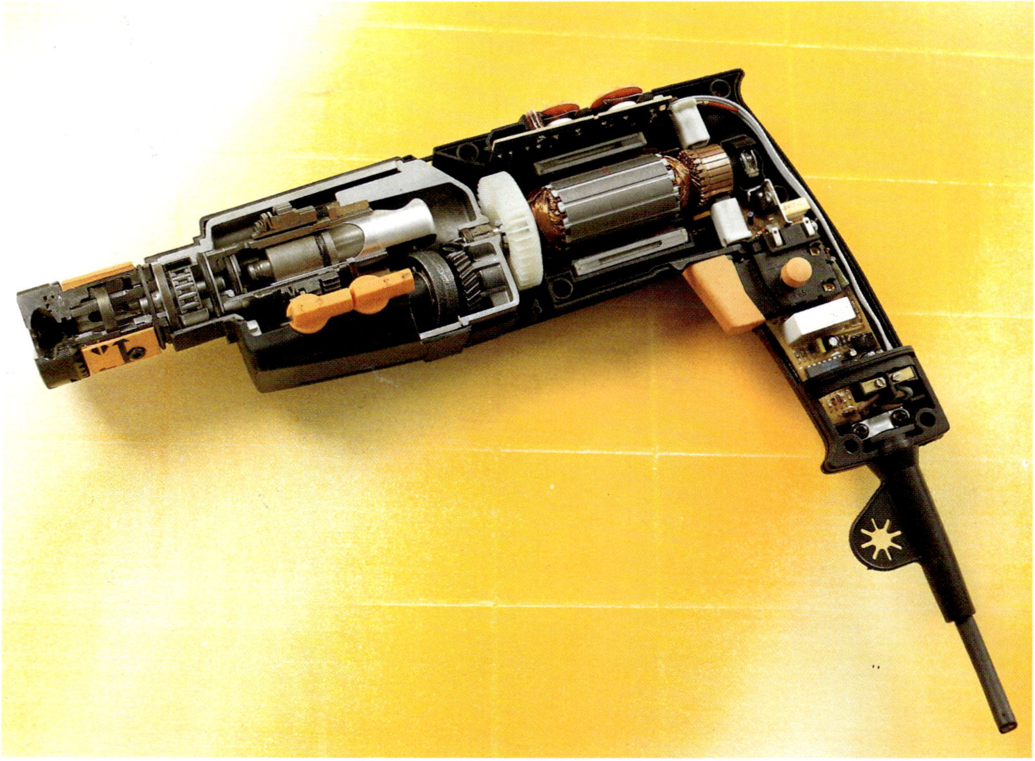

1 Der Schnitt durch einen hochmodernen Bohrhammer mit pneumatischem Schlagwerk, Regelelektronik und Rechts-Links-Lauf zeigt, wieviel Technik hier auf engstem Raum vereint ist.

TIP

Vor dem Bohren in Kacheln und Keramikfliesen klebt man einfach ein Stück Kreppband an die Stelle, an der gebohrt werden soll. So kann der Bohrer nicht abrutschen. Wichtig: Das Schlagwerk erst zuschalten, wenn die Fliese durchbohrt ist, sonst kommt es zu Rißbildung.

2 Selbst härtester Beton läßt sich mit dem Bohrhammer mühelos bohren. Auch wenn man noch so kräftig drückt, kommt die Schlagbohrmaschine nicht einmal halb so schnell voran.

3 Für verschiedene Aufgaben gibt es das jeweils passende Bohrfutter. Dies macht den Bohrhammer vielfältig einsetzbar.

4 ▼

5 ▲

6 ▼

4 Für punktgenaue Bohrungen in Stein und Mauerwerk ist die Schlagbohrmaschine das richtige Werkzeug.

5 Exakt rechtwinklige Bohrungen im Metall, Holz und Kunststoff ermöglicht der Bohrständer, der zudem ein Plus an Sicherheit bringt.

6 Handliche Akku-Bohrschrauber haben ein beachtliches Drehmoment und sind unabhängig vom Stromnetz.

Sägen und Schneiden

Kaminholz kann man mit der Bügelsäge ablängen. Gerade Schnitte macht man mit der Tischlersäge oder dem Fuchsschwanz, und für Kurvenschnitte gibt es die gute alte Laubsäge... So kann man es natürlich auch halten, aber wenn man größere Mengen oder größere Querschnitte zu sägen hat, wird man doch lieber zu einer elektrischen Kettensäge beziehungsweise einer Stichsäge greifen; wenn es um absolut saubere Schnittkanten geht, muß eine Kreissäge her. Die Stichsäge erweist sich schon nach kurzer Zeit als nahezu unentbehrlich, weil man mit ihr fast alle Materialien schneiden kann; eine stufenlose Hubzahlregelung macht auch Schnitte in Metall oder Kunststoff zum Kinderspiel, und bei Ausschnitten oder engen Kurvenradien ist die Stichsäge richtig in ihrem Element. Mit einer Kettensäge sind grobe Schnitte (nicht nur am Kaminholz) schnell gemacht. Die Kreissäge bleibt an Präzision einfach unübertroffen, vor allem in Verbindung mit einem Sägetisch.

TIP

Wenn man größere Mengen mit der Kreissäge zu schneiden hat, sollte man Ohrenschützer tragen. Das schrille Kreischen ist auf Dauer nicht nur unerträglich, sondern verursacht auch bleibende Schäden.

1 Die Stichsäge ist nahezu universell einsetzbar; ob nun Holz, Metall oder Kunststoff verarbeitet wird, ob Gehrungen, Rundungen oder Ausschnitte gesägt werden.

2 Präzise Gehrungsschnitte bei der Handkreissäge macht die schwenkbare Bodenplatte in Verbindung mit einem Parallelanschlag möglich.

3 Häufig geht es stationär noch leichter: ein spezieller Zusatztisch ermöglicht sicheres und perfektes Arbeiten.

4 Für grobe Sägearbeiten, zum Beispiel im Garten, ist die elektrische Kettensäge das ideale Werkzeug. Schutzhandschuhe tragen.!

Hobeln und Schleifen

1 ▲ 2 ▲ 3 ▼

Hobeln und Schleifen kann maschinell erfolgen, wodurch perfekte Oberflächen geschaffen werden. Breitbandschleifer und Elektrohobel lassen sich meist mit einfachen Zusatzvorrichtungen im Nu zu stationären Maschinen umbauen.

1 Der Einhandhobel – kraftvoll und handlich zugleich.

2 Eine elektronische Drehzahlregelung sorgt beim Bandschleifer für materialgerechten Schliff.

3 Mit dem Schwingschleifer schafft man perfekt-glatte Holzoberflächen und tragfeste Lackuntergründe.

TIP

Beim Hobeln und Schleifen fällt viel Staub an. Deshalb gibt es für viele Geräte Staubbeutel oder spezielle Absaugvorrichtungen, die sich an den Staubsauger anschließen lassen.

Fräsen, Schnitzen und Drechseln

Nuten, Fälzen, Profilieren – das sind die wichtigsten, aber noch lange nicht alle Einsatzbereiche der Oberfräse, deren Kernstück ein kräftiger, hochtouriger Motor ist. Zusammen mit einem Sortiment verschiedener Fräsköpfe, die der Fachhandel in breiter Auswahl bereithält, bietet die Oberfräse eine Fülle von Einsatzmöglichkeiten. Moderne Oberfräsen verfügen über eine Regelelektronik, die nicht nur eine stufenlose Drehzahlregulierung für werkstoffgerechtes Arbeiten ermöglicht, sondern die Drehzahl auch bei Belastung konstant hält. Das sorgt für besonders saubere Fräskanten, ob man nun Eckverbindungen zinken oder ein Regalbrett mit einem Zierprofil versehen will. Darüber hinaus gibt es für viele Oberfräsen Zusatzgeräte wie

1 Rund 28000 Umdrehungen pro Minute leistet der Motor einer hochwertigen Oberfräse. Das bewirkt saubere Ergebnisse.

2 Zusammen mit einem kombinierten Bohr- und Fräsständer erhält man eine perfekte stationäre Oberfräse.

3 Am stationären Frästisch lassen sich zum Beispiel Profilleisten individuell und exklusiv selbst herstellen.

4 Ein Aufspannbock und eine biegsame Welle schaffen neue kreative Möglichkeiten: Schnitzfräsen mit der Oberfräse.

zum Beispiel biegsame Wellen oder Frästische, die noch mehr Einsatzmöglichkeiten und Raum für Kreativität schaffen.

Drechseln wird dank des relativ günstigen Angebots an hochwertigen Drechselbänken unter Heimwerkern immer beliebter. Zweifellos gehört die Arbeit an der Drechselbank schon zur „Hohen Schule" der Tischlerarbeit; sie erfordert eine ganze Menge Übung, macht aber unabhängig davon sehr viel Spaß und ermöglicht das kreative Umsetzen eigener Ideen. Als Antriebsmaschine für eine Heimwerker-Drechselbank verwendet man einfach die Bohrmaschine. Solide Spannvorrichtungen geben beim Längs- und Querdrechseln ausreichend Halt. Gute Drechselbänke verfügen darüber hinaus über eine separate Lagerung der Mitnehmerspitze. Das verhindert eine übermäßge Belastung der Bohrmaschine. Beim Kauf einer Drechselbank sollte man außerdem darauf achten, daß auch längere Werkstücke eingespannt und bearbeitet werden können. Wenn gewährleistet ist, daß sich die Drechselbank schnell und haltbar auf dem Arbeitstisch befestigen läßt, steht den ersten Drechselversuchen nichts mehr im Wege.

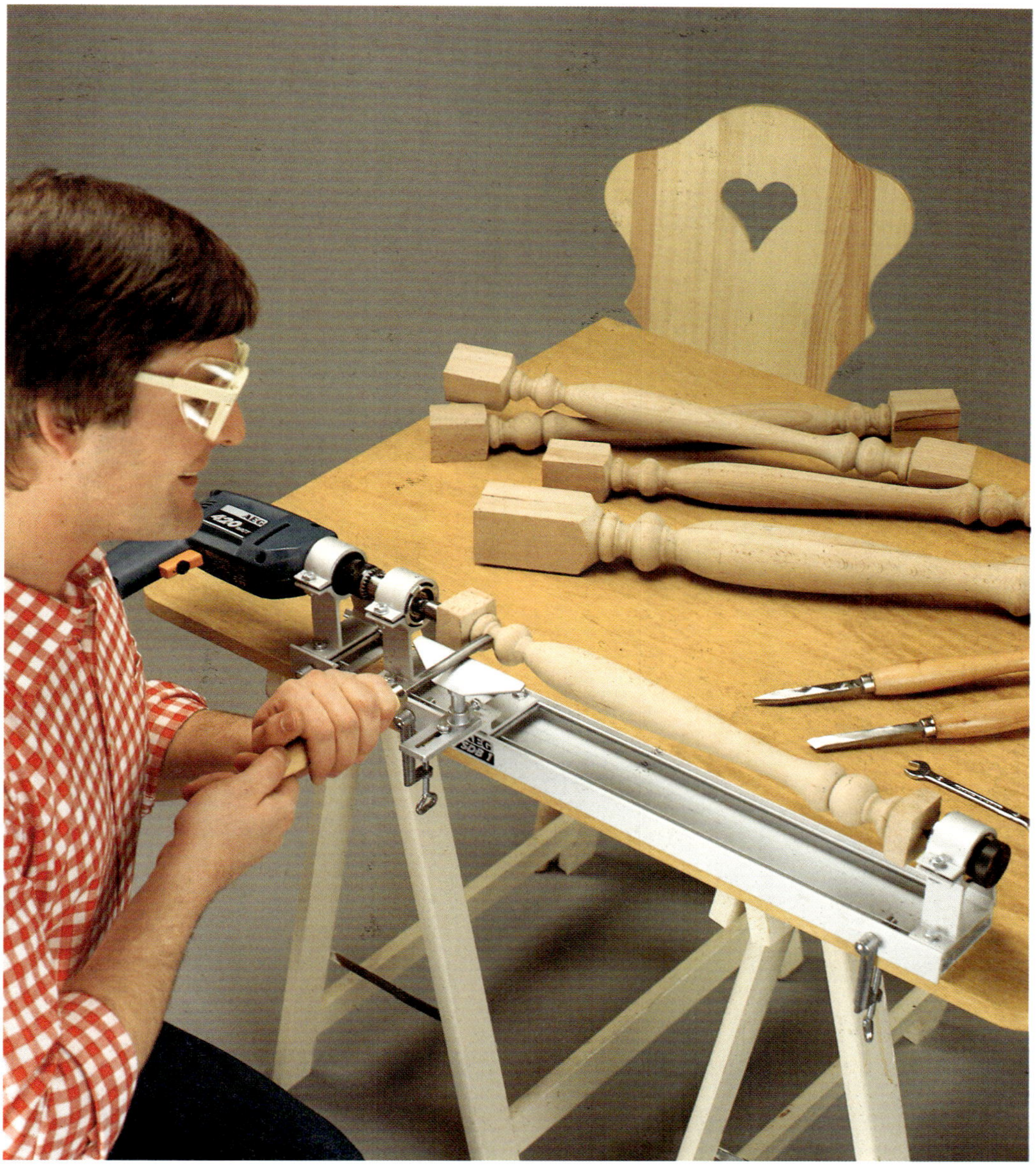

5 Mit zusätzlichen Führungsschienen zur Aufnahme der Körnerspitze kann man nahezu beliebige Drechsellängen bearbeiten. Mit einfachen Schraubzwingen kann die Drechselbank schnell und solide am Arbeitstisch befestigt werden.

6 Ein separater Aufspannbock und eine separate Lagerung der Mitnehmerspitze sorgen dafür, daß die Antriebsmaschine nicht zu stark beansprucht wird. Dies ist besonders beim Querdrechseln von Vorteil.

TIP

Nicht nur Holzschalen und Stuhlbeine lassen sich mit der Drechselbank fertigen, sondern zum Beispiel auch individuelle Knöpfe und Griffe für selbstgefertigte Möbel. So braucht man nicht einmal mehr bei Kleinteilen auf Fertigprodukte zurückzugreifen.

Metall schruppen, trennen, polieren und schleifen

Aus der professionellen Metallbearbeitung ist der Winkelschleifer wegen seiner großen Vielseitigkeit schon lange nicht mehr wegzudenken, doch auch in vielen gutbestückten Heimwerkstätten hat er inzwischen einen festen Platz gefunden. Tatsächlich kann man mit dieser simplen (und daher auch preiswerten) Maschine sehr viele Arbeiten mit Metall und anderen harten Werkstoffen wie zum Beispiel Waschbeton ausführen. Für die verschiedenen Einsatzbereiche gibt es entsprechende Scheiben, mit denen man schruppen, trennen, polieren oder entrosten kann. Auch für den Winkelschleifer gilt, daß die größten und leistungsstärksten Geräte nicht unbedingt die „besten" sind. Durch ihr Gewicht und den Schwung der großen Scheibe sind sie nicht handlich und müssen grundsätzlich mit beiden Händen geführt werden. Man braucht sie besonders zur Trennung großer Teile. Für feinere Arbeiten sind Maschinen mit kleinen Scheiben daher geeigneter.

1 ▲

1 Mühelos lassen sich Metallteile mit eingesetzter Trennscheibe aufschneiden. Hochwertige Geräte lassen sich für Linkshänder im Nu umrüsten, das sorgt für sicheren Halt in der Hand des Heimwerkers.

2 ▼

2 Mit aufgesetzter Stahlbürste wird der Winkelschleifer zur perfekten „Entrostungsmaschine", mit der man auch alte Anstriche mühelos und schnell entfernen kann.

3 ▼

3 Gerade bei Lackierungsarbeiten am Auto kommt es darauf an, den Rost bis zum blanken Metall zu entfernen. Mit einem Winkelschleifer läßt sich diese Arbeit sauber und professionell ausführen.

TIP

Bei allen Schrupp- und Trennarbeiten mit dem Winkelschleifer sind Schutzbrille und -handschuhe nötig. Außerdem sollte man keine Kunstfaser-Kleidung tragen: Sie schützt nicht vor glühenden Metallteilen.

Tackern und Heißföhnen

1 Eine elektronische Schlagkraftregulierung ermöglicht Polsterungs- und Bespannungsarbeiten, die auf Anhieb gelingen.

2 Spezielle Vorsatzdüsen machen den Heißluftföhn vielseitig einsetzbar. Die Glasschutzdüse beispielsweise verhindert ein Springen des Glases.

Neben den „klassischen" Heimwerkermaschinen, die auf den vorangehenden Seiten vorgestellt werden, gibt es auch noch zahlreiche neuere Geräte, die weniger bekannt sind. Viele von ihnen erleichtern dem Heimwerker die Arbeit enorm. Der Heißluftföhn z.B. stellt beim Entfernen alter Lackschichten eine vernünftige und ungiftige Alternative zum Abbeizmittel dar. Während man noch vor wenigen Jahren auf eine Lötlampe mit offener Flamme angewiesen war, wenn man keinen Abbeizer verwenden wollte oder konnte, geht es heute einfach und risikolos mit dem Heißluftföhn. Da verbrennt so leicht nichts. Man kann mit dem Heißluftföhn allerdings auch Holz flämmen und auf diese Weise eine dekorative Oberfläche schaffen. Ein weiteres großes Anwendungsgebiet des Heißluftföhns ist die Arbeit mit Heißklebern, wie sie z.B. bei Kantenumleimern verwendet werden. Völlig neue Möglichkeiten schafft der Heißluftföhn in der Kunststoffbearbeitung; mit seiner Hilfe kann man Kunststoffe verformen, kleben oder zusammenschweißen.

Der Elektrotacker ist nicht nur eine etwas bequemere Version des altgedienten manuellen Tackers, welcher vor allem bei Deko-Arbeiten häufig verwendet wird. Durch seine hohe Schlagkraft und die Möglichkeit, verschiedene Klammern und auch Nägel per Tacker zu verarbeiten, lassen sich beispielsweise auch Holzvertäfelungen schnell und kraftsparend anbringen. Darüber hinaus ist ein Elektrotacker jedoch selbstverständlich auch für Deko-Arbeiten wie zum Beispiel Polstern oder Bespannen ideal. Von Vorteil ist in jedem Fall eine elektronische Schlagkraftregulierung, die ein materialgerechtes Arbeiten ermöglicht. Hochwertige Elektrotacker haben eine spezielle „Nase", mit der man auch in Profilnuten einwandfrei arbeiten kann. Dies ist vor allem beim Anbringen von Zierpaneelen und Profilholzvertäfelung praktisch.

TIP

Mit einem Heißluftföhn kann man nicht nur alten Lack entfernen und Kunststoffe verformen, sondern sogar Weichlot zum Schmelzen bringen. Das kann man sich zunutze machen, wenn alte Lötverbindungen gelöst werden sollen. Beim Löten größerer Teile kann man den Heißluftföhn auch zur „Unterstützung" des Lötkolbens einsetzen und die Werkstücke vor dem eigentlichen Löten erwärmen.

Holzplatten für viele Zwecke

Im Vergleich zum Vollholz bietet Plattenware einige Vorteile: Aufgrund der Verleimung weist sie deutlich geringere Quell- und Schwindeigenschaften auf. Das macht ihre Verarbeitung um einiges problemloser als die von Massivholz. Zudem sind sie auch in größeren Flächen erhältlich und preiswerter.

Beim Sperrholz, zu dem man die Furnierplatte genauso zählt wie die Tischlerplatte, wird das „Arbeiten" des Holzes durch die verschiedenen Faserrichtungen der verleimten Holzschichten verhindert. Das geringere Längen- und das größere Breitenschwindmaß liegen übereinander. Die einzelnen Lagen sind auf diese Weise abgesperrt. Auch Spanplatten sind in der Regel aus mehreren Schichten aufgebaut, nämlich mit einer loseren Mittelschicht und dichteren Deckschichten (siehe hierzu die untenstehende Abbildung). Durch Verfilzung von Holz und anderen zellulosehaltigen Faserstoffen und den Zusatz von Bindemitteln erhalten die Holzfaserplatten ihre Konsistenz. Man unterscheidet nach Dichte und Festigkeit zwischen porösen Holzfaserplatten (Dämm- und Isoliermaterial) und harten Faserplatten. Sehr dekorativ und vielseitig sind die als Leimholz angebotenen Platten.

1 Leimholz aus Eiche. Ein aus Leisten zusammengeleimtes Plattenmaterial, das vom skandinavischen Möbelbau (Tischplatten) her bekannt ist.

2 Dreilagige Tischlerplatte, stabverleimt.

3 Fünffache bzw. edelfurnierte dreifache Tischlerplatte. Die Faserrichtung des Edelfurniers (hier Kiefer) verläuft quer zum Absperrfurnier und damit wieder in Richtung der Mittellage.

4 Hirnholzplatte aus Kiefer. Es gibt sie in 40 mm Dicke im Handel.

5 Leimholz aus Kiefer, 200 x 20 mm, wird vor allem für Regalböden eingesetzt.

6 Tisch-Arbeitsplatte aus Kiefer, DD-lackiert.

7 Lamellenplatte: Die Innenlage dieser Tischlerplatte besteht aus 2,5 mm dicken, untereinander verleimten Schälfurnierstreifen.

8 Dicke Furnierplatte (Multiplex) mit besonders hoher Festigkeit,

Eine Fünfschichten-Spanplatte zeigt diese Abbildung. Die Einschnitte verdeutlichen die unterschiedlich dichten Gefüge von Mittel-, Zwischen- und Deckschicht.

wird in Dicken bis 38 mm hergestellt.

9 Wasserfest verleimtes Sperrholz, 25 mm, Meranti.

10+11 Sperrholz in Limba (10) und Gabun (11) ist üblicherweise in Plattenstärken von 4–12 mm auch im Ausschnitt zu erhalten.

12 Sperrholz mit Kiefernfurnier, 4 mm dick, zum Beispiel für sichtbare Rückwände.

13 Betonverschalungsplatte mit einer filmbeschichteten, glatten Oberfläche, daher mehrfach einsetzbar; koch- und wasserfest.

14 Flugzeugsperrholz (Modellbausperrholz, Buche) gibt es schon in 0,8 mm Dicke.

15+16 Küchenarbeitsplatten mit gerader und gerundeter („forming") Kante.

17 Dreischichten-Spanplatte, beidseitig mit 0,9 mm dicken Schicht-Preßstoffplatten beleimt.

18 Spanplatte mit Echtholz-Furnier aus Nußbaum.

19 Melaminharzbeschichtete Spanplatte, matt-weiß.

20 Spanplatte mit Teakholz-Dekor und Melaminharzbeschichtung.

21 Geschliffene Fünfschichten-Spanplatte.

22 Phenolharz-gebundene Spanplatte, wasserfest. Die Spangröße sagt nichts über den Binder aus. Es gibt auch wasserfeste Spanplatten mit kleineren Spänen und nicht wasserfestes Material mit großen Holzspänen.

23 Dämmplatte: Derartige poröse Holzfaserplatten weisen gute Schallabsorptions- und Wärmedämmungseigenschaften auf.

24 Harte Holzfaserplatte in einer einfachen Ausführung mit einer blanken und einer genarbten Seite, für Rückwände, Schubkästen usw.

25 Einseitig weiß beschichtete Holzfaserplatte.

26 Holzfaserplatte mit Maserdekordruck. Gleiche Verwendung wie bei den Positionen 24 und 25.

27 Kachelplatte: eine geprägte Holzfaserplatte.

28+30 Lochplatten (Holzfaser) mit unterschiedlichen Lochdurchmessern und Lochabständen.

29 Filigree-Dekorplatte für Verkleidungen, vorwiegend bei Heizkörpern.

Leisten mit Profil vom laufenden Meter

Im Holzhandel und in gutsortierten Heimwerkermärkten ist das Angebot von Profilleisten fast unüberschaubar. Für nahezu jeden Zweck gibt es ein passendes Leistenprofil in verschiedenen Größen und Ausführungen. Profilleisten werden aus leicht zu bearbeitenden Hölzern, meist Ahorn, Buche, Ramin oder Redwood, hergestellt. Ihr idealer Einsatzbereich sind Kanten und Übergänge.

1-8 Bilderrahmenleisten gibt es in verschiedensten Größen und Zierformen.

9+10 Trapezleisten werden bei der Verkleidung von Heizkörpern eingesetzt.

11-13 Winkelleisten gibt es ab ca. 17 x 17 mm bis 36 x 36 mm.

14 Mit Jalousieleisten wird die Mechanik des Rollos unsichtbar.

15-18 Glasfalzleisten halten das Glas im Fensterrahmen.

19+20 Scheuerleisten werden besonders beim Abschluß von Wand und Fußboden eingesetzt.

21 Rechteckleisten gibt es in vielen Größen ab 5 x 10 mm bis 20 x 60 mm. Sie sind auch in quadratischer Form erhältlich.

22-24 Tapeten- oder Deckleisten, ab 4 x 18 mm bis 6 x 40 mm.

25 Diese Profilleiste ist besonders als Kantenabschluß geeignet.

26-30 Hohlkehlleisten in verschiedenen Ausführungen, gibt es ab 12 x 12 mm bis 33 x 39 mm.

31 Kranzleiste, vorzugsweise als Abschlußleiste für Paneele eingesetzt.

32 Zahnleisten werden für versetzbare Einlegeböden benötigt.

33+34 Bekleidungsleisten werden meist bei Türfutter (Türrahmen) verwendet, sind aber auch als Fußbodenabschluß gebräuchlich.

35-37 Tischkantleisten gibt es ab 6 x 20 mm bis 8 x 40 mm.

38+39 Fußleisten bilden stets den richtigen Abschluß von Wand und Fußboden.

40 Saunabanklatten, geeignet für Innenverkleidungen und zum Bau von Gartenmöbeln. Die abgebildeten Leisten werden am besten mit Drahtstiften befestigt und bilden so stets einen sauberen Abschluß. Man kann diese Fertigteile ganz nach Belieben beizen, lackieren und polieren.

Nägel und Haken: Schnell und praktisch

Genagelte Verbindungen sind gewiß nicht die haltbarsten. Wird in der Praxis trotzdem sehr viel genagelt, dann deshalb, weil es keine schnellere Möglichkeit gibt, zwei Holzteile miteinander zu verbinden. Wenn man richtig nagelt und Leim an die Naht gibt, hält die Verbindung besser.

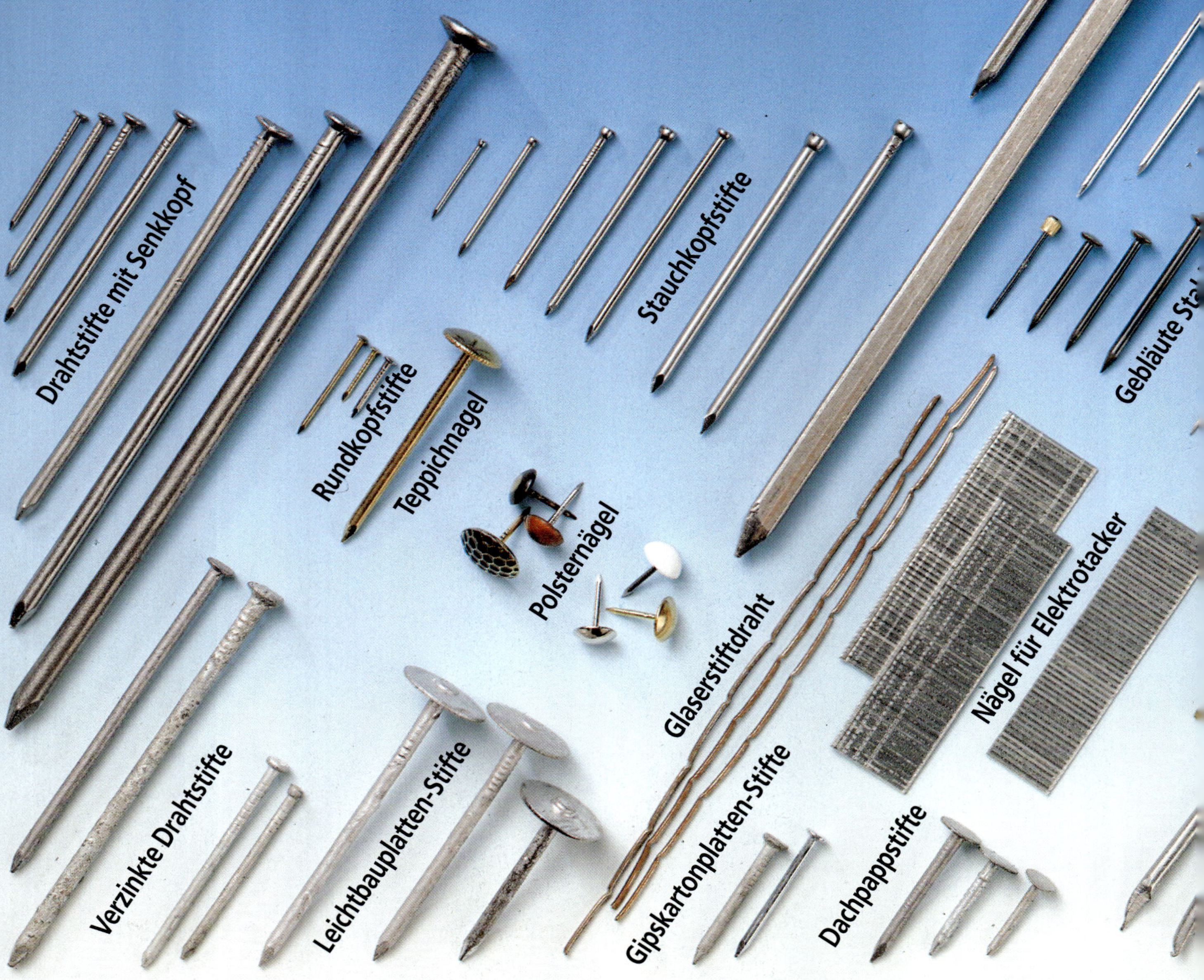

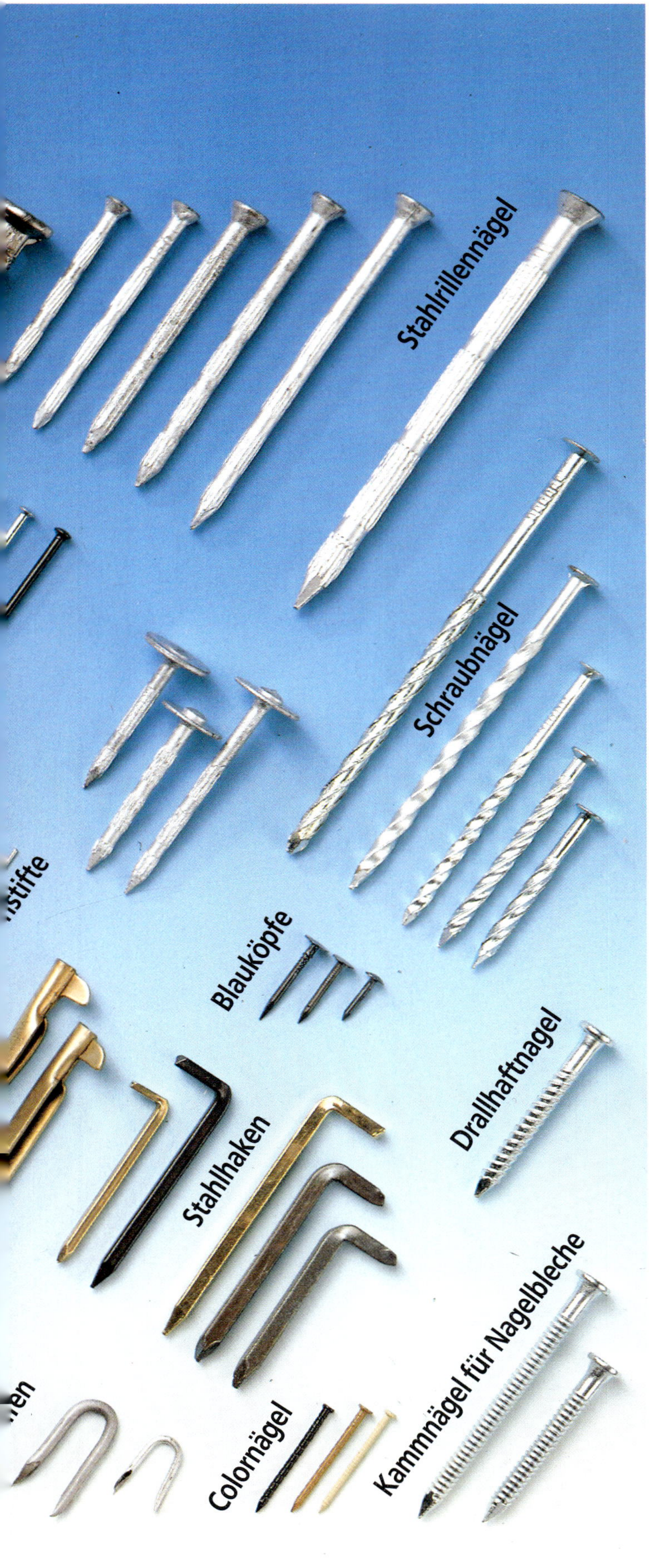

Nagelspitzen können wie Keile wirken und besonders an dünnen Leisten- oder Brettenden das Holz spalten. Dies verhindert man, indem man sie staucht.

Zum Versenken der Nägel benötigt man kein spezielles Werkzeug. Man braucht nur einen weiteren Nagel quer darüberzulegen (Kopf auf Kopf) und mit dem Hammer auf den Kopf zu schlagen.

Nagelverbindungen werden haltbarer, indem man die Stifte nicht senkrecht, sondern leicht schräg einschlägt – am besten abwechselnd in beiden Richtungen.

Die Nägel werden diagonal versetzt eingeschlagen, um zu vermeiden, daß sie dieselbe Holzfaser treffen. Auf diese Weise wird die Gefahr des Spaltens verringert.

Schrauben und Schraubhaken

Die Vorteile geschraubter gegenüber genagelter Verbindungen liegen auf der Hand: Sie sind haltbarer und wieder einfacher zu lösen.

Unterschieden wird bei Schrauben nicht nur nach dem Verwendungszweck, also zum Beispiel zwischen Eisen-, Holz- und Spanplattenschrauben, sondern auch nach Art der Ausführung: Senk-, Linsen-, Halbrund- und Zylinderkopf. Weiterhin kann nach der Gestaltung der Schlitze differenziert werden: Neben einfachen Schlitzen, Kreuzschlitz und Pozidriv gibt es bei einigen Schrauben auch einen Innen-Sechskant.
Die Maße werden in Millimetern angegeben, zum Beispiel 4 x 30 mm oder M 4 x 30 mm. Die erste Zahl steht dabei für den Durchmesser, die zweite für die Länge der Schraube. Das M ist kennzeichnend für ein metrisches Gewinde. Im Möbelbau werden in zunehmendem Maße anstelle von Holzschrauben die praktischeren Spanplatten-Schrauben eingesetzt.
Sie haben den Vorteil, daß man nicht vorbohren muß, denn sie schneiden sich selbst ins Holz. Man spart Zeit bei der Montage und kann die Bohrmaschine statt mit einem Bohrer gleich mit einem Schraubendreher-Einsatz ausrüsten. Vor allem Schrauben mit einem Pozidriv-Kreuzschlitz sind auf diese Art und Weise im Nu eingedreht. Ringschrauben und runde Schraub-

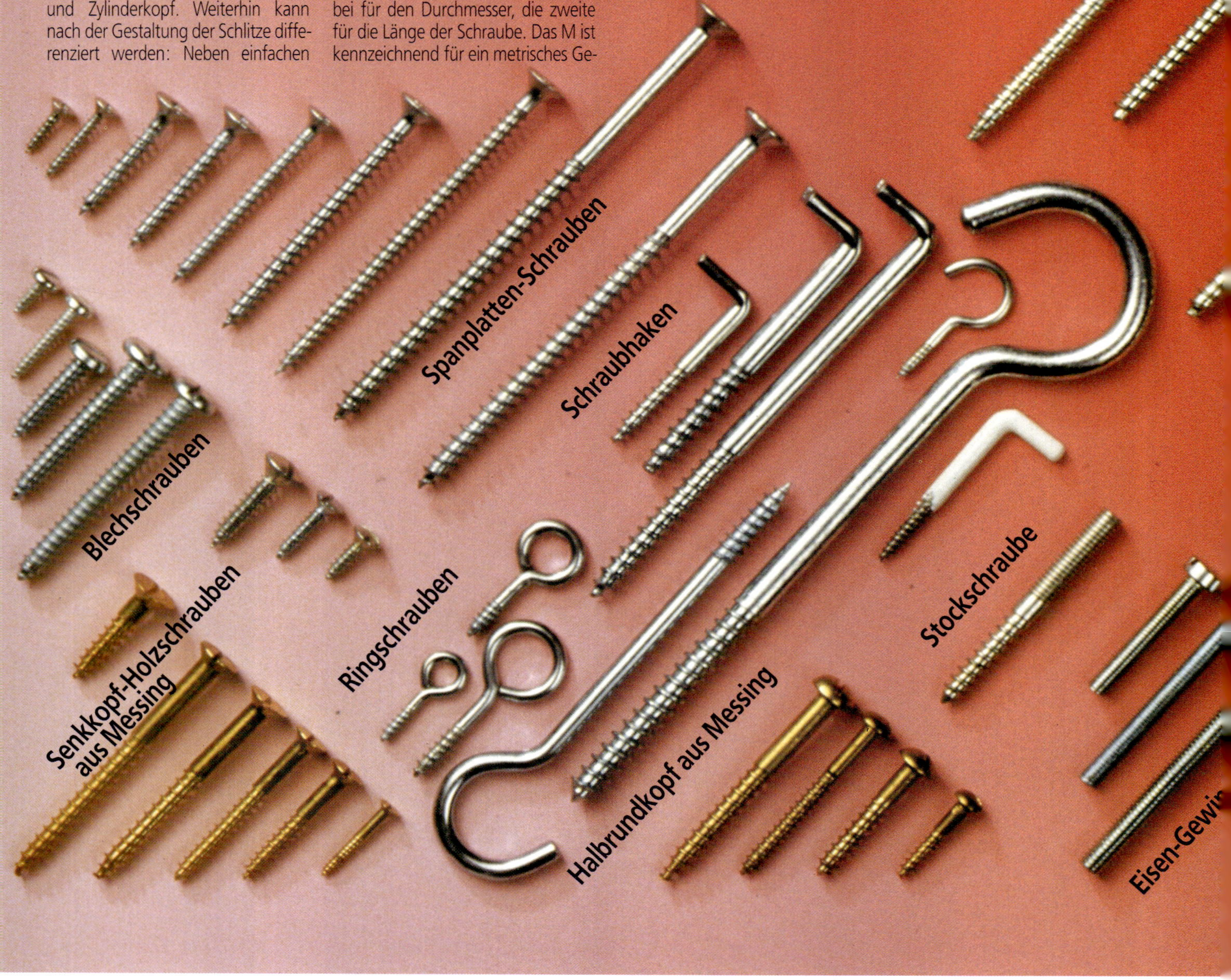

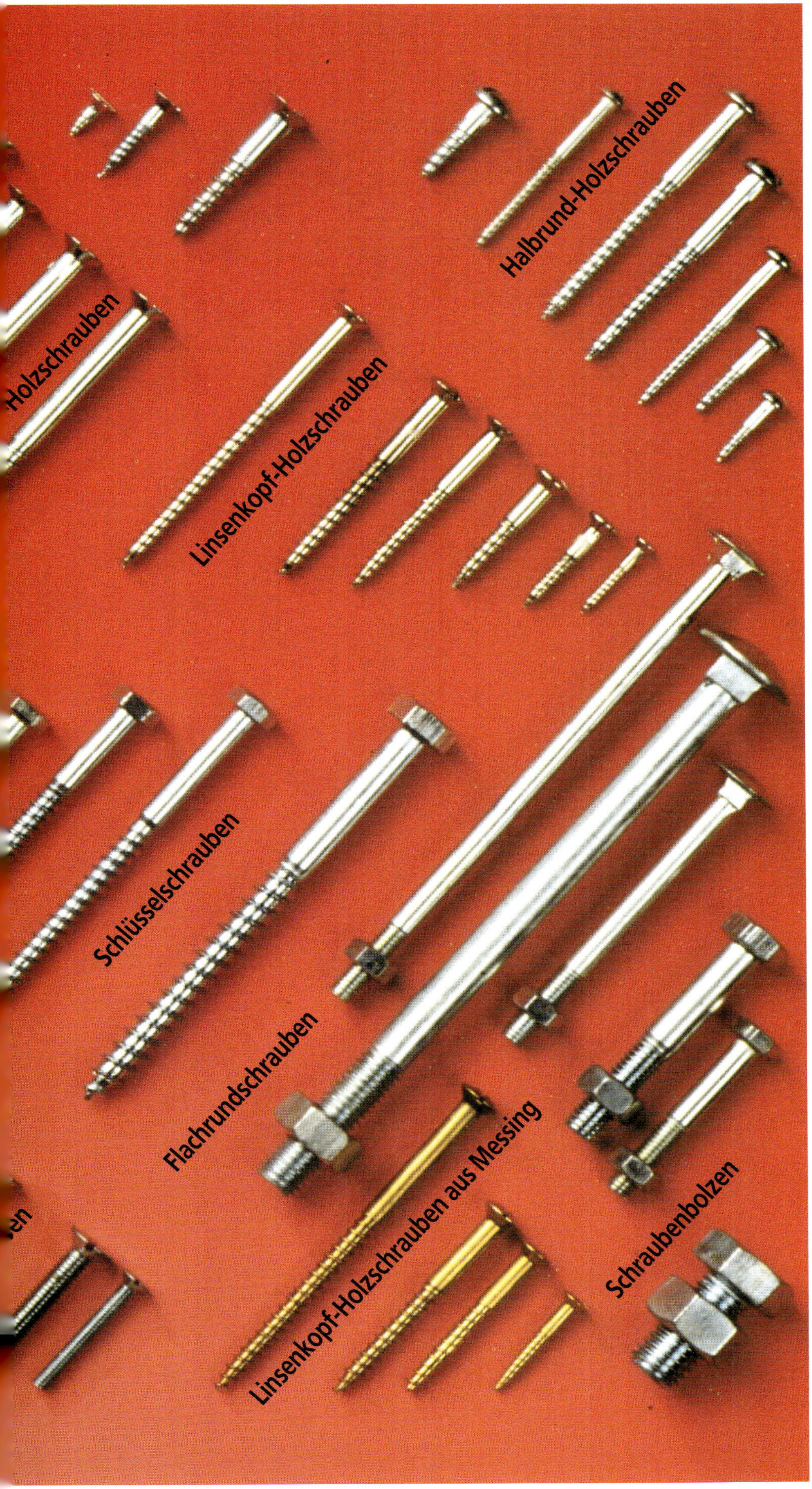

haken dreht man von Hand ein. Bei den letzten Umdrehungen kann man einen Schraubendreher als Hebel verwenden. Größere abgekantete Haken haben einen Schlitz für die Schraubendreher-Klinge.

Die Bezeichnung Holzschraube wird eigentlich ihrer Leistungsbreite nicht gerecht. Denn Holzschrauben dienen längst nicht nur dazu, Holzteile zu verbinden oder für sichere Befestigungen in Holz zu sorgen. In Verbindung mit Dübel meistern sie auch Stein, Beton und andere feste Materialien.

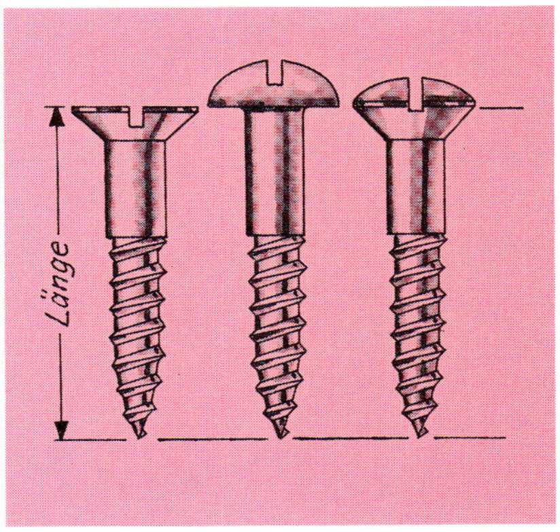

Die Längenangaben bei Schrauben beziehen sich immer auf die Einschraubtiefe. So wird bei Senkkopf-Schrauben der Kopf mitgemessen, bei Halbrundschrauben dagegen nicht.

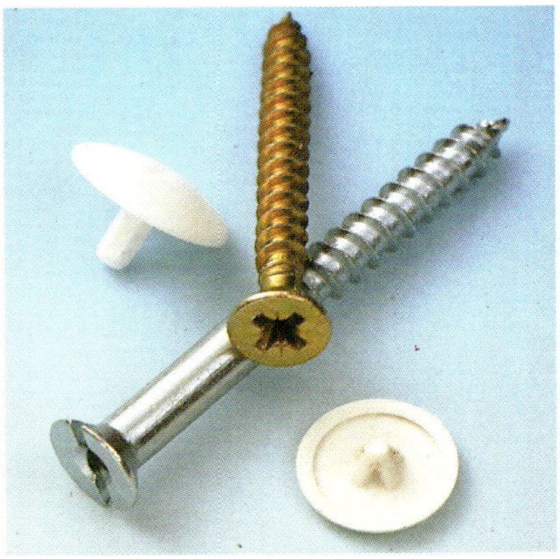

Abdeckkappen aus Kunststoff können Verschraubungen in der Oberfläche unauffälliger machen. Es gibt sie in verschiedenen Farben und Ausführungen.

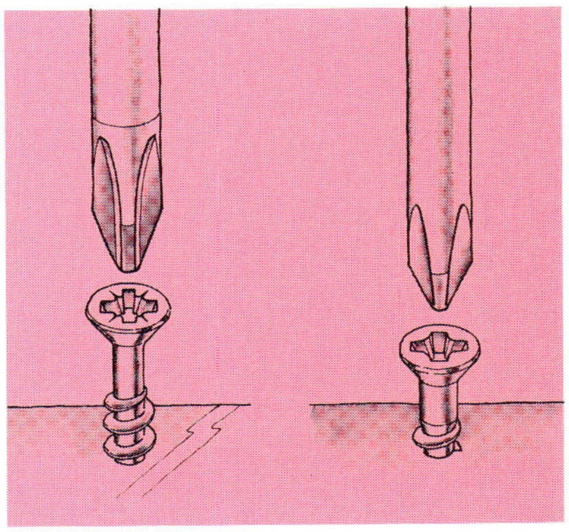

Pozidriv (links) im Vergleich zum einfachen Kreuzschlitz: Zusätzliche Einkerbungen geben der Schraubendreherklinge besseren Halt.

Dübel für jeden Baustoff

Ob Vollziegel oder Hohlblockstein, Beton, Kalksandstein oder Gipskarton – jeder Baustoff liefert Halt für solide Befestigungen. Voraussetzung dafür ist der richtige Dübel.

Universaldübel eignen sich für Montagen in verschiedenen Baustoffen, vor allem in Vollziegel und Beton, häufig auch in Gasbeton. Meistens sind es Spreizdübel, die durch Flossen oder Spannzungen gegen Verdrehen gesichert werden.
Allzweckdübel lassen sich zusätzlich auch bei Gipskartonwänden einsetzen, da sie extrem ausknicken und dadurch hinter dem Bohrloch einen Knoten bilden. Flossendübel verwendet man bei Massivbaustoffen.
Hohlraumdübel verformen sich beim Eindrehen hinter der Platte zu einem Wulst. Bei Hohlraum-Ankern pressen sich die Krallen gegen die Platte und bilden das Widerlager.

Federklappdübel und Kippdübel werden vor allem bei Hohldecken eingesetzt. Zum Durchstecken klappt man die Hebel an.

Langschaftdübel, auch als Rahmen- oder Hülsendübel angeboten, verwendet man zum Beispiel für die Befestigung von Tür- und Fensterrahmen, für Sockelleisten oder bei Unterkonstruktionen von Wand und Deckenverkleidungen.

Dämmstoffdübel nimmt man für die Befestigung verschiedener Dämm-Materialien.

Nageldübel ermöglichen schnelle Montagen. Meist verwendet man dafür Nagelschrauben. Wenn weder Lösbarkeit noch hohe Auszugskräfte erwartet werden, kann man sogar mit Kunststoffstiften arbeiten.

Gasbetondübel erreichen eine günstige Druckverteilung in dem Leichtbaustoff.

Der Gasbeton-Schlagdübel wird wie ein Nagel mit dem Hammer (ohne Vorbohren) zum Beispiel durch Unterkonstruktionen direkt in die Wand geschlagen. Ein Setzwerkzeug verhindert dabei die vorzeitige Spreizung.

Knetdübel sind besonders für schlechte Wände geeignet und bewähren sich, wenn durch die Befestigung keine Spannung auftreten darf.

Balkonbefestigung: Die Kunststoffpatrone ermöglicht Verschraubungen an Profilen, Rohren und Winkeleisen.

Schwerlast-Anker und Messing-Spreizdübel setzt man für Montagen schwerer Gegenstände in festen Baustoffen ein.

Spezialdübel für Schnellbauschrauben: Das scharfe, selbstschneidende Gewinde richtet bei diesen Dübeln keinen Schaden an.

Möbelbänder und Scharniere

Zwei grundsätzliche Unterschiede gibt es bei Gelenken für Möbeltüren und -klappen. Wenn sie aushängbar sind, spricht man von Bändern, andernfalls von Scharnieren. Von beiden Typen gibt es unzählige Varianten.

Scharniere und Bänder in allen Größen und Formen

1 Gerades Möbelband für stumpf einschlagende Türen, vernickelt, 50 x 40 mm (Länge x aufgeschlagene Breite).

2 Gekröpftes Möbelband aus vernickeltem Eisen mit schmalen Türlappen für überfälzte Türen, 50 x 33 mm.

3 Stangenscharnier (Klavierband) aus vermessingtem Eisen, das es in diversen Breiten gibt. Es ist auch in Reinmessing, in vernickeltem Eisen oder in Kunststoff zu bekommen.

4 Stilband aus gezogenem Profilmaterial (echt Messing) mit Stahlstift und Zwischenring, das auch in gekröpften Ausführungen erhältlich ist.

5 Antik-gefärbtes Stilband in gekröpfter Ausführung für überfälzte Türen. Die durchgeriebene Färbung am und um den Zwischenring verleiht diesem Band sein antikes Aussehen.

6 Nylonband mit kräftiger Stahlblecheinlage für ungefälzte Türen. Nylonkappen decken nach der Montage die Schrauben ab. Diesen Beschlag gibt es in zwei Größen und in verschiedenen Farben.

7 Haarfugenband aus gezogenem Messingprofil. Dieses Band besitzt einen „Fitschenlappen" zum Einstemmen. Davon gibt es auch Ausführungen als Zwillingsbänder, dreiteilige Haarfugenbänder, mit denen sich zwei Türen an einer Mittelwand anschlagen lassen.

8 Verchromtes Spezialscharnier, 30 x 100 mm aus Massiv-Messing mit halbkreisförmig abgerundeten Lappen und innenseitiger Schraublochversenkung, zum Beispiel für Falttüren in Eckschränken.

9 Klappenscharnier aus Massiv-Messing, 30 x 50 mm, mit rückseitiger Schraublochversenkung, zum maschinellen Einlassen oder zum Aufschrauben.

10 Einbohr-Klappenscharnier mit Stahlgelenk und Messingschieber (im geschlossenen Zustand von außen unsichtbar). Dieses Scharnier ist aus Druckguß. Es ist auch vernickelt, braun oder schwarz gefärbt und in Kunststoff erhältlich.

Linksband oder Rechtsband?

Bänder betrachtet man in aufgeschlagenem Zustand von der Seite der Schraublochversenkung aus. Das Augenmerk richtet sich nicht auf den Stift-, sondern auf den Lochlappen (Türlappen). Er weist beim Linksband nach links und

Linksband Rechtsband

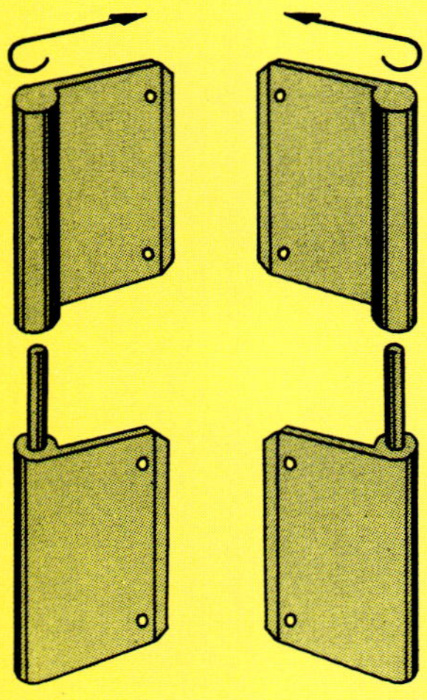

Linksband Rechtsband

beim Rechtsband nach rechts. Bei Fitschen und allen Bändern mit Lochlappen zum Einstemmen (siehe Zeichnung links) betrachtet man diesen Lappen von der Rolle aus. Hier handelt es sich um ein Linksband, wenn der Lappen links seitlich von der Rolle abläuft, und um ein Rechtsband, wenn er nach rechts abläuft.

11 Klappenscharnier in Metall-Kunststoff-Ausführung, vergoldet/braun, auch in verchromt/schwarz und verchromt/weiß erhältlich.

12 Einbohr-Zylinderscharnier für Türen und Klappen mit einem Öffnungswinkel von 180°. Die beiden gleich großen Zylinderteile werden in Bohrlöcher gesteckt und mit eingebauten Spannschrauben festgezogen. Sie können zusätzlich eingeleimt werden. Dieses von außen unsichtbare Scharnier wird in verschiedenen Größen geliefert.

13 Topfscharnier in Ganzmetall mit Montageplatte (wie alle Topfscharniere im geschlossenen Zustand unsichtbar).

14 Topfscharnier mit Schenkelfedermechanik. Topf und gekröpfter Scharnierarm bestehen aus vernickeltem Stahl.

15 Federscharnier mit gekröpftem Gelenkarm. Der Federschnäpper befindet sich im Kunststofftopf. Auch die Montageplatte ist aus Kunststoff (in Braun oder Weiß).

16 Topfscharnier mit großem Öffnungswinkel (ca. 170°) und Schließautomatik.

17 Kreuz-Montageplatte für Topfscharniere, Zinkdruckguß mit vernickelter Oberfläche. Solche Montageplatten zum Anschrauben gibt es in diversen Randhöhen für unterschiedliche Distanzen.

18 Verchromtes Spezialscharnier mit Schließautomatik zum Einlassen oder Aufschrauben.

19 Zweiteiliges Klobenband aus vernickeltem Stahl mit Gewindebolzen (5,5 mm ∅).

20 Einbohr-Zylinderband, verchromt, mit Augenschraube (Mitte). Der Zapfen mit Maschinengewinde (oben) wird ins Türblatt gedreht. Der andere Zapfen (Schlaggewinde) und die Augenschraube kommen in die Seitenkante.

21 Einbohrband mit Zierknöpfen, braun gefärbt, sonst wie 20.

22 Spezialscharnier für Falttüren, Möbeltüren und Klappen mit einem Öffnungswinkel von 180°, verchromt und im angeschlagenen Zustand unsichtbar, zum Einlassen in Langlöcher.

23 Unsichtbares Scharnier, 38 x 12 mm, aus Eisen und Messing. Verwendung wie 22.

24 Spieltischscharnier mit zwei Drehpunkten. Dieses Scharnier aus vermessingtem Eisen wird in Tischkanten eingelassen.

25 Sekretärband aus poliertem Messing. Der Schwenkradius dieses Zapfenbandes ist durch Anschlagstücke auf 90° begrenzt. Der Beschlag eignet sich daher besonders gut für Schreibklappen und kleinere Klappen.

Alles für Bilderrahmen

Für Bilderrahmen und zur Befestigung der Bilder an der Wand hält der Fachhandel eine ganze Reihe von Spezialbeschlägen bereit.

Die Erläuterungen zu den numerierten Einzelteilen finden Sie auf Seite 33.

Viele Teile bekommt man nur im Fachhandel für Galeriebedarf

1 Aluminiumrahmen, die garantiert „in Form" bleiben. Man bekommt sie als Montagesatz in verschiedenen Größen und Farben. Stahlwinkel, mit Inbusschrauben befestigt, sorgen für die Eckverbindungen.

2 Blechwinkel, die mit kleinen Stiften auf der Rahmenrückseite befestigt werden, geben Holzrahmen zusätzlichen Halt.

3 Mit vorgeformten Stahlfedern ist es leicht, Bild und Passepartout fest im Rahmen einzuspannen. Man heftet sie mit kleinen Stiften an die Rahmenrückseite.

4 Bildhalter-Set, komplett mit Scheibe, Hartfaserrückwand und Passepartout. Die Halterungen werden in kleine Schlitze auf der Rückseite der Hartfasertafel eingeschoben.

5 Für rahmenlose Bildaufhängung sind diese verchromten Klammern richtig. Eine weiche Bildrückwand ist jedoch erforderlich, damit die Klammern darin festen Halt finden können.

6 Nur zwischen Glasscheiben kann man Bilder mit diesen Halterungen präsentieren. Eine ummantelte Spiralfeder (Meterware), mit Schrauben zwischen den Klammern befestigt, sorgt für die richtige Spannung.

7 Diese Drahtklammern sind so geformt, daß man eine Glasscheibe sowie eine nicht zu harte Bildrückwand leicht verbinden kann. Auch für die Aufhängung ist gleich gesorgt.

8 Spiegelklammern sind ebenfalls gut geeignet, Nurglasbilder aufzuhängen. Beide Elemente müssen an die Wand gedübelt werden.

9 Mehrere Bilder übereinander aufhängen kann man an Draht- oder Nylonschnüren mit diesen praktischen Bilderhaken. Man kann sie mit einer Rändelschraube in beliebiger Höhe arretieren.

10 Eine Galerieleiste und die dazugehörigen Haken (verchromt oder in Messing) sind ideal, wenn man seinen Wandschmuck öfter einmal umdekorieren möchte.

11 Bilderhaken gibt es in verschiedenen Formen aus Messingblech oder gegossenen Formteilen. Für schwere Bilder ist die Befestigung mit bis zu drei Stahlnägeln möglich.

12 Aufhängeösen sind die Gegenstücke zu den Bilderhaken. Man befestigt sie mit kleinen Stiften auf der Rahmenrückseite.

13 Schraubösen, die in das Holz des Rahmens gedreht werden, sind gut zum Befestigen der Aufhängeschnüre geeignet.

14 Mit Drahtklammern kann man dafür sorgen, daß die Bilder stramm gegen das Glas gepreßt werden. Man heftet diese Klammern links und rechts oder übereck in die Rückseite des Rahmenholzes.

15 Eine Variante zur Schnur oder zum Draht der Bildaufhängung bilden diese kleinen Ketten (Meterware). Sie sind jedoch nur für sehr leichte Bilderrahmen geeignet.

16 Zierecken aus Messing sind nicht nur dekorativ auf schlichten, dunklen Holzrahmen, sie geben der Eckverbindung auch zusätzlichen Halt.

17+18 Den richtigen Rahmen für jeden Bedarf und für jeden Geschmack finden Heimwerker in Naturholz, das man ganz nach Wunsch beizen oder streichen kann.

19 Mahagonirahmen wirken besonders wertvoll, wenn sie mit Messing-Zierwinkeln versehen werden. Man heftet sie nach dem Verleimen des Rahmens mit kleinen Stiften auf.

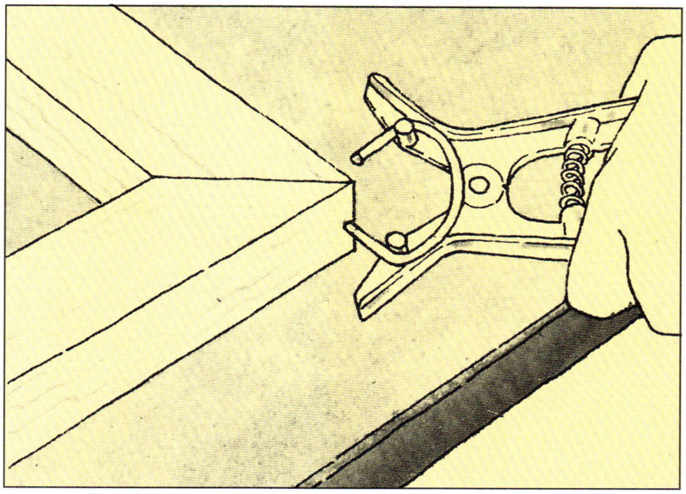

Mit stählernen Verleimklammern, die mit einer Spezialzange über den Ecken angesetzt werden und so für den notwendigen Druck sorgen, ist das Rahmenbauen kein Problem. Die leichten Spuren, die im Holz zurückbleiben, werden anschließend mit Kitt und ein wenig Farbe schnell ausgebessert.

Ein Streifen Gummiband, aus einem alten Fahrradschlauch zugeschnitten, ist auch ein gutes Mittel zum Verleimen von Bilderrahmen. Dazu muß man sich jedoch ein Hilfsbrett mit entsprechenden Anschlagecken anfertigen.

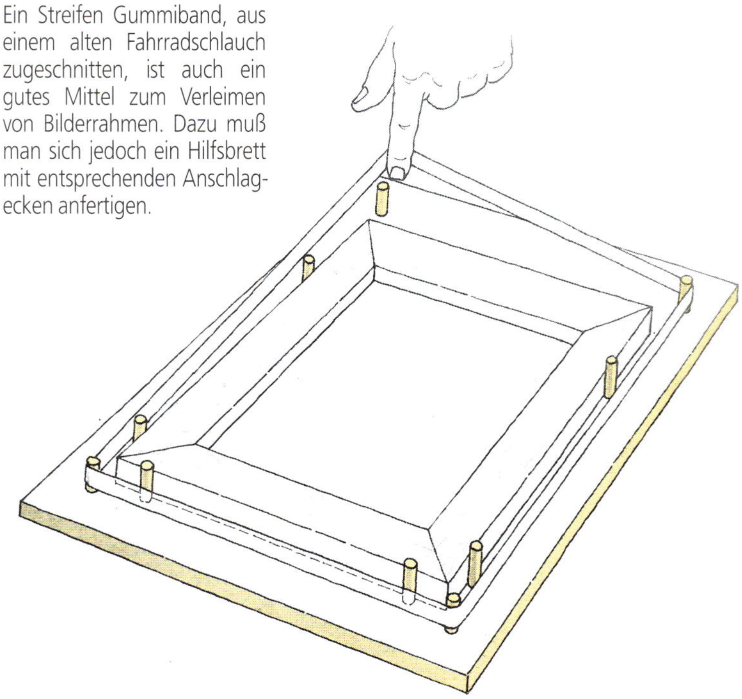

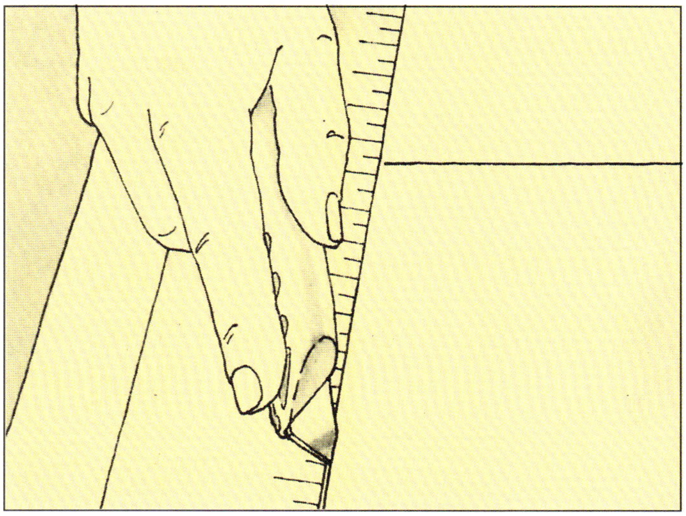

Etwas Übung, ein scharfes Teppichmesser und ein Stahllineal braucht man, um Passepartouts – die richtige Umrahmung innerhalb des Bilderrahmens – selber schneiden zu können. Man wählt dafür einen dicken, weichen Karton und führt das Messer im Winkel von etwa 40°, das gibt eine schöne Schnittkante.

Möbel- und Zierbeschläge aus Messing

Mit den richtigen Beschlägen verleiht man einem Möbelstück, sei es neu gebaut oder aufgearbeitet, erst die persönliche Note. Ein besonders reizvolles Material, das elegant und edel wirkt, ist Messing. Neben besonders kunstvoll gefertigten Scharnieren, Griffen und Verschlüssen gibt es auch reine Zierbeschläge. Hier ein kleiner Überblick.

1 Schubladengriff aus vermessingtem Zink.

2+3 Schubladengriffe mit und ohne Zierblende.

4 Kastengriff aus brüniertem Messing.

5 Kistengriff zum Aufschrauben.

6 Möbelgriff aus heller Eiche.

7 Möbelgriff, vermessingt, massive Grundplatte.

8 Möbelknöpfe aus massivem Messing.

9 Hängegriffe, vermessingt.

10 Schubkastengriff.

11 Kisten-Schutzecke, dient mehr der Zierde als dem Schutz.

12 Einlaßgriff, vermessingt.

13 Aufsteck-Zierkopf für Möbelbänder.

14 Einbohr-Möbelband mit Zierköpfen.

15+16+18 Schlüsselloch-Zierblenden.

17 Möbelgriff im Schiffsmöbelstil.

19+20 Ornamentscharniere aus massivem Messing.

21 Überwurfverschluß für kleine Kassetten aus massivem Messing.

22 Überfalle mit Hakenverschluß.

23 Vorreiber aus massivem Messing.

24 Möbel- und Kastenscharniere.

25+26 Möbel-Zierecken aus Messingblech.

27 Ornamentscharnier und dazu passende Überfalle.

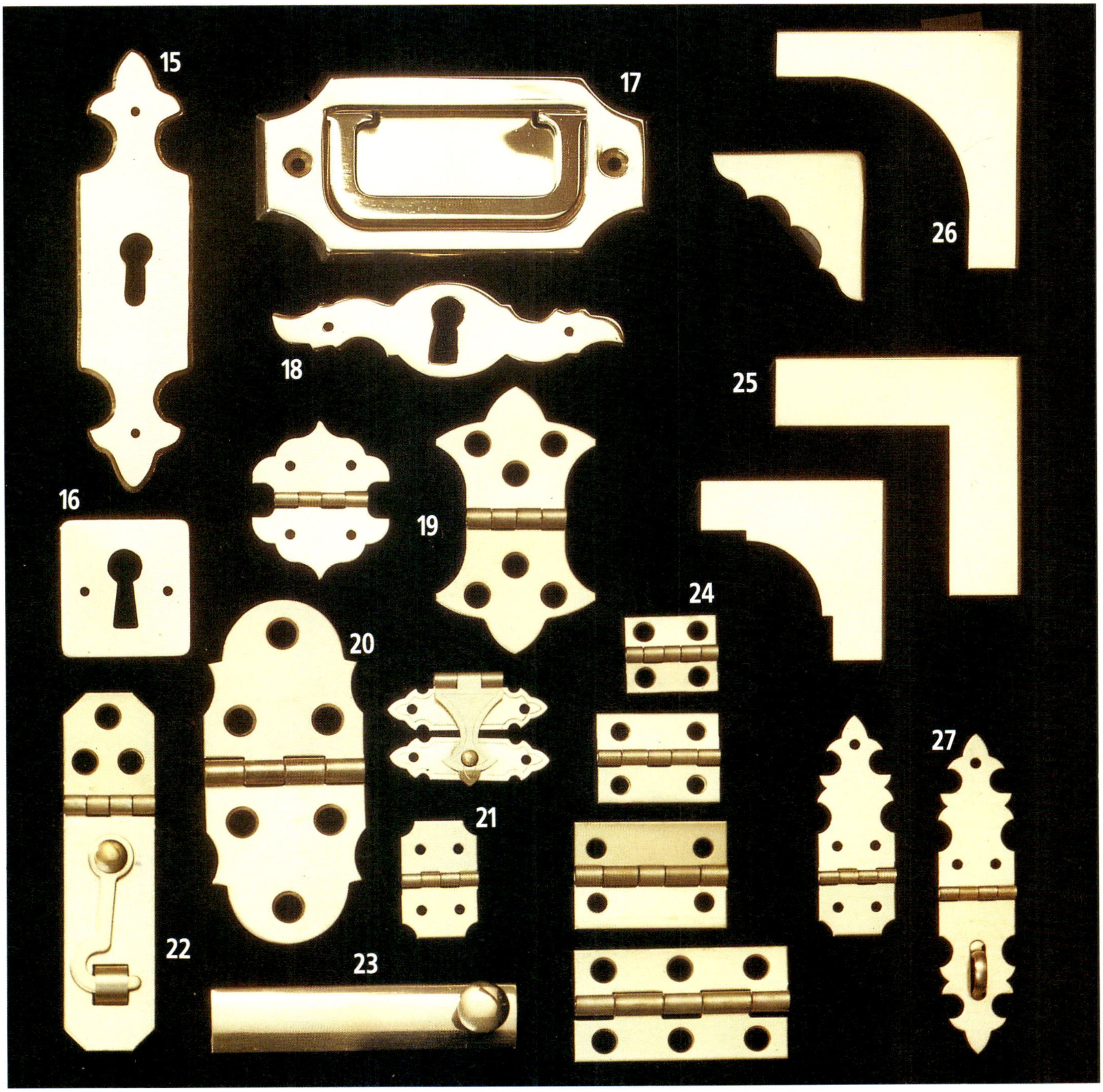

Griffe für Klappen, Türen und Schubladen

Möbelgriffe können sachlich, praktisch und unauffällig sein; sie können aber auch durch bunte Farben und ausgefallene Formen Akzente bei einem Möbelstück setzen. Die Möglichkeiten sind groß, und die jeweilige Stilrichtung bestimr den Trend; auch „Antik" kann modern sein.

1+2 Einlaßmuschelgriffe für waagerechten Einbau mit verchromter (1) und messingfarbener (2) Oberfläche.

3 Zweiteiliger Muschelgriff: Ein Gußteil als Griff, die Grundplatte aus Stahl, beides verchromt.

4 Kleiner Einlaßgriff mit Kunststoffmuschel und verchromter Blende.

5 Ringgriff, farbig lackierter Metallguß, mit zwei Gewindeschrauben zu befestigen.

6+7 Große Einlaßmuscheln in Massiv-Messing (6) und verchromt (7).

8 Kunststoff-Muschelgriff mit schmalem Rand.

9 Klappgriff aus Metallguß, geschliffen vernickelt.

10 Boots-Look-Griff zum Einlassen und rückwärtigen Verschrauben.

11-15 Massive Bügelgriffe: matt vernickelte (11, 15), polierte vermessingte (12, 13) und verchromte Oberfläche (14).

16 Möbelknopf aus Zinnguß, verchromt, mit einer Gewindeschraube zu befestigen.

17 Kunststoff-Möbelknopf, zur Befestigung mit einem Messinggewinde versehen.

18 Matt vernickelter Möbelknopf mit M4-Gewinde, den es auch verchromt im Handel gibt.

19 Klappgriff aus Zinnguß, glanzvermessingt, zum Einlassen und rückwärtigen Verschrauben.

20+21 Ringgriffe mit chromglänzender (20) und poliert vernickelter (21) Oberfläche.

22 Möbelknopf mit quadratischer Griffplatte, weiß lackiert und mit Gewindeschrauben zu befestigen.

23+24 Tropfenförmige Möbelknöpfe mit Gewindestiften und Vierkantmuttern zum Anschrauben, in poliertem Messing (24) und ganzverchromt (23).

25 Möbelknopf in verchromter Ausführung mit Holzschraube.

26+27 Möbelknöpfe aus Zinnguß, verchromt (26) und poliert vermessingt (27).

28-36 Kunststoffgriffe aus durchgefärbtem Nylon, in vielen Farben zu haben:

28 Bügelgriffe mit runden Querschnitten in unterschiedlichen Durchmessern, halbringförmig oder gerade. Mit je zwei Holz- oder Spanplattenschrauben von der Rückseite zu befestigen.

29 Halbkreisförmiger Griff, bestehend aus Anschraubplatte und Übersteckkappe.

30 Einteiliger Kunststoffgriff, der auf beiden Seiten mit Mulden versehen ist.

31 Halbmuschel zum Einlassen und seitlichen Verschrauben (Bohrungen für Senkkopfschrauben).

32 Halbringe: Paarweise nebeneinandergesetzt (zum Beispiel bei zweiflügeligen Türen) erscheinen sie als geschlossener Ring – eine interessante Variante bei der Gestaltung von Möbelflächen.

33+34 Zugknöpfe mit Fingerrinne, vorn kugelförmig (35) oder abgeflacht (34).

35+36 Runde Muscheln mit vorgewölbtem Griffrand, ganz rund geschlossen (35) oder dreiviertel (36).

Neue Fenster selbst eingebaut

Durch alte Fenster mit Einfachverglasung geht so viel Energie verloren, daß sich der Austausch gegen moderne Isolierfenster immer rentiert.

Darauf sollte man bei Fenstern achten:

Oft kann der alte Rahmen wieder verwendet werden

Beim Austausch von alten Fenstern gegen moderne, die mit Isolierscheiben ausgestattet sind, gibt es grundsätzlich zwei Möglichkeiten.
Entweder werden die alten Fenster komplett herausgerissen und durch neue ersetzt. Dann muß man aber allerlei baulichen Aufwand auf sich nehmen, wie im zweiten Teil dieses Themas deutlich wird. Die zweite Möglichkeit besteht darin, daß man die alten Fensterrahmen, die eingemauert oder eingeputzt sind, als Träger für die neuen Fenster stehen läßt. Das setzt allerdings voraus, daß die Rahmenhölzer noch gesund und haltbar sind. Lassen sich mit dem Schraubenzieher ganze Holzschichten leicht durchbohren, muß das alte Fenster komplett ausgetauscht werden. Sowohl aus Holz wie auch aus Aluminium oder Kunststoff gibt es Spezialprofile, die für die Montage in alte Fensterstöcke geeignet sind.
Auch ganz konventionelle Rahmenprofile lassen sich mit geringem handwerklichen Aufwand so herrichten, daß sie in alten Fensterrahmenhölzern passen. Die Zeichnung auf dieser Seite verdeutlicht, worauf es dabei ankommt. Mit einer Kreissäge kann man die entsprechenden Ausfalzungen selbst vornehmen. Die Nachteile dieser Montageart liegen aber ganz offenkundig auf der Hand: Da aus Gründen der Stabilität der neue Rahmen nicht geschwächt werden darf, sind nachträglich auf alte Rahmen gesetzte Fenster in der Lichtfläche kleiner als die Originalfenster. In den meisten Fällen kann man das aber in Kauf nehmen.
Denn es gibt auch eine Menge überzeugender Vorteile: Das Abschlagen des alten Putzes und das darauffolgende Neuverputzen entfällt. Es bleiben eigentlich nur Tischlerarbeiten, denn die Innenwände und die Fensterlaibung müssen nach einem solchen Austausch nicht einmal gestrichen oder tapeziert werden.
Auch der bei Renovierungen unvermeidliche Schmutz hält sich in Grenzen – anders als dies beim Aufschlagen des Putzes oder gar des Mauerwerks der Fall ist.

1 Die Mittelstütze, die als Anschlag für die beiden Fensterflügel diente, wird mit dem Fuchsschwanz herausgesägt. Metallbeschläge oder Schrauben werden vorher entfernt.

2 Auch die alten Bänder, die Scharnierunterteile am Rahmen des Fensters, stören. Sie werden abgeschraubt oder mit dem Stecheisen vorsichtig aus dem Holz gestemmt.

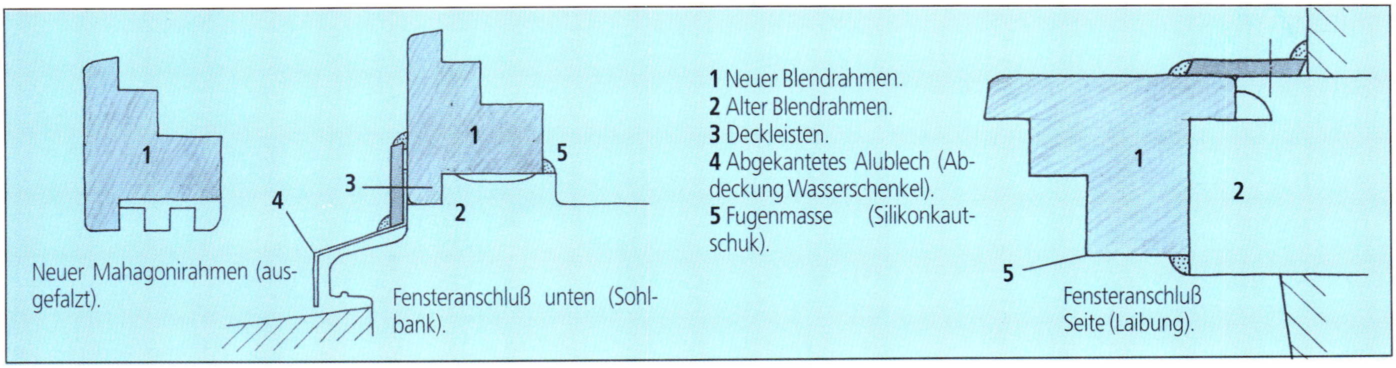

3 Der neue Rahmen, vorher vom Fensterhersteller sorgfältig ausgemessen, wird probeweise eingesetzt. Der alte Rahmen wird eventuell mit der Säge oder mit dem Stecheisen nachgearbeitet, bis das neue Profil ohne jegliches Verkanten paßt.

4 Durch vorgebohrte Löcher verschraubt man den neuen Blendrahmen mit dem alten Holz. Man muß den Rahmen gut ausrichten und dabei immer wieder kontrollieren, ob Winkel und Senkrechte auch stimmen!

5 Der neue Fensterflügel wird in den Drehkippbeschlag eingehängt und arretiert. Wenn der Flügel nicht einwandfrei schließt, muß der neue Blendrahmen mit den Schrauben, die ihn am alten Fensterrahmen halten, nachjustiert werden.

6 Silikonkautschuk wird als Abdichtung in die Fuge zwischen dem alten Holz und dem neuen Rahmen gespritzt. Fugenflanken müssen vorher mit Primer eingestrichen werden.

Der alte Rahmen wird verdeckt

Einen kleinen Kompromiß muß man schon eingehen, um die Vorteile dieser kostensparenden Montagemethode ausnutzen zu können. Der Anschluß von Fensterrahmen zum Mauerwerk kann nicht wie bei einem Neubau aussehen, sondern muß mit Leisten geschaffen werden. Farblich passende Deckleisten, die beim Fensterkauf gleich mitbestellt werden, fallen später so gut wie gar nicht auf. Diese Deckleisten befestigt man dann mit rostfreien Schrauben durch vorgebohrte Löcher auf dem Rahmen.

7 ▲ 9 ▼

8 ▲ 10 ▼

11 ▼

7 Wenn das Fenster fest eingebaut ist, muß der alte Blendrahmen, der als Träger dient, kaschiert werden.

8 Die Sohlbänke, in diesem Fall farbig lackiertes Alublech, werden mit einem Dichtungsstreifen beklebt.

9 An die Unterkante des neuen Fensterrahmens werden die Sohlbänke nun so gesetzt, daß sie das alte Rahmenteil völlig verdecken.

10 Durch vorgebohrte Löcher anschrauben und die Anschlußfugen mit Silikonkautschuk abdichten – das ist schon die ganze Montage.

11 Breite Deckleisten in der Holzart des Fensters verdecken die seitlich und oben noch sichtbaren Teile des alten Rahmens. Alle Fugen und Maueranschlüsse werden mit Silikonkautschuk versiegelt.

Beim kompletten Austausch sind Maurerarbeiten nötig

1 ▲ 2 ▼

3 ▼

1 Hier wird die Mauerbrüstung unter dem Fenster herausgeschlagen, weil statt dessen eine zweiflügelige Terrassentür mit Isolierverglasung eingebaut werden soll.

2 Das Fenster läßt sich herausnehmen, wenn vorher an der Fensterlaibung innen der Putz abgeschlagen wird. Die Metallhaken, mit denen der Rahmen im Mauerwerk verankert war, müssen entfernt werden.

3 Die neue Terrassentür kann jetzt eingesetzt werden. Zuerst wird nur der Rahmen von innen in die Maueröffnung gestellt, grob ausgerichtet und vorläufig verkeilt. Um den Rahmen dann exakt aufzustellen, hängt man einen Flügel wieder ein. So kann man testen, ob sich dieser öffnen und schließen läßt. An den Ecken wird, wenn die Senkrechte stimmt, der Rahmen nun fest verkeilt. Dieser darf sich nicht verziehen!

Zum kompletten Neueinbau von Fenster und Rahmen, bei dem das alte Fenster völlig entfernt und das neue wieder eingeputzt werden muß, ist grundsätzlich jedes Fenster geeignet. Fensterhersteller geben Kataloge heraus, aus denen die Hausbesitzer die Normmaße für Fertigfenster ermitteln können. Wer das Glück hat, daß diese Maße ziemlich genau mit den Maßen der Maueröffnung im Haus übereinstimmen, kann sehr viel Geld sparen. Denn Normfenster sind als Serienfabrikate natürlich preiswerter als Einzelanfertigungen nach Aufmaß.

Übrigens: Das Ausmessen der benötigten Fenstergrößen sollte man, auch wenn der ganze Umbau in Eigenarbeit vonstatten gehen soll, immer dem Fensterlieferanten überlassen. Denn der hat die größere Sicherheit, und seine Erfahrungen ersparen dem Heimwerker teure Überraschungen, wenn es später nicht passen sollte.

Viele Fensterhersteller bieten übrigens profilierte Leisten an, mit denen es möglich ist, Maßdifferenzen von einigen Zentimetern zwischen einem Normfenster und einer Maueröffnung zu überbrücken.

Auch ist es natürlich möglich, die Maueröffnungen entsprechend zu vergrößern oder zu verkleinern, denn geputzt werden muß ja doch. Allerdings geht das bei Häusern, deren Fassade mit Ziegeln verblendet ist, nicht. Hier würde sich die Reparaturstelle immer deutlich abzeichnen.

Und noch ein Tip: Wer noch nie eine Maurerkelle in der Hand gehabt hat, sollte sich zum Einputzen der Fenster der Hilfe eines Fachmannes bedienen, denn gerade an diesen Flächen wird durch das Tageslicht jede kleine Unebenheit sichtbar.

4 Stahlhaken, Mauerhaken zur Verankerung des Fensters, werden von innen neben dem Rahmen in das Mauerwerk getrieben. Etwa alle 60 cm muß man einen solchen Haken befestigen.

5 Durch die Bohrung in dem Mauerhaken wird das Fenster angeschraubt. Deutlich zu erkennen ist hier die Verkeilung zum exakten Ausrichten des Rahmens in der Wandöffnung.

6 Bei dieser Öffnung muß ein Streckmetall als Putzträger über der Tür angeschweißt werden, denn als Sturz ist hier ein Stahlträger eingebaut, auf dem Putzmörtel nicht hält.

7 Dieser Fenstersturz ist fertig zum Putzen. Ziegel- oder Betonstürze werden nur mit etwas Mörtel angeworfen oder bespritzt (als Haftbrücke).

8 Mit Schaum aus der Spraydose (PU-Schaum) wird die Fuge zwischen Fensterrahmen und Mauerwerk nahtlos verschlossen und verklebt, bevor es an das Einmauern geht.

9 Mit passend zurechtgeschlagenen Steinen wird die innen und außen beschädigte Wand wieder repariert. Für so kleine Mengen lohnt sich der Kauf von fertig angemischtem Mauer- und Putzmörtel.

10 Die Türschwelle wird ebenfalls eingemauert. Die abschließende Mörtelschicht, die mit der Kelle geglättet wird, soll einen Plattenbelag tragen. Bei der Dicke dieser Schicht muß die Plattenstärke berücksichtigt werden!

11 Mit Fliesenkleber werden nun Klinkerplatten als trittfester Belag auf die Schwelle gelegt. Nach dem Aushärten des Zementklebers werden die Fugen mit einer Mischung aus Seesand und Zement gefüllt.

Treppen kann man fertig kaufen

Beim Treppenbau sind so viele Sicherheitsbestimmungen zu beachten, daß dem Heimwerker von Eigenkonstruktionen nur abgeraten werden kann.
Daher sollte man einen fertigen Treppenbausatz kaufen, der dann in Eigenarbeit gut und einfach montiert werden kann. Die Variationsmöglichkeiten sind hier groß.

1 Viel edles Holz bestimmt das Aussehen dieser Spindeltreppe. Distanzstücke zwischen den Trägern bestimmen die Stufenhöhe.

Für die Anbieter von Treppen-Bausystemen gibt es ein ganz großes Handikap: Bei jedem Haus ist eine andere Geschoßhöhe und eine andere Treppenform zu beachten. Zwar dreht es sich manchmal nur um wenige Zentimeter, aber die Vorschriften der Landesbauordnungen sind sehr genau und müssen auf jeden Fall grundsätzlich immer eingehalten werden. Deshalb ist es nicht möglich, an irgendeiner Stelle eine Ausgleichsstufe einzubauen, mit der die Maßunterschiede von Bau zu Bau ausgeglichen werden können. Denn alle Stufenauftritte müssen gleich hoch sein.

Bei den Baukastensystemen, die dem Heimwerker über den Baustoffhandel oder über Spezialgeschäfte für Bauelemente ebenso angeboten werden wie über den Versand, ist man aus diesem Grunde besondere Wege gegangen. Für die üblichen Geschoßtreppen verwendet man Bausysteme, die als tragendes Element einen stabilen Holm (oder deren zwei) haben. Diese Tragkonstruktion, die auf der Decke des Erdgeschosses und an der Obergeschoßdecke verankert wird, fertigt man im Werk nach den genauen Maßen des jeweiligen Hauses an. Die Konstruktion auf Tragholmen hat den Vorteil, daß Maueröffnungen (Fenster oder Glasbausteine) frei überspannt werden können, weil eine Wandbefestigung jeder einzelnen Stufe nicht erforderlich ist. Die Holme werden als Fertigteil geliefert, alle anderen Bauteile kommen als Einzelteile hinzu.

Nach der Befestigung dieses Tragholmes, die jeder Bauherr selbst bewältigen kann, folgt dann der Aufbau von Stufen und Geländer.

Der Vorteil dieser Systemtreppen besteht darin, daß man sie auch zunächst als Arbeitstreppe einrichten kann.

Wer noch viel Schmutz im Bau erwartet, montiert statt der richtigen Treppenstufen zunächst nur Bohlen oder Multiplexzuschnitte. Diese Rohbaustufen dürfen ruhig während der Bauzeit strapaziert werden. Erst kurz vor dem Einzug tauscht man diese Baustufen aus.

Bei den Spindeltreppen, die als platzsparende Treppen meist für enge Räume gewählt werden, gibt es dieses Konstruktionsprinzip ebenfalls.

Es gibt hier aber Fertigteiltreppen, die erst am Bau auf die richtige Stufenhöhe eingestellt werden. Bei dieser Art von Spindeltreppen wird die Tragsäule aufgestellt. Nach dem „Auffädeln" der Stufenträger werden diese dann ganz exakt ausgerichtet und befestigt.

2 Spindeltreppen gibt es in vielen verschiedenen Ausführungen. Passend zum weißen Traggestell sind hier auch die schlichten Geländerstäbe weiß lackiert.

3 Die Elementtreppe wird mit Spezialdübeln am Boden verankert. Wenn die Träger und die Stufen montiert sind, geht es an den Aufbau von Geländer und Handlauf.

Auch Maßanfertigungen sind möglich

Diese Treppe ist mit nur einem Holm in der Mitte ausgestattet. Bei der Montage ist die Stufenhöhe zwischen 17 und 19,5 cm veränderbar. Dafür gibt es eine Stufenlehre, um bei der Montage gleichbleibende Abstände zu erhalten.

Die Art der Treppe, schlicht und einfach oder auch mit Verzierungen der verschiedensten Art versehen, kann sich jeder Bauherr nach Katalog aussuchen. Die verschiedenen Werkstoffe und Geländerarten lassen alle Möglichkeiten zu.

Raumspartreppen heißen diese Sonderkonstruktionen, die zum Beispiel beim Dachbodenausbau sehr beliebt sind. Die einseitig ausgestellten Stufen ermöglichen den Einbau auf geringer Grundfläche.

Haus- und Innentüren: Fertigelemente schnell eingebaut

Sogar so ausgefallene Hauseingänge wie die „Klöntür" auf dieser Seite sind als Fertigelemente erhältlich. So werden diese Türen in Norddeutschland genannt, weil man sich so herauslehnen und mit den Nachbarn ein Schwätzchen halten, eben „klönen" kann. Die Einbauarbeiten sind gut zu bewältigen.

Auch die Türzarge wird aus Fertigteilen zusammenmontiert

Ob man nun eine romantische Klöntür wie auf dem großen Bild links oder eine schlichte Tür zum Kartoffelkeller einbauen will – die einzelnen Arbeitsschritte dafür sind im Prinzip dieselben.

Moderne Fertigelemente und Montagetechniken ermöglichen heutzutage jedem geübten Heimwerker, was noch vor wenigen Jahren lediglich Spezialisten vorbehalten war, nämlich den fachgerechten und problemlosen Einbau neuer Türen im ganzen Haus.

Die Preise dieser Bauelemente vom Fließband sind sehr günstig. Die Einführung von Normelementen hat es auch mit sich gebracht, daß man für jede Normzarge ein Norm-Türblatt bekommt. Ob es nun Limba streichfähig, lasierfähig oder Mahagoni-endlackiert ist.

Nicht nur beim Neubau, sondern auch bei der Renovierung älterer Häuser lassen sich diese Fertigbauteile sehr gut einsetzen.

Wie der Heimwerker sie richtig einbaut, zeigen die Arbeitsgänge auf den folgenden Seiten ausführlich. Die Bilder rechts zeigen ein besonderes Bauelement, die sogenannte Renovierungszarge.

Um eine alte Tür, meist mit Stahlzarge, auszutauschen, sind normalerweise sehr umfangreiche Arbeiten erforderlich. Die alte Zarge muß herausgebrochen werden, und das hat sehr oft Konsequenzen für die Tapeten der angrenzenden Wände.

Bei der Entwicklung dieses Renovierungselementes ist man deshalb einen anderen Weg gegangen und hat eine spezielle Türzarge entwickelt, die einfach über vorhandene Stahlzargen gesetzt werden kann. Nur die alten Beschläge, die eingeschraubten Bänder, müssen entfernt werden. Die neue Zarge, in Einzelteilen geliefert, wird vormontiert und dann einfach nur in die alte Stahlzarge eingeschoben. Nach dem korrekten Ausrichten verklebt man die Zarge dann mit einem Zwei-Komponenten-Kleber. Die Zierbekleidung wird von der Gegenseite ebenfalls nur aufgesetzt – und schon paßt alles perfekt.

In die so montierte Renovierungszarge muß dann das dazu genau passende Türblatt nur noch eingehängt werden. Bei diesem Türblatt sind die Besonderheiten einer Renovierung berücksichtigt. Es liegt tiefer in der Zarge als üblich. Dadurch verdeckt es zuverlässig die Stoßfugen der Bodenbeschläge, die bei einem Umbau von Tür und Zarge häufig in einem der Räume zu sehen sind.

Diese Renovierungselemente sind in verschiedenen Holzarten und Ausführungen in Fachgeschäften zu bekommen.

Und in fast jeder gewünschten Holzart, furniert und endlackiert oder auch streichfähig, sind die üblichen Fertigzargen für Normtüren zu bekommen.

Wer beim gründlichen Renovieren Türen und Zargen umbauen will, kann natürlich auf diese preiswerten Fertigteile zurückgreifen.

Auch beim Neubau oder beim Ausbau des Dachgeschosses sind die Fertigteile ideal.

1 Auf einer ebenen Unterlage, auf einer Werkbank oder auf Montageböcken werden die Teile der Zarge zusammengebaut. Die beiden senkrechten Schenkel verschraubt man mit dem Querstück. Zusätzlich verleimt man die Teile. Die Zwingen sorgen dafür, daß alles bündig zusammenpaßt.

2 Die Profildichtungsleiste kommt in die umlaufende Nut der Zarge. Mit dem Eindrücken der Dämpfungsprofile geht es weiter. Unten entstehende Überstände werden abgesägt.

3 Die Bänder, an denen das Türblatt hängt, werden oft mit einer Klemmvorrichtung gesichert, die mit dem Inbusschlüssel gelöst wird. Das Bandunterteil wird eingesteckt und die Klemmvorrichtung wieder fest angezogen.

A Zur Befestigung der Zarge werden an jedem Längsteil des Rahmens drei Löcher (oben, Mitte, unten) gebohrt, die dann mit einem Widiabohrer bis tief in das Mauerwerk gebohrt werden.

B Lange Rahmendübel werden durch die Löcher bis ins Mauerwerk gesteckt, die dazu passenden Schrauben eingedreht. Danach muß mit der Wasserwaage kontrolliert werden, ob sich kein Teil verzogen hat, sonst muß dies gerichtet werden.

4 Die Zierbekleidung aus schmalen Profilen wird ähnlich wie das Hauptelement der Zarge aus drei Teilen zusammengefügt. Diese Zierbekleidung wird von der Gegenseite auf die Zarge aufgeschoben und ausgerichtet.

Montageschaum gibt der neuen Zarge Halt

Die Abbildungen auf dieser Seite zeigen an einem anschaulichen Modell, worauf es bei der Montage der neuen Türzarge ankommt. Besonders wichtig ist, daß man immer wieder mit der Wasserwaage die Senkrechte kontrolliert, damit die Tür hinterher auch einwandfrei schließt. Außerdem sollte man die Ausdehnungskraft des Montageschaums nicht unterschätzen und die Zarge auf jeden Fall mit Stützlatten versteifen.

Beim Einbau von Außentüren geht man genauso vor. Aus Gründen der besseren Isolierung sollte man hier allerdings die alte Zarge entfernen und die neue Zarge direkt in die Türöffnung setzen. Extra lange Rahmendübel und Montagekrallen erleichtern diese Arbeit. Die einzelnen Arbeitsgänge sind sonst mit denen beim Fenstereinbau identisch (siehe Seite 38 bis 41 in diesem Buch). Wenn der Schaum ausgehärtet ist und die Maurerarbeiten erledigt sind, werden die Fugen zwischen Zarge und Mauerwerk sorgfältig mit Dichtungsmasse auf Silikonbasis verspritzt.

5 Die Zarge wird von der Seite, zu der später die Tür aufschlagen soll, eingeschoben und grob ausgerichtet. Dieses Bauelement steht auf dem fertigen Estrich des Fußbodens.

6 Die Senkrechte wird mit der Wasserwaage kontrolliert. Zwei Aussteifungen sind erforderlich, um die lichte Weite zwischen den Zargenschenkeln überall einzuhalten.

7 Auch die Waagerechte wird mit der Wasserwaage kontrolliert, denn die Fertigtür, die eingesetzt werden soll, ist natürlich rechtwinklig. Also lieber einmal zu viel messen!

8 Das Türblatt wird jetzt zur Probe eingehängt. Nur so läßt sich kontrollieren, ob später alles paßt. Die Zarge wird dazu am Mauerwerk mit kleinen Keilen gesichert.

9 In den Hohlraum zwischen Zarge und Mauer wird Montageschaum aus der Sprühdose gespritzt. Bevor die Spreizen entfernt werden, muß das Aushärten des Schaums abgewartet werden.

10 Der Blendrahmen, das kleine Gegenstück zur Zarge, das die Fuge zum Mauerwerk verdeckt, wird einfach in eine Nut eingeschoben und mit Weißleim befestigt.

Falttüren sparen Platz

Der Vorteil von Falttüren liegt auf der Hand: Während normale Türen Platz benötigen, um geöffnet werden zu können, schiebt man Falttüren einfach zur Seite.

Falttüren in Normmaßen gibt es als einbaufertige Elemente im Bau- und Heimwerkermarkt. Denn die Konstruktionen sind so ausgelegt, daß man jede vorhandene Türöffnung damit schließen kann. 210 cm hohe Lamellenpakete reichen selbst für ältere Türzargen aus. Und hat man einmal breitere Öffnungen als die üblichen 86 cm, kann man entweder zwei Falttüren einbauen oder ein vorhandenes Lamellenpaket durch einzeln zugekaufte Lamellen bis auf das nötige Maß erweitern. Bis zu 600 cm Durchgangsbreite können so im Baukastensystem geschlossen werden. Das reicht sicher aus, um eine Eßecke vom Wohnraum abzutrennen oder um aus einem großen Kinderzimmer Einzelräume für zwei zu machen.

Die Preise für diese Falttüren richten sich neben der Größe auch nach dem Material. Am preiswertesten sind Kunststofftüren. Nur wenig teurer werden Falttüren aus Spanplattenlamellen mit beidseitiger Dekorbeschichtung. Spitzenreiter in Ausführung und Preis sind Echtholztüren mit Edelholzfurnier und Endlackierung. Wie leicht sie einzubauen sind, zeigen die Abbildungen auf den folgenden Seiten, ebenso eine eventuell nötige Zargenmontage.

A Die Lamellen dieser Falttür werden einfach nur zusammengeschoben. Damit kann jede Öffnungsbreite, zum Beispiel der Durchgang im Bild unten, überbrückt werden, ohne daß eine Maßanfertigung nötig wird. Diese Profile gibt es in verschiedenen Dekoren und Holztönen.

B Mit der Feinsäge kann man die Lamellen und die Verbindungsstücke auf das gerade benötigte Maß zuschneiden, nachdem man die Falttür auseinandergenommen hat.

Fertigteile machen den Einbau leicht

1 Die Laufschiene aus Kunststoff, in der die Falttür aufgehängt wird, kann man mit einer Säge genau auf das lichte Maß des Durchgangs kürzen. Am saubersten schneidet die Eisensäge.

2 Nun wird die lichte Durchgangshöhe in der Mitte und an beiden Seiten genau ausgemessen. Das kleinste Maß, abzüglich 3 mm Bodenfreiheit, wird als Türhöhe notiert.

3 Mit dem Winkel zeichnet man das ermittelte Maß auf dem Lamellenpaket der Edelholztür an, abzüglich 40 mm für das Laufwerk. Die Schnittlinien müssen auf allen Seiten markiert werden, nicht nur oben.

4 Nun werden alle Lamellen des Pakets und die Verbindungsleisten gemeinsam geschnitten. Eine Zwinge hält die Teile zusammen. Damit die Furnierschicht nicht ausreißt, muß vorsichtig gesägt werden. Bei anderen Türsystemen kann jede Lamelle einzeln zurechtgeschnitten werden.

5 Die Rollenpaare an der Oberseite des Lamellenpakets werden nun in die Laufschiene eingeschoben, denn die Tür muß in das Profil eingehängt werden, bevor man die Schiene montiert.

1 ▲ 3 ▼ 2 ▲ 4 ▼ 5 ▼

Auch neue Zargen sind kein Problem

6 Die Schiene der Falttür wird genau in der Mitte des Türfutters angeschraubt. Zum Eindrehen der Schrauben wird das Paket von einer Seite zur anderen geschoben. Die letzte Lamelle schraubt man am senkrechten Zargenteil fest.

7 Das U-Profil der Anschlagleiste wird ebenfalls mit Schrauben im Türfutter befestigt. Hierfür verwendet man am besten Kreuzschlitzschrauben und einen Drillschrauber.

8 Bevor man das kleine Blech mit dem Haltezapfen für das Schloß montiert, muß seine genaue Position ermittelt und markiert werden. Dann wird das Blech in die Schiene geschraubt.

9 ▲ 12 ▼ 10 ▲ 13 ▼ 11 ▲ 14 ▼

9 Eine Edelholzzarge, passend zum Furnier der Falttür, läßt sich ebenfalls schnell in einer Maueröffnung anbringen. Zunächst wird die Öffnungshöhe markiert.

10 Mit einem Fuchsschwanz schneidet man die Teile von der Furnierseite zu.

11 Beim Querstück der Zarge muß man auf eine Besonderheit achten: Die schmalen Bekleidungsleisten werden 11 mm länger zugesägt als das breite Futter. Also: Genau anzeichnen und sägen!

12 Nun werden erst einmal die breiten Zargenteile zusammengeschraubt. Für die Montage braucht man eine ebene Unterlage.

13 Der Blendrahmen aus den schmalen Bekleidungsleisten wird ebenso zusammengebaut wie die Zarge.

14 Nun schiebt man die Zarge von der einen Seite in die Maueröffnung. Der Blendrahmen wird von der anderen Seite aufgesetzt und mit Weißleim befestigt. Zur Befestigung am Mauerwerk nimmt man Schaum, lange Schrauben oder Dübel. Senk- und Waagerechte muß gemessen werden!

Kachelofen, selbst aufgebaut

Ein Kachelofen im Raum spendet nicht nur wohlige Wärme; er ist auch ein attraktiver Blickfang, mit dessen Hilfe man auch noch Heizkosten sparen kann.

So auslegen wie hier für das Foto muß man alle gelieferten Ofenkacheln auch zu Hause vor dem Zusammenbau, um das Sortieren nach Farbtönen vorzunehmen.

Ein fertiger Brennraum, wird aufgestellt und an den Schornstein angeschlossen. Danach verkleidet man diesen Brenneinsatz mit einem Kachelgehäuse, das unten einen Kaltlufteinlaß und oben ein Warmluft-Austrittsgitter hat. So einfach ist das Bauprinzip dieses Ofens. Ein Ofenbaumeister, der für jede Arbeitsstunde fast 60 DM berechnet, wird für das Aufstellen nicht gebraucht. Daß jeder sein eigener Ofensetzer sein kann, ist der Verwendung spezieller Ofenkacheln zu verdanken. Diese Kompaktkacheln sind für die Verarbeitung durch Heimwerker wie geschaffen. Sie lassen sich leicht verkleben.

1 Den Sockel des Ofens baut man aus Gasbetonsteinen, die mit der Säge auf Maß gebracht und mit Kleber verbunden werden. Dieser Sockel wird anschließend verputzt.

2 Dicke Isoliermatten werden an der Zimmerwand befestigt, um Wärmeverluste zu vermeiden. Der Rauchrohrabschluß muß ausgestemmt werden.

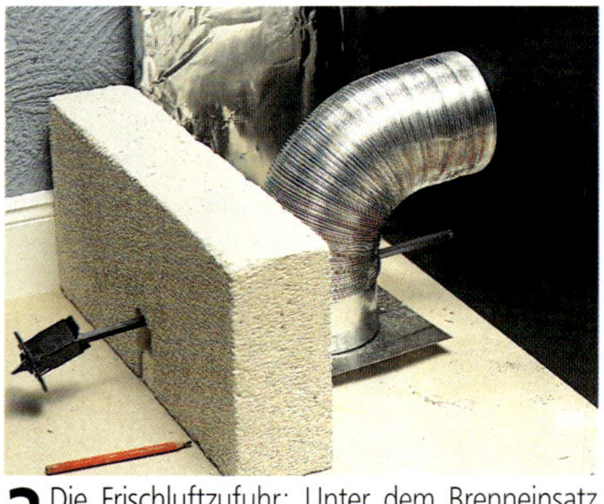

3 Die Frischluftzufuhr: Unter dem Brenneinsatz mündet das Flexrohr, mit dem kühle Außenluft in das Ofengehäuse, nicht in den Brenneinsatz, geleitet wird.

Die Kompaktkacheln werden verklebt

Diese Spezial-Ofenkacheln gibt es in den Farben Braun, Grün und Creme mit verschiedenen Oberflächen. Durch die Wahlmöglichkeit zwischen zehn verschiedenen Kachelsorten und durch das Bausystem im Raster bleibt jedem die Möglichkeit zu ganz individueller Ofengestaltung. Das, was auf diesen Seiten zu sehen ist, ist nur ein Ofenmodell, das man entweder nachbauen oder auch völlig anders konzipieren kann. Daß es bei dem Bau keine Schwierigkeiten gibt, wenn man sich nur an das Rastermaß von 22 cm hält, dafür sorgen die Bauteile: neben Normalkacheln gibt es Abdeckkacheln, Eckkacheln in verschiedenen Abmessungen, Deckenträgerkacheln, Simsprofile und Simsecken. Zum Verkleben braucht man auch nicht mehr alte Ofenbauertechniken zu kennen, sondern nur noch mit einem Spachtel zu hantieren. Ein spezieller Thermomörtel, der durch Hitze immer fester wird, sorgt für die stabile Verbindung.

Spezialwerkzeug, das man dort bekommt, wo man auch den Bausatz kauft, macht das Verkleben leicht. Eine Winkellehre wird über die Vorderkante der Kachel gelegt. Sie schützt die Sichtseite vor Verschmutzung und garantiert eine Mörtelbettstärke, die genau ausreicht, um die Vorderseite der Kachelfläche ohne Fugen erscheinen zu lassen. Diese neue Klebetechnik ist denkbar einfach und gibt dem Ofen eine gute Stabilität.

4 Der Sockel wird aus Gasbeton aufgesetzt. Die Steine sind so gesägt, daß direkt unter der Feueröffnung noch eine Sockelkachel Platz hat. Den Dünnbettkleber trägt man mit dem Spachtel auf.

5 Die Abdeckkacheln werden zunächst trocken ausgelegt, damit man sie richtig ausrichten kann. Nach dem Markieren mit Bleistift kann man jede Kachel an die richtige Stelle kleben.

6 Die Klebetechnik: Eine Winkellehre schützt die Sichtseite der Kachel und führt gleichzeitig das glatte Ende des Spezialspachtels so, daß ein gleichmäßig dünnes Kleberbett entsteht.

7 Die Simsprofile werden ebenfalls angeklebt. Wer sich das Abstützen bis zum Abbinden des Klebers ersparen will, der sollte diese Profile schon vorher an Einzelkacheln anbringen.

8 Mörtel, der nach innen herausquillt, wird mit dem Finger oder dem Spachtel so verstrichen, daß die Fuge ganz gefüllt ist. Mörtelspritzer auf der Glasur müssen immer sofort feucht abgewischt werden!

9 Die Wasserwaage sollte man lieber einmal zuviel anhalten. Jede Ecke sollte beim Verkleben kontrolliert werden, obwohl durch die Lehre die Toleranz für den Thermomörtel gering ist.

10 Das Warmluftgitter ist so groß wie zwei Ofenkacheln. Es wird beim Aufbau eingesetzt und erst später mit zwei Türen und dem Blecheinsatz für Bratäpfel ausgestattet.

11 Rechteckprofile aus Stahl werden zu einer Trägerkonstruktion verschraubt, die auf besonderen Trägerkacheln in der jeweils obersten Schicht des Ofenmantels ruhen.

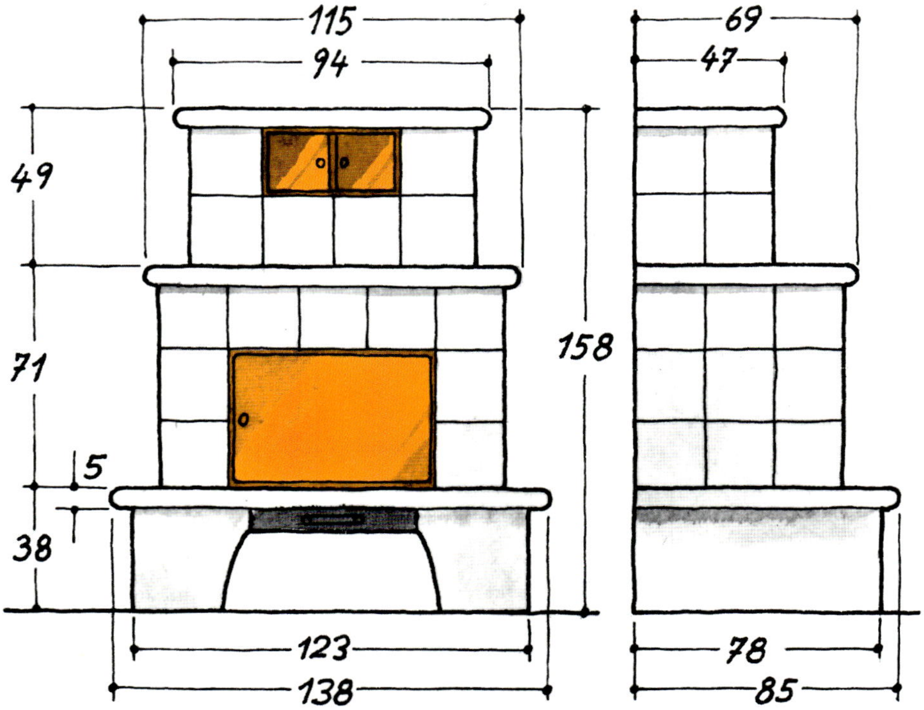

12 Der Aufsatz wird so konstruiert wie der Ofen auch, mit Abdeckkacheln, Simsprofilen und Trägerprofilen. Hier wird eine Deckkachel mit vorher angeklebten Simsprofilen eingesetzt.

15 Den Materialbedarf für den Ofen, wie er hier zu sehen ist, kann man auf dieser Zeichnung leicht auszählen. Wer sich ein komplettes Baupaket kauft, bekommt ausführliche Bauanleitungen.

Achtung: Wer einen Ofen oder Kamin einbaut, muß sich mit dem zuständigen Bezirksschornsteinfeger in Verbindung setzen. Der gibt nicht nur seine Zustimmung, sondern auch noch manchen Tip zum Einbau und zur Anpassung an den Schornsteinzug.

Zum Heizeinsatz zunächst die technischen Daten: rund 13 kW Heizleistung darf man vom Brenneinsatz eines Kachelofens erwarten. Das reicht als Übergangsheizung und Notheizung allemal für ein normales Einfamilienhaus. Obwohl dieser Brenneinsatz mit einer Glastür versehen ist, also den Charakter eines offenen Kaminfeuers erhält, ist er anders zugelassen: Man darf zwei oder drei dieser Ofeneinsätze an einem Schornsteinzug zusammen betreiben. Das ist wichtig, wenn nur noch ein freier Zug vorhanden ist und man in mehreren Räumen solche Öfen haben möchte. Die Gestaltungsmöglichkeiten für Selbstbau-Kachelöfen sind sehr groß und auch ohne weiteres auf den individuellen Geschmack abzustimmen. Das hier gezeigte Modell ist nur eine Möglichkeit unter vielen. Informationen, selbstverständlich auch über die Preise für diese Öfen, erhält man in großen Baumärkten.

Durch eine andere Gestaltung oder Bauweise, zum Beispiel über Eck, können die Kosten deutlich gesenkt werden. Den Vergleich mit einem Kachelofen vom Ofensetzer braucht ein selbstgebauter Ofen nicht zu scheuen. Auf jeden Fall sollte man jedoch vor dem ersten „Probebetrieb" den zuständigen Schornsteinfeger noch einmal einen kritischen Blick auf den neuen Ofen werfen lassen. Er muß die Anlage prüfen und wenn alles vorschriftsmäßig ist, genehmigen.

13 Der Sockel aus Gasbeton wird nun nach eigenen Wünschen gestaltet. Hier wird ein Fertigputz aufgetragen und mit der Kelle grob und ungleichmäßig strukturiert (Kellenputz).

14 Mit Schamottesteinen wird der Brennraum des Heizeinsatzes ausgelegt. Diese Steine dienen zum einen der Isolierung und sorgen auf der anderen Seite auch für eine Speichermöglichkeit.

Ausmessen, markieren und anreißen

Handwerkliche Fertigkeiten, die Ausführung der häufigsten und wichtigsten Arbeiten, mit denen der Heimwerker zu tun hat, stehen im Mittelpunkt der folgenden Seiten. Der erste Beitrag beschäftigt sich mit fachgerechter Meß- und Anreißtechnik, der Grundlage für die Holzbearbeitung.

1 Einen rechten Winkel anzureißen ist ohne Hilfsgerät nicht möglich. Der Anschlag- oder Tischlerwinkel ist aus diesem Grunde unentbehrliches Hilfsmittel für jeden, der sich mit der Herstellung von Möbelstücken befassen will.

2 Nicht zu verwechseln sind die zugeschnittenen Teile eines Möbelstückes, wenn man sie fachgerecht markiert. Die mit Bleistift aufgezeichneten Dreiecke bedeuten: linkes und rechtes Seitenteil (oben), Ober- und Unterteil (unten).

3 Das Auswinkeln von Kastenkorpussen ist leicht: Zwei flache Leisten, an den Enden zugespitzt, werden mit zwei Klammern zusammengehalten und so verschoben, daß sie diagonal von Ecke zu Ecke laufen. Es folgt die Gegenprobe.

4 Eine einfache Leiste hilft, Kreise mit unterschiedlichem Durchmesser aufzuzeichnen. Die Leiste wird auf einer Seite mit einer Reihe Bohrungen versehen, die andere Seite mit verschiedenen Einschnitten. Dorn und Bleistift machen alles komplett.

5 Zinken in Serie kann man leichter anreißen und gleich zusägen, wenn man die Winkelschmiege dafür einsetzt. Das Holz wird dabei jeweils um die halbe Materialstärke versetzt und mit zwei Zwingen zusammengespannt.

6 Das genaue Zwischenmaß von Bodenplatte zum Einlegeboden erhält man, wenn das Bandmaß unten aufsteht und oben unter den Einlegeboden stößt. Der rote Markierungsstrich auf der Vorderseite zeigt das richtige Ergebnis.

7 Das Streichmaß garantiert beim Anreißen mehrerer gleichartiger Werkstücke stets gleichbleibende Abstände. Zwei arretierbare Leisten, in die je ein Dorn eingelassen ist, stehen dafür zur Verfügung. Der Mittelklotz dient als Anschlag.

8 Selbst ein Zirkelschlag ist mit diesem Maßband möglich. Eine kleine Platte, mit einem Dorn versehen, wird dafür herausgeklappt und eine Bleistift- oder Kugelschreibermine in das Loch am Ende des Bandmaßes hineingesteckt.

9 Mit einer Winkelschmiege kann man spitze und stumpfe Winkel ausmessen und paßgenau auf andere Werkstücke übertragen. Das abgebildete Instrument kann man aus Leisten, einer Gewindeschraube und einer Flügelmutter schnell selbst bauen.

Auch an unebene Flächen lassen sich Bretter oder Leisten genau anpassen. Ein Distanzklotz „tastet" die Vertiefungen genau ab. Der Bleistift auf der Oberkante des Klotzes überträgt die Kurve auf das zu bearbeitende Material.

10 So entsteht ein Oval: Zwei Nägel werden in gleichem Abstand zu den Plattenaußenkanten eingeschlagen und eine zusammengeknüpfte Schnur darübergelegt. Mit dem Bleistift drückt man die Schnur nach außen und zeichnet die Linie ringsum auf.

11 Ein großer Zirkel ist immer noch das beste Hilfsmittel, wenn es darum geht, Kreise anzureißen. Diesen Zirkel kann man schnell aus zwei Leisten, einem Nagel, einer Gewindeschraube mit Flügelmutter und zwei Werkzeugklammern herstellen.

12 Mit einer Reißnadel kann man harte Materialien wie Metall, Plexiglas, Resopal oder ähnliches sauber und deutlich anreißen. Eine Hilfsleiste, auf der Unterseite mit Schaumgummistreifen beklebt, läßt sich sicher und rutschfest handhaben.

13 Wenn es um sanfte Kurven und einen gleichmäßigen Schwung geht: Kleine Stifte werden in entsprechenden Abständen eingeschlagen und dazwischen eine dünne Leiste „verflochten". Mit Bleistift und Distanzklotz folgt man der Leistenkurve und überträgt diese.

Hobeln, raspeln, feilen und schleifen

Richtiges Hobeln ist eine wahre Kunst, die man erst durch viel Üben richtig erlernen kann. Die ersten Versuche sollte man deshalb lieber an einem Stück Restholz machen. Einfacher zu handhaben sind Surformhobel und Formschmirgler, die für verschiedenste Spezialaufgaben in entsprechenden Größen und Formen erhältlich sind.
Die folgenden Seiten zeigen, wie man mit diesen Werkzeugen und mit traditionellen Hobeln umgeht.

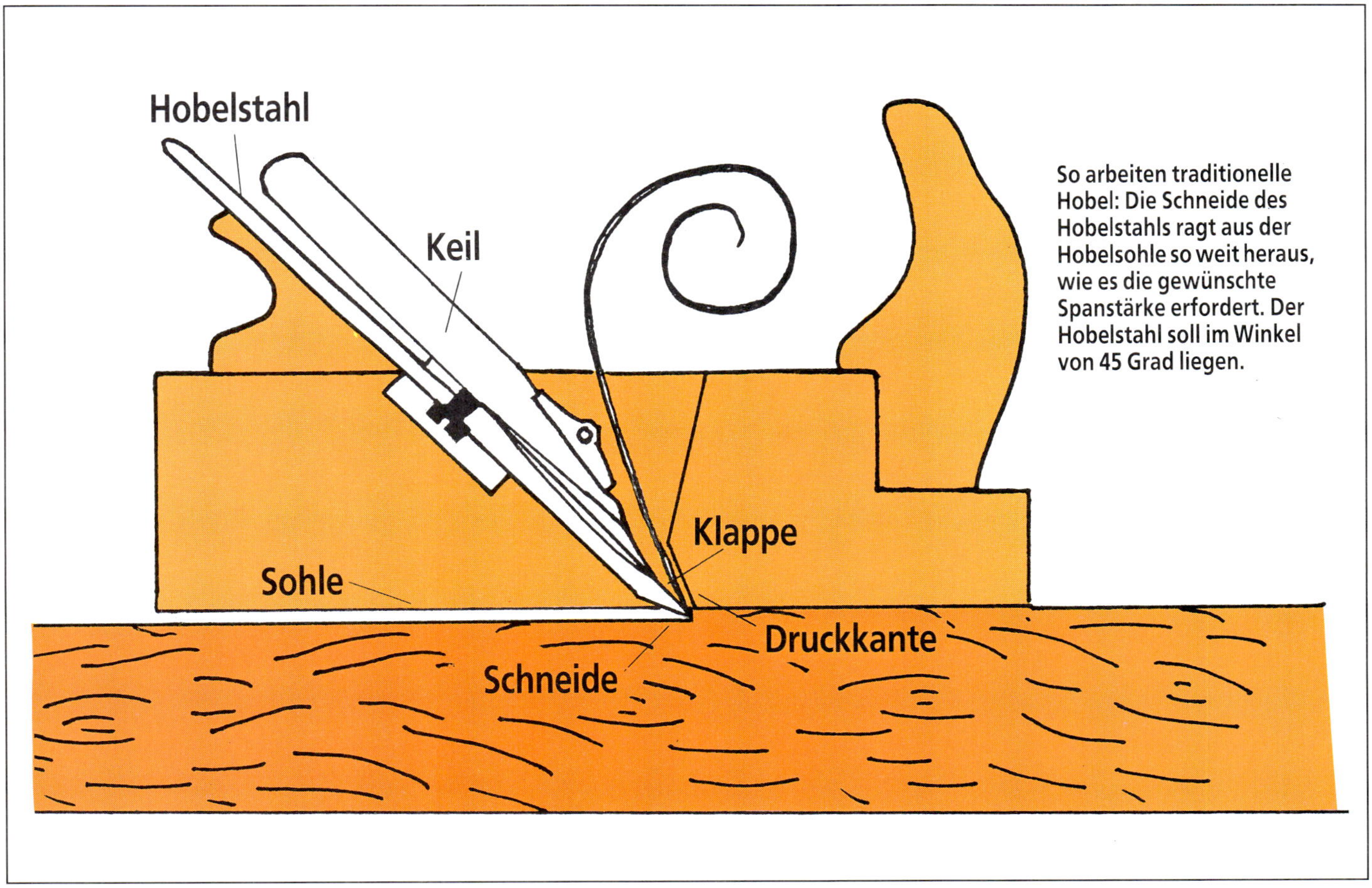

So arbeiten traditionelle Hobel: Die Schneide des Hobelstahls ragt aus der Hobelsohle so weit heraus, wie es die gewünschte Spanstärke erfordert. Der Hobelstahl soll im Winkel von 45 Grad liegen.

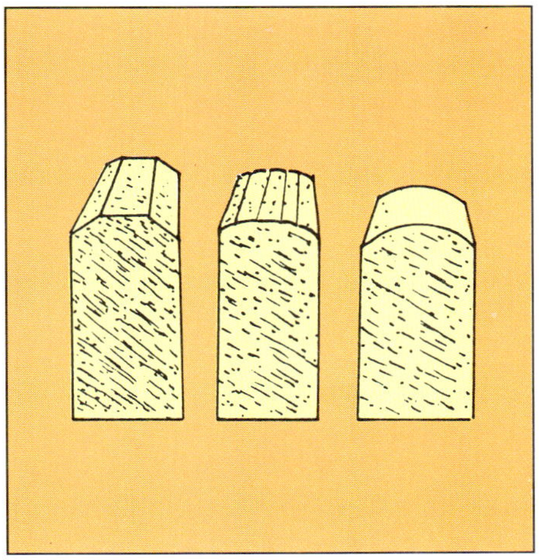

1 Beim Abrunden trägt man die Kanten unter 45° ab, bis gleich breite Flächen entstanden sind. Bricht man die Kanten erneut gleichmäßig, hat man fast einen Halbkreis erreicht.

2 Der Simshobel ist ein Werkzeug, das Profis und Hobbyhandwerker gleichermaßen schätzen. Dieses konventionelle Handwerkszeug verwendet man zum Anfertigen und Nacharbeiten von Falzen. Man bekommt es mit Eisen von 12-33 mm Breite. Auf der Abbildung ist gut zu sehen, wie man einen Hobel richtig hält: Die rechte Hand führt den Hobel, die linke drückt senkrecht zum Werkstück.

3 Gerade Kanten oder glatte Flächen werden zuerst mit einem Schlichthobel vorgearbeitet. Der Putzhobel sorgt für die Feinarbeit. Sein Eisen ist so fein einstellbar, daß man damit sogar sehr dünne

4 Scharfe Blätter, leichte Handhabung, lange Lebensdauer zeichnen die Surform-Werkzeuge (Stanley) aus. Bearbeitet man Massivholz mit der Standardfeile, verhindert eine festgespannte Beilage das Splittern der Kanten.

5 Großflächige Innenrundungen sind mit herkömmlichen Werkzeugen nur schwer zu bearbeiten. Der Surform-Zug- oder Schubhobel (mit umsteckbarem Griff) bewältigt diese Aufgabe.

6 Die Raspel mit grober und mit feiner Zahnung ist das richtige Werkzeug für die Hartholzbearbeitung. Das Werkstück muß fest eingespannt und die Raspel mit beiden Händen geführt werden.

7 Die Surform-Rundfeile ist ideal, wenn es darum geht, ein grob ausgesägtes Bohrloch nachzuarbeiten. Die scharfen Zähne sind so geformt, daß sie sich nicht mit Spänen zusetzen.

8 Der Bastlerhobel ist richtig für kleinere Werkstücke mit glatten Flächen oder Falzen. Der Hobel besitzt einen verstellbaren Anschlag.

9 Zum Besäumen von Kantenumleimern verwendet man die Universalfeile. Sie muß mit der flachen Seite angesetzt werden, überstehende Umleimer werden messerschnittartig abgetrennt.

10 Formschmirgler mit Kunststoffgriffen und einer mit vielen kleinen Schleifpunkten aus hartverchromtem Schwedenstahl versehenen Schleiffläche bilden eine interessante Alternative zu Raspel, Feile oder Sandpapier.

11 Bastler und Modellbauer haben einen besonderen Sinn für Feinarbeit. Dieser kleine Formschmirgler macht es möglich, unzugängliche Stellen und Winkel sauber zu bearbeiten.

12 Auch für Elektrowerkzeuge gibt es mittlerweile mit stählernen Schleifkörnern beschichtete Schmirgelplatten oder Schleifscheiben. Der besondere Vorteil ist die lange Lebensdauer.

Holz verbinden ohne Nagel und Schraube

Traditionelle Holzverbindungen mit Zinken, Zapfen, Schlitz und Keil sind zwar etwas arbeitsaufwendiger als genagelte oder geschraubte Verbindungen, sie sind jedoch auch um einiges haltbarer und fester, wenn sie sauber ausgeführt sind. Außerdem sieht so eine fachmännische Holzverbindung natürlich sehr viel schöner aus. Und nicht zuletzt macht es auch Spaß, so eine etwas kompliziertere Arbeit einmal selbst zu machen.

1 ▼

1 Die Eckverbindung mit Nut und Falz ist immer richtig, wenn man mit Massivholz arbeitet. Das Werkstück wird flach auf den Sägetisch gelegt und die Nut mit zwei nebeneinander laufenden Sägeschnitten herausgesägt.

2 ▼

2 Der Falz muß genau so tief sein wie die Nut. Das Brett wird dafür einmal senkrecht, einmal waagerecht über die Säge geführt. Die Verbindung wird verleimt.

3 ▼

3 Eine Gehrungs-Eckverbindung wird besonders stabil, wenn man eine Sperrholzfeder einsetzt. Ein auf Gehrung geschnittener Hilfsklotz, durch eine Zwinge bündig mit dem Brett verbunden, sorgt für die sichere Auflage beim Sägen.

4 ▼

4 Sind beide Bretter auf der Kreissäge mit einer Nut versehen, werden sie mit der Feder zusammengefügt und verleimt.

5 Die Kreuzverbindung mit abgesetztem Zapfen und Hartholzkeil: Ohne großen Aufwand erzielt man damit einen sicheren Halt – zum Beispiel bei einem Tischfuß. Die Arbeit beginnt mit einer einfachen Überplattung der Fußkreuzlatten. Mitten darauf wird ein kleineres Quadrat angerissen, mit dem Bohrständer aufgebohrt und die Ränder werden dann mit einem Stecheisen sauber nachgearbeitet.

6 Das Tischbein, eine quadratische Latte, wird an einem Ende entsprechend der Lochgröße und -tiefe des Fußkreuzes mittig angerissen. Mit einem Fuchsschwanz oder einer Universalsäge wird der Zapfen sauber freigesägt (der Fachmann nennt diese Arbeit „absetzen"). Dann wird in den Zapfen auf volle Tiefe ein Schlitz gesägt.

7 Ein Holzkeil, aus einem Hartholzstück zugesägt, wird ganz vorsichtig in den Schlitz des Zapfens eingeschlagen. Er sorgt dafür, daß die Verbindung sicheren Halt bekommt.

8 Eine Kreissäge mit Wanknuteinrichtung benötigt man für diese Zierverbindung mit Fingerzapfen. Die Wanknut wird auf Zapfenbreite eingestellt, dann wird Zapfen für Zapfen am Queranschlag ausgesägt. Erst danach werden die Zapfen mit der Kreissäge auf Gehrung geschnitten. Rechteckige Hartholzblättchen und Leim verbinden die Bretter miteinander. Man schleift sie später bündig.

10 Die Verbindungsstellen und die Dübelhölzer werden mit Leim bestrichen und alles fest zusammengefügt. Nach dem Abbinden des Leims werden die Dübelenden abgesägt und die Flächen plangeschliffen.

9 Ein Verbindungsklotz sorgt bei dieser Eckverbindung (die man zum Beispiel sehr gut bei Tischbein und -zarge einsetzen kann) für guten Halt. Mit dem Bohrständer und einem Zentrierbohrer werden in Zarge und Verbindungsklotz in einem Arbeitsgang die Sacklöcher zum Einsetzen der Holzdübel gebohrt. Die zweite Zarge wird genauso bearbeitet.

11 Eine Stegverbindung mit abgesetztem Zapfen und Holzkeil: ideal für eine stabile Tischkonstruktion. Auf dem Querholm wird der lange Zapfen angerissen, ebenso der Schlitz für den Keil. Diesen bohrt man am Bohrständer mit einem Zentrierbohrer aus und begradigt die Seitenflächen sorgfältig mit einem scharfen Stecheisen.

12 Der Zapfen wird mit dem Fuchsschwanz abgesetzt, die Tisch-Seitenwand entsprechend Zapfengröße ausgespart (gebohrt und ausgestemmt). Den Keil, leicht konisch geformt, rundet man an der Außenseite mit der Feile ab. Fügt man den Zapfen in die Aussparung des Seitenteils, sichert der Keil (rechts) die Verbindung.

13 Einfach, schnell und trotzdem sicher: die überplattete, verdübelte Eckverbindung. Die beiden Seitenteile werden je zur Hälfte ausgespart, dann (mit einem Hilfsklotz) rechtwinklig zusammengespannt. Die durchgehenden Dübellöcher kann man freihand bohren.

14 Die Gratverbindung verhindert, daß sich Massivholz „wirft" (verzieht). Mit einem speziellen Grathobel arbeitet man in das senkrechte Brett einen keil- und schwalbenschwanzförmigen Grat.

15+16+17 Der Grat wird als Muster zum Anreißen des Querbretts verwendet. Mit einer Gratsäge oder dem Fuchsschwanz wird das Holz schräg auf Zapfentiefe eingesägt, der Mittelsteg wird mit einem schmalen Stecheisen ausgehoben. Treibt man den Zapfen in die Nut hinein, „steht" die Verbindung.

Flächen, Winkel und Rundungen richtig leimen

Mit den richtigen Hilfsmitteln und ein paar Tricks ist richtiges Leimen kein Problem.

1 Wenn große Zwingen fehlen, kann man sich mit einer festen Schnur helfen, um den erforderlichen Druck zu erzeugen. Man knüpft die Schnur locker um das Werkstück, schiebt auf jeder Seite zwei Hilfsklötze ein und drückt diese zu den Ecken. So kommt die Schnur auf Spannung.

2 Beim Verleimen von Leisten oder Quadratstäben sind diese praktischen Spannzangen gut geeignet. Sie sind mit einer kräftigen Feder ausgestattet, die die mit Leim bestrichenen Teile zusammenpreßt. Man bekommt diese Zangen in zwei verschiedenen Größen.

Klemmzwingen und Verleimklammern helfen Probleme lösen

3 Größere Holzrahmen – zum Beispiel für Schranktüren – lassen sich gut auf Gehrung verleimen, wenn man die universell verwendbaren Klemmzwingen mit speziellen Zusatzteilen versieht. Zwei Klemmen werden fluchtend zum Gehrungsschnitt festgespannt, die dritte Klemme übereck angesetzt und so die Teile zusammengespannt.

4 Mit Verleimklammern ist man gut bedient, wenn mittelgroße, auf Gehrung geschnittene Rahmen verleimt werden. Die Klammern – es gibt sie in zwei Größen – werden mit einer Spezialzange gespreizt und über der Gehrung angesetzt. Druckstellen werden zugekittet.

5 Stählerne Schraubzwingen sind für alle Bereiche des Verleimens einsetztbar. Mit den entsprechenden Zusatzteilen (mit einem oder zwei Gewindespannern) kann man sie auch zum Anleimen von Massivholz-Kantenvorleimern verwenden.

6 Hölzerne Klemmzwingen helfen, wenn ein Vorleimer an einem größeren Werkstück angeleimt werden soll. Speziell dafür gibt es einen Klemmzusatz, den man mit einer anderen Zwinge fest gegen den Vorleimer spannen kann. Wird der Exzenter betätigt, entsteht der erforderliche Druck.

7 Mit diesen selbstgefertigten Hilfsgeräten kann man Vierkantleisten zu einer massiven Platte verleimen. Eine Seite der zwei Kanthölzer wird mit einem fest montierten Klotz versehen, die andere Seite mit einem durch Bohrungen und Flügelmuttern verstellbaren Klotz. Eingeschlagene Holzkeile sorgen für den Leimdruck.

8 Besonders zum Verleimen von Bilderrahmen ist eine solche Gehrungszwinge aus Aluminium-Spritzguß zu empfehlen. Auf beiden Seiten der rechtwinkligen Anlagefläche sind kleine Spannbacken angebracht, die eine maximale Spannweite von 75 mm zulassen. Die Handhabung ist sehr einfach.

9 Mit Schnellspannzwingen kann man Span- oder Tischlerplatten im rechten Winkel zusammenspannen. Die Kunststoff-Winkelstücke werden von beiden Seiten über die zu verbindenden Platten geschoben und mittels Exzenter-Hebel zusammengefügt. Der Druck reicht zum Verleimen ebenso wie zum Dübellochbohren.

11 Zum Rundbogen verleimt man dünne Leisten oder Sperrholzstreifen mit Hilfe eines Formmodells. Den Halbkreis schneidet man mit der Stichsäge zu, dann fertigt man 5 cm vom Rand entfernt in 10 cm Abständen Aussparungen an, in die die Zwingenspitzen hineinpassen. Das Werkstück wird mit Leim bestrichen und an der Halbkreismitte beginnend festgezwungen.

10 Umleimer an ovalen oder halbkreisförmigen Aussparungen werden mit einem passenden Gegenstück (möglichst mit dem ausgesägten Abfallstück) besonders fest. Eine Zwinge und zwei in Schlitze eingeschlagene Keile garantieren gute Druckverteilung.

Lackieren mit Pinsel und Rolle

Zum großen Teil hängt das Gelingen einer Lackoberfläche von gründlichen Vorarbeiten und der nötigen Sorgfalt ab.

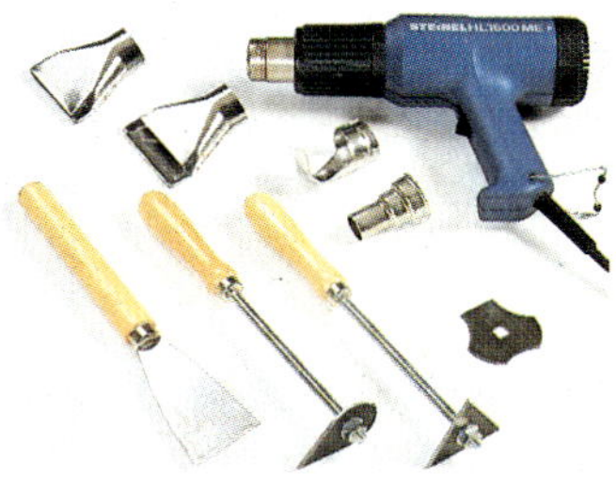

1 ▲

2 ▼

1 Ein Heißluftföhn ist das ideale Werkzeug, um alte Lackschichten zu entfernen. Spezialdüsen gibt es als Zubehör.

2 Chemische Abbeizer lösen den alten Lack auf; man schiebt ihn dann mit einem Spachtel ab.

Je nach dem Zustand des alten Lackes sind die Vorarbeiten mehr oder weniger umfangreich. Gerissene oder teilweise abgeblätterte Lackschichten müssen vollkommen entfernt werden, bevor der neue Anstrich aufgetragen werden kann. Dafür gibt es verschiedene Methoden.

Schnell und gründlich geht es mit einem Heißluftföhn. Die bis zu 500°C heiße Luft kann gleich mehrere Lackschichten in einem Arbeitsgang aufweichen. Mit einem langstieligen Spachtel oder Schaber werden diese Schichten dann von dem Holz abgeschoben.

Ohne Wärme, aber mit Chemie rückt man dem alten Lack mit Abbeizern zu Leibe. Den Abbeizer trägt man auf, läßt ihn einwirken und schabt ihn ab; dann wird die Fläche mit Terpentin nachgewischt. Bei mehreren Lackschichten muß man diese Arbeiten wiederholen.

Will man mechanisch arbeiten, wird der alte Lack mit Kratzern und Ziehklingen entfernt; eine mühsame, aber preiswerte Methode.

Ist die alte Lackschicht glatt und fest, reicht es aus, die Flächen anzuschleifen. Kleine Schäden im Lack können mit Spachtelmasse ausgebessert werden. Danach muß die Oberfläche geschliffen werden.

Mit Kratzern und Ziehklingen kann man alte Anstriche mechanisch entfernen. Die Messer können ausgewechselt werden.

Gründliches Schleifen ist wichtig

3 Einen Bandschleifer verwendet man, wenn Naturholz geschliffen wird. Man schleift in Richtung der Maserung und reißt so die Fasern nicht hoch.

4 Mit einem Klettverschluß wird bei diesem Schwingschleifer das Papier festgehalten. Das Auswechseln ist einfach und geht blitzschnell.

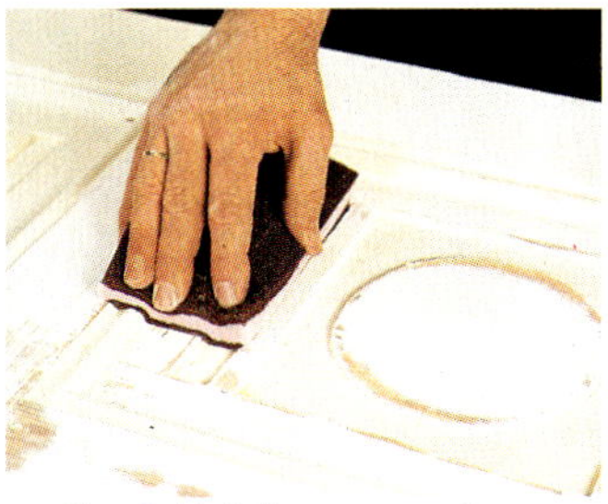

5 Ein Schleifvlies verwendet man zum Schleifen von Profilen. So erreicht man auch die tieferliegenden Rillen, ohne die Kanten stärker abzuschleifen.

Löcher werden zugekittet

6 Mit Fensterkitt füllt man tiefere Löcher, bevor man die Fläche mit Lackspachtel behandelt. Der Kitt wird festgedrückt und darf nicht überstehen.

7 Die Flächen zieht man mit Lackspachtel ab. Man verwendet als Werkzeug einen Japanspachtel. Nach dem Trocknen muß die Fläche gut geschliffen werden.

Mit Kunstharzlack gestrichene Gegenstände haben eine harte Oberfläche und sind deshalb mechanisch beanspruchbar.

Acryllack trocknet schneller

1 Acryllack eignet sich besonders für Gegenstände aus Holz im Außenbereich und für Anstriche auf Kunststoff und Asbestzement.

2 Im Glanz ist Kunstharzlack Acryllack überlegen. Kusntharzlack braucht zum trocknen etwa acht Stunden, Acryllack aber nur eine Stunde.

Exaktes Arbeiten durch Abkleben

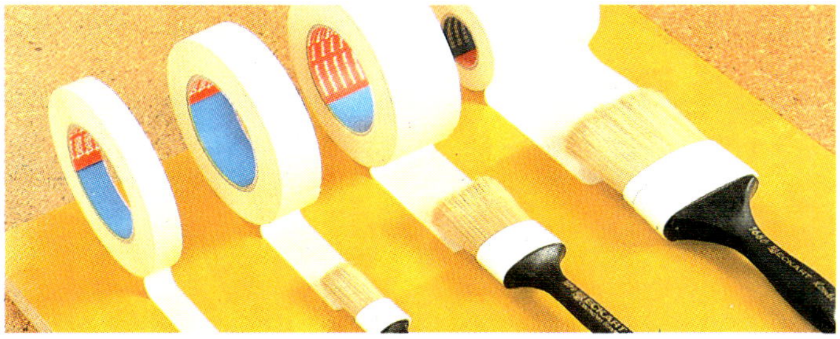

3▲ 4▼

3+4 Das Kreppband zum Abkleben sollte in seiner Breite der Pinselbreite entsprechen.

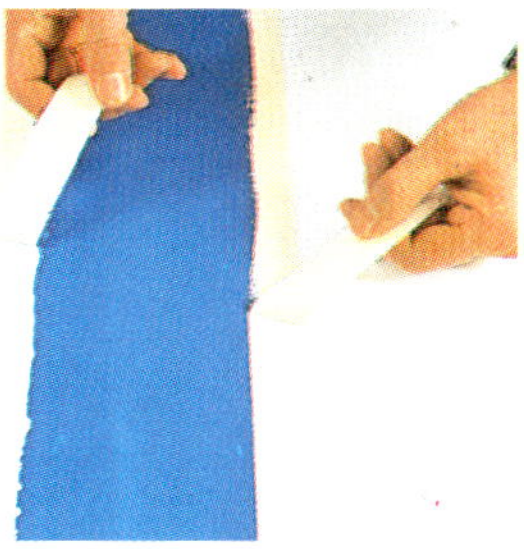

5 Leicht angetrocknet sollte der Lack sein, bevor man das Kreppband von der Lackfläche weg (rechts) und nicht zur Lackfläche hin (links) abzieht.

Für jeden Zweck den richtigen Lack

Zum Lackieren der vorbereiteten Flächen bieten sich zwei Lackarten an, die sich grundsätzlich voneinander unterscheiden. Es sind die lösungsmittelhaltigen Kunstharzlacke und die neuen, wassergelösten Acryllacke. Der Kunstharzlack trocknet mit einer harten Oberfläche auf, die mechanisch stark beanspruchbar ist. Man kann zwischen hochglänzendem und seidenglänzendem Lack wählen. Die Oberfläche des Acryllacks bleibt auch nach dem Trocknen immer etwas flexibel. Die Lackschicht macht zum Beispiel die Bewegungen des Holzes mit, ohne daß sie reißt. Deshalb ist dieser Lack gut geeignet für Malarbeiten auf Holz im Außenbereich. Er eignet sich auch gut für Anstriche auf Kunststoffen und zementähnlichen Oberflächen. Die mit Acryllack behandelten Oberflächen trocknen immer seidenmatt auf. Wenn neues Holz oder Flächen lackiert werden sollen, von denen alte Anstriche restlos entfernt wurden, muß vorgestrichen werden. Will man mit Kunstharzlack arbeiten, macht man den Voranstrich mit Vorlack oder mit bereits farbiger Vorstreichfarbe.

Beim Arbeiten mit Acryllack ist das Vorstreichen einfacher, man verdünnt den Lack einfach mit Wasser. Die richtige Mischung für den Voranstrich beträgt etwa ein Teil Wasser auf drei Teile Lack, also etwa 25 Prozent.

Vorstrich als Untergrund

6 Vorlack oder bereits farbige Vorstreichfarbe verwendet man, wenn mit Kunstharzlack gestrichen werden soll. Der Lack haftet dann besser auf dem Grund.

7 25 Prozent Wasser kann man dem Acryllack zusetzen, um ihn für einen Vorstrich zu verwenden. Die weiteren Anstriche werden dann unverdünnt gemacht.

Lackieren im Kreuzgang

8 Der erste Schritt ist das Auftragen und Vertreiben des Lackes. Der Lack soll die ganze Fläche gut bedekken. Angewärmter Lack (Wasserbad) verläuft besser.

9 Das Verschlichten des Lackes erfolgt in Querrichtung. Pinsel oder Rollen werden dabei nur mit leichtem Druck geführt. So bleiben keine Spuren.

1 ▲

Ventilationslack für Holzfenster

1 Der Anstrichaufbau bei der Grundrenovierung eines Holzfensters. Die Mühe lohnt sich. So wird das Fenster für lange Zeit der Witterung Widerstand leisten und schön aussehen.

Um Fenstern, die ja ständig der Witterung ausgesetzt sind, einen ausreichenden Oberflächenschutz zu geben, muß man mehr Aufwand treiben.

Zuerst wird der alte Anstrich vollkommen entfernt und die Holzoberfläche geschliffen. Dann wird ein Anstrich mit einem fungiziden Holzschutzmittel vorgenommen. Er schützt das Holz vor Schäden durch eindringende Feuchtigkeit. Danach folgen zwei Anstriche mit einem offenporigen Speziallack für Fenster, der das Holz atmen läßt. Für den dritten und letzten Anstrich kann man normalen Glanzlack verwenden, wenn man ihm ein bestimmtes Additiv zusetzt, das in Heimwerkermärkten und im Fachhanden erhältlich ist.

Lacke mit Umweltsiegel

2 ▲

3 ▲

2 Umweltfreundliche, wassergelöste Acryllacke git es jetzt auch für den Anstrich von Heizkörpern und Fenstern. Schnelles Trocknen und schwacher Geruch sind die Vorteile.

3 Speziallacke verwendet man zum Anstrich von Eisengittern und von Kunststoffen. Naturholztüren streicht man mit Klarlack oder mit Lasuren.

Perfekt lackieren mit der Spritzpistole

Unzugängliche oder größere Flächen lackiert man am besten mit der Spritzpistole.

1 Mit Verdünner muß der Lack vor dem Spritzen richtig „eingestellt" werden. Man füllt einen Tauch-Viskositätsmesser bis zum Rand mit Farbe, wobei man die Durchlaufzeit (in Sekunden) mit den Herstellerangaben vergleichen muß.

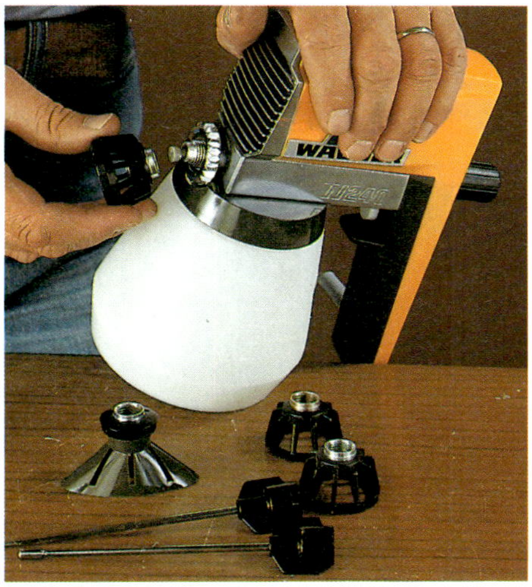

2 Auswechselbare Düsen, die sich mit einem Handgriff vom Spritzgerät lösen lassen, sind auch für schwierige Aufgaben ideal. Rund- oder Flachstrahldüsen von 0,5–0,8 mm ∅ sind am gebräuchlichsten.

3 Zum Befüllen der Spritzpistole schraubt man den Farbbehälter ab, gießt das fertig angemischte Spritzgut ein und befestigt ihn aufs neue. Das Saugrohr ist durch ein Feinsieb geschützt.

4 Mit einer Ansaugverlängerung kann man direkt aus einem (fertig angemischten) größeren Gebinde arbeiten. Die Spritzpistole, um Tank samt Farbinhalt erleichtert, wird so noch handlicher beim Gebrauch. Die Ansaughöhe beträgt ca. 165 cm.

5 Die Werkstücke sollten beim Spritzlackieren möglichst senkrecht zur Pistole stehen – im Gegensatz zur Pinsellackierung. Um ein Laufen der sehr flüssigen Farbe zu vermeiden, sollte man die Fläche erst einmal dünn „vornebeln". Die Farbe läßt man antrocknen und überspritzt anschließend das ganze gleichmäßig.

1 Unsauber und unschön wirken Farbbegrenzungen oder ausgesparte Flächen, wenn ein falsches Klebeband – hier ein Kreppband – verwendet wird. Die spezielle Struktur dieses Bandes führt dazu, daß die frisch gespritzte Farbe die Ränder „unterwandert".

2 Eine saubere Farbtrennung kann man nur erzielen, wenn das zum Abkleben benutzte Band nur begrenzt dehnbar ist. Im Fachhandel gibt es gute Klebebänder, die man zum Abkleben verwenden kann. Die Klebebandkanten müssen angepaßt werden!

3 Ecken, die kein Pinsel erreicht, sind kein Problem bei der Spritzlackierung. Ob es die schmalen Streifen zwischen den Leisten der Lamellentüren sind, die mit einer Flachstrahldüse lackiert werden, oder die schwer erreichbaren Innenflächen der Heizungsradiatoren. Überall ist ein makelloser Farbauftrag garantiert.

4 Im Kreuzgang bewegt man die Spritzpistole dort, wo eine Fläche mit der Rundstrahldüse gespritzt werden soll. Wichtig ist, daß man schon außerhalb der Spritzfläche beginnt, wobei man gleichmäßigen Abstand (25–35 cm) einhalten muß. Die Bewegungen sollten nicht aus dem Handgelenk heraus, sondern mit dem ganzen Arm vorgenommen werden.

Nach jeder Arbeit: Gründliche Reinigung

5 Ist der Spritzgang beendet, wird der Tank abgeschraubt und die Farbe in eine Dose zurückgegeben. Anschließend wird alles mit Verdünner durchgespritzt. Saugrohr, Spritzdüse und Ventil werden in einem Behälter mit Verdünnungsmittel ausgewaschen.

6 Eine Arretierschraube, die die Pumpe samt Gehäusedeckel mit dem Pistolen-Griffstück verbindet, ist mit einem Spezialschlüssel (Zubehör) ohne Probleme zu lösen. Auch die demontierte Pumpe wird in das Verdünnerbad gegeben.

7 Mit einem feinen Pinsel wäscht man die letzten Farbreste aus dem Gehäusedeckel und montiert danach die Spritzpistole wieder zusammen. Wenn man abschließend das Gerät mit etwas leichtem Maschinenöl durchspritzt, ist es gut konserviert.

Richtig bohren

Eine Handbohrmaschine besitzt wohl fast jeder Heimwerker. Daß man mit einem solchen einfachen Gerät, entsprechenden Zusatzeinrichtungen und den richtigen Bohrern durchaus professsionell arbeiten und saubere Ergebnisse erzielen kann, zeigen die folgenden Seiten.

1 Man muß neben der Grundplatte des Bohrständers bohren, damit lange Werkstücke eine gute Auflage finden. Zum Einbohren von Bodenträgern verwendet man Holzbohrer mit Zentrierspitze. Eine Maßleiste, auf dem Tisch festgespannt, erleichtert die Arbeit. Das Werkstück wird jeweils um ein Loch verschoben.

2 Möbelteile kann man sichtbar verdübeln, indem man sie paßgerecht mit Zwingen zusammenspannt und in einem Arbeitsgang mit einem Holzbohrer durchbohrt. Ein auf dem Bohrer festgeschraubter Tiefenanschlag garantiert die gleichbleibende Bohrlochtiefe. Erst wird der Dübel eingesetzt, danach werden die Zwingen gelöst.

3 Zum Einbohren von Beschlägen, Magnetschnäppern oder verdeckten Scharnieren (Topfbänder) verwendet man Forstner- oder Zentrierbohrer mit entsprechendem Durchmesser. Für Hartholz sollten unbedingt hartmetallbestückte Bohrer verwendet werden, da sonst das Werkzeug ausglüht und unbrauchbar wird.

Punktgenaues Arbeiten mit dem Bohrständer

4 Reihenbohrungen in Rundholz: Das Rundholz wird mit einem geraden Längsstrich versehen. Dann wird ein mit den Bohrabständen markiertes Hilfsbrett so auf die Grundplatte gespannt, daß der Strich sichtbar bleibt. Er dient als Kontrollmarke, die verhindert, daß das Rundholz beim Bohren verdreht wird.

5 Stufenlos einstellbar für Bohrungen von 13–43 mm ∅ oder 22–75 mm ∅ ist dieser Maschinen-Holzbohrer. Eine Zentrierspitze sorgt für gute Führung, das auswechselbare Messer läßt sich mit einer Schraube fest einspannen. Diese Bohrungen sollten nur im Bohrständer ausgeführt werden.

9 Eine Hilfschablone sorgt für den richtigen Winkel bei Bohrungen, die schräg ins Holz laufen sollen. Die Schablone wird festgespannt, der Bohrer senkrecht angesetzt und das Werkstück angebohrt. Bei laufender Maschine wird der Bohrer auf den Winkel der Hilfschablone gedrückt und das Holz auf die gewünschte Tiefe gebohrt.

10 Den Zentrumsbohrer kann man genausogut verwenden wie den (erheblich teureren) Forstnerbohrer. Fachleute setzen ihn gerne zum Bohren von Harthölzern ein. Vorteilhaft bei diesem Werkzeug ist auch, daß man es leicht mit einer Metallfeile wieder schärfen kann.

11 Alle Bohrlöcher, bei denen man Senkkopf- oder Linsen-Senkholzschrauben verarbeiten möchte, sollte man trichterförmig aufreiben. Der Senker oder „Krauskopf" ist dafür das richtige Werkzeug, das sich in jedes Bohrfutter einspannen läßt. Unschön vorstehende Schraubenköpfe sind so passé.

13 Die Zentrierspitze und die neuartige Schneidenform des Widia-Allround-Drillbohrers ermöglicht punktgenaues Anbohren auf den Materialien Stein, Wandfliesen, Glas, Holz, Kunststoff oder Metall. Zum Glasbohren wird die Bohrstelle mit Kühlmittel (zum Beispiel Terpentin, Essig) beträufelt.

14 Für grobe Holzarbeiten (Zimmermannsarbeit) ist der Schlangenbohrer das richtige Werkzeug. Er wird über einen Knebelgriff von Hand geführt. Durch die gewindeartige Zentrierspitze zieht der Bohrer sich ohne Druck ins Holz. Man bekommt ihn in verschiedenen Größen.

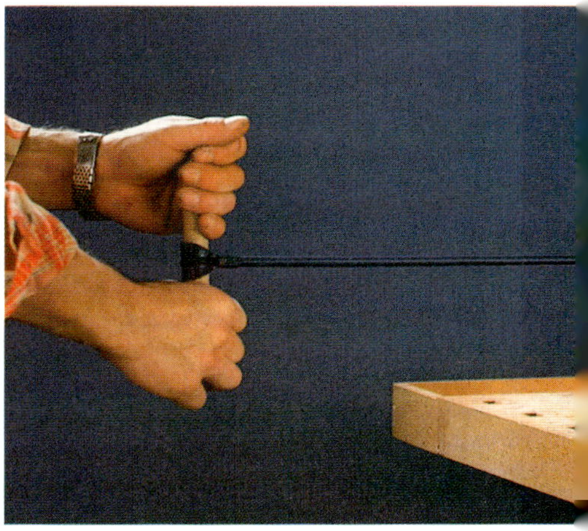

6 Eine festgespannte Hilfsplatte gibt guten Halt, wenn es darum geht, Rundholz zum Bohren mit dem Bohrständer sicher zu lagern. Zwei Leisten werden so auf dem Brett festgestiftet, daß das Rundholz stramm dazwischen paßt. Ein spezieller Maschinenschraubstock wird durch dieses Hilfsbrett unnötig.

7 Nur Widia-bestückte Bohrer sollte man einsetzen, wenn man Bohrungen in Werkstücke machen will, die mit Resopal, Hornitex oder ähnlichem Material beschichtet sind. Jeder normale Bohrer wird durch die harte Oberfläche überhitzt und in kürzester Zeit unbrauchbar.

8 Zapfenlöcher sind schnell ausgebohrt, wenn man einen Holzbohrer mit Zentrierspitze verwendet; sie verhindert, daß der Bohrer „wegläuft". Das Zapfenloch wird angerissen, dann wird Loch an Loch so gebohrt, daß die Bohrungen ineinanderlaufen. Die verbleibenden Stege werden mit dem Stecheisen weggenommen.

12 Verschiedene Werkstoffe wie Glas, Stein, Holz und Kunststoffe lassen sich mit einem hartmetallbestückten Universalbohrer durchbohren. Die Schneidlippen dieses Werkzeugs sind mit Widiablättchen versehen und garantieren damit eine lange Lebensdauer.

15 In die Bohrwinde – auch Brustleier genannt – werden nur Spezialbohrer mit einem konischeckigen Endstück eingespannt. Sie haben alle die Eigenschaft, sich selbst in das Holz zu ziehen, wenn die Winde gedreht wird. Zum Durchbohren muß man unbedingt ein Abfallholz unter das Werkstück spannen.

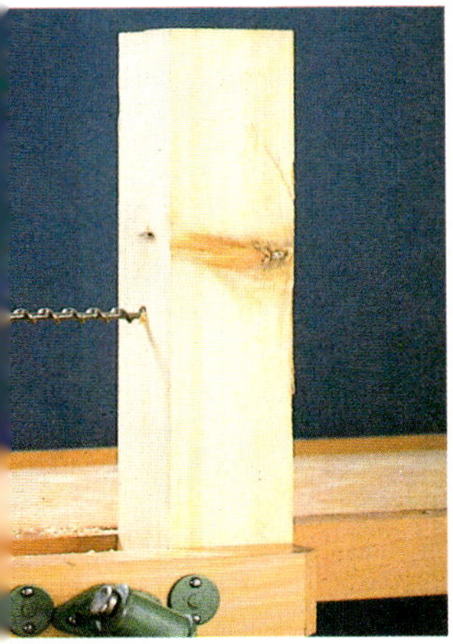

Präzise Schnitte mit der Handkreissäge

Für saubere und gerade Sägeschnitte gibt es nichts besseres als die Kreissäge. Grundsätzlich gilt: Werkstück fest einspannen.

1 Großformatige Platten kann man auf dem Boden bearbeiten. Dazu legt man die Platte auf dicke Leisten oder Bohlenstücke auf und spannt als Führungsanschlag ein gerades Brett mit Schraubzwingen an der Platte fest.

2 Die Schnittiefe hat Einfluß auf die Schnittqualität. Ist nämlich das Sägeblatt zu tief eingestellt, treten die Zähne nicht mehr flach genug oben aus dem Holz aus und reißen zu stark an der Oberfläche. Für saubere Schnitte braucht die Tiefe nur ca. 5 mm größer als die Dicke des Werkstücks zu sein. Der Spaltkeil hinter dem Sägeblatt verhindert ein Verklemmen des Sägeblatts und ein Hochschleudern der Maschine. Er darf nicht entfernt werden.

3 Sägeblätter für Handkreissägen gibt es in diversen Ausführungen, entsprechend den unterschiedlichen Einsatzgebieten. Vier Beispiele im Bild: a) Sägeblatt mit Gruppenzahnung aus Chromnikkelstahl, für Quer-, Längs- und Gehrungsschnitte in Holz. b) Hartmetallbestücktes Blatt für harte Holzarten oder kunststoffbeschichtete Spanplatten. c) Wie b, jedoch mit weniger Zähnen, auch für Zementplatten geeignet. d) Chrom-Vanadium-Sägeblatt mit Spitzzahnung für feine Längs- und Querschnitte in Holz, auch zum Nuten geeignet. e) Sägeblatt „Schwedenzahn" für schnelle und grobe Zuschnitte längs und quer zur Holzfaser.

4 Schrägschnitte bis 45° sind für Handkreissägen kein Problem. Bei der Einstellung ist aber auch die veränderte Schnittiefe zu beachten.

5 Mit dem Parallelanschlag lassen sich saubere Streifen aus Platten schneiden. Voraussetzung hierfür ist ein gerader Plattenrand und natürlich ein für den Zuschnitt ausreichend breiter Einstellbereich des Anschlags.

6 Spezial-Führungsschienen für Handkreissägen machen gerade Schnitte in Platten noch einfacher. Eine Gummilippe an der Unterseite sorgt für große Eigenhaftung auf glattem Material wie zum Beispiel Acrylglas. Die Schiene liegt fest (wenn die Eigenhaftung nicht reicht, helfen Schraubzwingen) und die Maschine gleitet leicht darauf, ohne vom Kurs abzukommen.

7 Beim Serienzuschnitt von Leisten sorgt ein quer darübergespanntes Lattenstück dafür, daß die Leisten fest liegen. Es bietet zugleich einen Führungsanschlag für die Maschine.

1 ▲

2 ▲

3 ▼

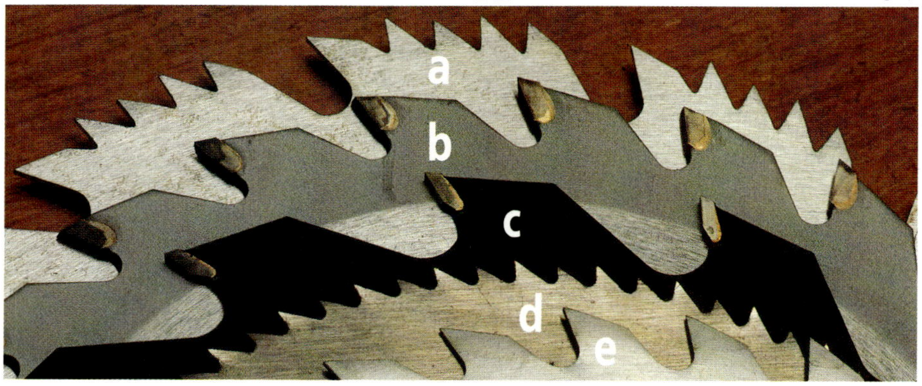

4 ▼

5 ▼

6 ▼

7 ▼

8 ▲

9 ▲

10 ▲

11 ▼

12 ▼

Sägetische erweitern die Einsatzmöglichkeiten der Handkreissäge noch erheblich. Aber auch schon ohne dieses Zubehör gibt es viele Aufgaben, die sie übernehmen kann.
Was ihr im Vergleich zur Stichsäge fehlt, ist die große Wendigkeit, die auch runde Ausschnitte oder das Schweifen von Werkstücken zuläßt. Ihre Stärke liegt dafür in der Schnittgeschwindigkeit und im geraden Schnitt, der mit den entsprechenden Anschlägen äußerst exakt ausgeführt werden kann – mit Anschlägen, die zum Zubehörprogramm der Handkreissäge gehören, und mit solchen, die man ganz nach Bedarf selber anfertigt.

8 Beim Fälzen muß man drei Dinge beachten: Erstens muß das Werkstück richtig eingespannt werden – mit einer Beilage, die auch als Auflage für die Maschine dient, zweitens muß der Parallelanschlag richtig eingestellt und drittens die Schnittiefe festgelegt werden.

9 Taschenschnitte sind auch mit der Handkreissäge möglich. Hier muß man allerdings berücksichtigen, daß der Schnitt des Kreissägeblatts beim Eintauchen nicht an dem Punkt beginnt, wo das Sägeblatt angesetzt wird, sondern ein Stück zurück. Die Säge muß entsprechend weiter vorn angesetzt werden!

10 Zum rechtwinkligen Ablängen schmaler Stücke wie Profilbretter oder Fußbodendielen eignet sich der Parallelanschlag an der Handkreissäge weniger gut. Ein ganz einfacher Hilfsanschlag schafft Abhilfe: Ein kurzes Brett wird genau im 90°-Winkel auf eine Leiste geschraubt. Die Brettkante dient als Führung für die Säge, die Leiste wird mit der linken Hand an die Kante des Werkstücks gedrückt.

11 Festspannen sollte man einen Anschlag, wenn man sonst vor die Maschine greifen müßte. Hier ein selbstgefertigter Anschlag nach demselben Prinzip wie in Abbildung 10, jedoch für Schnitte, die schräg über das Werkstück führen. Auf diese Weise lassen sich Anschläge in jedem Winkel anfertigen. Bei kleinen Serien lohnt es schon. Braucht man dagegen nur einen Schnitt, ist es einfacher, wie in den Abbildungen 1 und 7, nur eine Leiste aufzulegen und mit je einer Zwinge vorn und hinten zu fixieren.

12 Dickes Holz, für das die maximale Schnittiefe der Handkreissäge nicht ausreicht, wird in zwei Arbeitsgängen geschnitten. Hierbei ist es wichtig, daß die beiden Schnitte von der Ober- und der Unterseite sich genau begegnen. Nach dem ersten Schnitt wird die Position des Anschlags markiert, das Werkstück gedreht und der Anschlag für den zweiten Schnitt auf der anderen Seite wieder in derselben Position befestigt.

Arbeiten mit der Oberfräse

Lange Zeit war die Oberfräse nur den professionellen Tischlern vorbehalten. Seit einiger Zeit gibt es auch preiswerte Geräte für den Heimwerker. Die Einsatzmöglichkeiten dieser vielseitigen Maschine sind sehr groß.

Schon die enorm hohe Drehzahl von etwa 24000 U/min. läßt den Schluß zu: die Oberfräse ist geschaffen für Arbeiten, die eine große Präzision erfordern. Überall, wo genutet, gefast, gezapft, Profile gefräst oder Langlöcher gebohrt werden müssen, führt die Handoberfräse schnell und mühelos zu außerordentlich sauberen Arbeitsergebnissen. Bevor man ein solches Gerät in Betrieb nimmt, sollte man sich eine grundsätzliche Regel einprägen: Stets den Netzstecker ziehen, wenn an der Fräse gearbeitet wird (einspannen, einstellen usw.); Werkstück fest auf dem Arbeitstisch einspannen; Oberfräse an beiden Handgriffen führen (Ausnahme: Stationärbetrieb); die Vorschubrichtung der Oberfräse läuft stets gegen die Laufrichtung des Fräsers. Es dürfen nur scharfe Fräser verwendet werden.

1 Zur Grundausstattung jeder Oberfräse gehört ein Seitenanschlag. Er sorgt dafür, daß zum Beispiel ein Zierprofil überall gleich tief gefräst wird. Außerdem ermöglicht er eine sehr sichere Führung der Maschine.

2 Einen Fräser mit Anlaufzapfen setzt man ein, wenn ein durchgehendes Profil in Werkstücke gefräst werden soll, bei denen der Seitenanschlag nicht verwendet werden kann. Der Zapfen – ein nicht schneidender Führungsstift an der Spitze des Fräsers – liegt bei der Arbeit am Werkstück an.

3 Mit Hilfe einer Holzschablone, die auf dem Werkstück festgespannt wird, fällt es leicht, genau gleiche Muster und Verzierungen zu fräsen. Der Fräskorb – die „Arbeitsplatte" der Oberfräse – wird dazu mit einer Führungshülse ausgestattet, die an der Schablonenkante entlang fährt.

4 Möbelbänder oder Griffbeschläge genau ins Holz einlassen – auch das ermöglicht die Oberfräse wie kein anderes Werkzeug. Ein Nutfräser mit möglichst geringem Durchmesser wird auf Tiefe eingestellt und nach Anriß freihand geführt. Die Ecken werden mit dem Beitel nachgearbeitet.

5 Das Fälzen und Nuten von Tischlerplatte, Spanplatte oder Massivholz gelingt ohne große Mühe, wenn man den richtigen Fräser einsetzt: einen Falzfräser mit Anlaufzapfen (oben) und einen Nutfräser (unten) entsprechender Breite.

6 Das Fräsen einer Gratnutfeder, der schwalbenschwanzförmigen Feder, die für stark belastbare Holzverbindungen gewählt wird, geschieht hier mit einer horizontal geführten Oberfräse. Der aufgesetzte Seitenanschlag garantiert gleichbleibende Frästiefe. Als Werkzeug dient ein Zinkenfräser.

7 Der gleiche Zinkenfräser, mit dem die Feder gefertigt wird, dient auch zum Fräsen der passenden Gratnut. Entspricht die Feder der Materialdicke des Zinkenfräsers, genügt ein einmaliges Durchfräsen des Holzes; wenn nicht, muß der Anschlag für eine zweite Fräsung versetzt werden.

8 Das Freihandfräsen ist eine Technik, mit der man viele dekorative „Spielereien" verwirklichen kann: frei gezeichnete Formen, grafische Ornamente oder Schriftzeichen. Mit einem Nutfräser von nicht mehr als 6 mm ∅ wird das Werkstück Bahn für Bahn ausgefräst.

9 Ein Stangenzirkel – in jedem Zubehör-Set enthalten – erweitert die Möglichkeiten der Handoberfräse. Die Zirkelstange wird im Fräskorb eingespannt, die Distanz zwischen Zirkelspitze und Fräser-Außenkante mal zwei verrät den Außendurchmesser.

10 Mit nur einer Zirkeleinstellung geschaffen: ein schönes Ornament. Nachdem ein Kreis gefräst wurde, setzt man die Zirkelspitze auf einen beliebigen Punkt des Kreises und fräst einen Bogen von Linie zu Linie. Jeweils das Halbkreis-Ende dient danach als Ansatzpunkt für die nächste Fräsrunde.

11 Ein Winkeltisch, den es für die abgebildete Oberfräse als Zubehörset zu kaufen gibt, macht die Fräsarbeit noch leichter. Zwei Zwingen verbinden den Winkeltisch mit der Arbeitsplatte, eine federnde Druckvorrichtung sorgt für eine sichere Führung des Werkstückes.

13 Besonders sicher führen läßt sich die Oberfräse, wenn der Winkeltisch auch beim mobilen Einsatz montiert bleibt. Der Fräser muß zuvor auf die gewünschte Schnittiefe eingestellt und dort arretiert werden. Das Gerät wird so am Werkstück angesetzt, daß der Fräser keinen Materialkontakt hat.

12 Zur stationären Tischfräse wird die Winkeltisch-Arbeitsplatte, wenn man sie mit vier festen Füßen versieht. Als Anlage auf dem Frästisch kann man eine Kopiertaste und ein Druckholz befestigen, die das Freihand-Bearbeiten geschwungener Kanten ebenso ermöglichen wie das Schablonenfräsen.

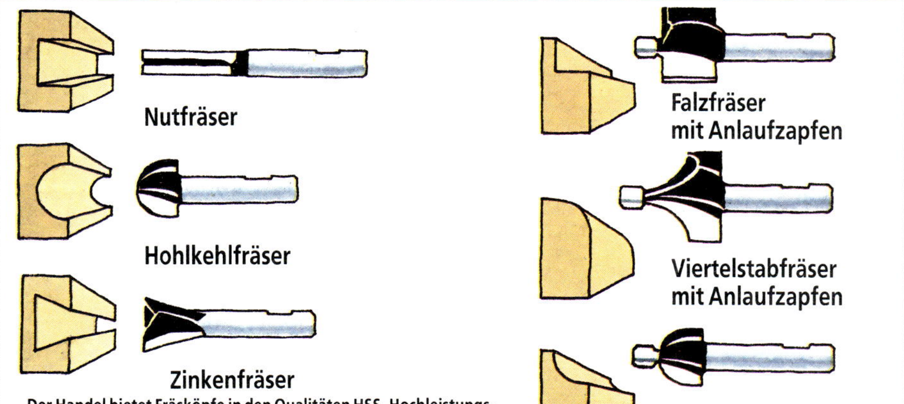

Der Handel bietet Fräsköpfe in den Qualitäten HSS Hochleistungsschnellstahl) oder – haltbarer – HM Hartmetall). Diese Zeichnung bietet nur einen kleinen Ausschnitt des großen Angebots an Fräsköpfen.

13 ▼

2 HEIMHANDWERK HAUS UND WOHNUNG

Tapezieren ist nicht schwer

Tapetenwechel – das heißt im Sprichwort so viel wie Urlaub oder Veränderung. Man kann es aber auch wörtlich nehmen und sich die gewünschte Abwechslung durch eine neue Tapete an den Wänden verschaffen. Es gibt unendlich viele Möglichkeiten. Die anfallenden Arbeiten sind gar nicht so schwierig und kompliziert; auf den folgenden Seiten wird Schritt für Schritt gezeigt, wie es geht.
Wenn man diese Hinweise beachtet und sorgfältig zu Werke geht, dann kann eigentlich gar nichts schiefgehen.

Bevor man an die eigentlichen Vorarbeiten gehen kann, muß der Tapetenbedarf ermittelt werden. Dazu mißt man die Raumhöhe und die Länge der einzelnen Wände aus. Die genaue Berechnung besorgt dann der Fachhändler. Große Tür- und Fensteröffnungen sollte man ebenfalls ausmessen, weil diese Flächen ja nicht tapeziert werden. Der Fachhändler weiß auch Rat, wenn es um die Auswahl der richtigen Tapete für spezielle Verwendungszwecke geht. Angeboten werden beispielsweise hochwaschbeständige, spaltbar oder trocken abziehbare Tapeten und vieles mehr. Zur Kennzeichnung der Tapetenqualität gibt es festgelegte Symbole, die bei Markentapeten auf jeder Rolle angegeben sind (siehe auch die Abbildung auf Seite 80). So kann man sich schnell orientieren .
Die Entscheidung für eine bestimmte Farbe oder ein bestimmtes Muster

1 Damit der Tapetenablöser gut einziehen kann, muß die alte Tapete vorher gut aufgerauht werden. Das erreicht man entweder mit grobem Schleifpapier oder mit einem Nagelroller.

2 Mit einem großen Kleisterquast wird der verdünnte Tapetenablöser satt aufgetragen. Man kann sich die Arbeit sehr erleichtern, indem man diesen Vorgang nach einigen Minuten wiederholt.

3 Schon nach einer kurzen Weichzeit können die alten Bahnen vollständig von der Wand abgezogen werden. Sollte die Tapete sich noch nicht vollständig lösen, muß man noch einmal nachstreichen.

bleibt natürlich dem persönlichen Geschmack überlassen. Grundsätzlich sollte man jedoch bedenken, daß große Muster auf der Tapete einen kleinen Raum meist noch kleiner erscheinen lassen, während kleingemusterte Tapeten das genaue Gegenteil bewirken können. Bei der Entscheidung zwischen einer dunklen und einer hellen Tapete helfen bestimmt auch die Abbildungen und die Informationen auf den Seiten 138–152 in diesem Buch weiter. Beim Kauf von Kleister und anderen Materialien wie Spachtelmasse, Tiefgrund oder Tapetenablöser sollte man nach Möglichkeit darauf achten, daß alle Präparate vom gleichen Hersteller stammen (zum Beispiel dufix Füllspachtel, dufix Tiefgrund, dufix Tapetenablöser). So ist eine einwandfreie Verträglichkeit der Mittel untereinander gewährleistet, und man erspart sich unnötigen Ärger. Der Fachmann unterscheidet zwischen normalem Kleister (zum Beispiel Metylan oder Optalin) für leichte und mittlere Tapeten und Spezialkleister für schwere Tapeten und Rauhfaser. Diese Kleister (zum Beispiel Metylan Spezial oder Optalin Spezial) sind durch den Zusatz eines pulverförmigen Kunstharzes klebkräftiger. Auch für Kork-, Grasfaser-, Textil- und Vinyltapeten werden diese Spezialkleister eingesetzt. Für die Verklebung dieser Spezialtapeten eignet sich auch sehr gut Metylan spezial Instant. Dieser Kleister wird in kaltes Wasser eingerührt und ist bereits nach 3 Minuten einsatzbereit: Die übliche Wartezeit von 30 Minuten entfällt. Bei einigen Vinyl- und Textiltapeten empfehlen die Hersteller allerdings außerdem den Zusatz eines Dispersionsklebers (Ovalit T oder Dextra TB). Um vor bösen Überraschungen sicher zu sein, sollte man die Verarbeitungshinweise des Herstellers unbedingt beachten.

Seit einiger Zeit gibt es für Strukturvinyl- und Textiltapeten auch spezielle pulverförmige Kleber (zum Beispiel Metylan TT oder Optalin Extra), die einfach in Wasser eingerührt werden und keiner weiteren Zusätze bedürfen.

Alte Tapeten eignen sich nur nicht als Untergrund, wenn man neu tapezieren will. Um wirklich einwandfreie Ergebnisse zu erzielen, muß man sie deshalb vorher ablösen. Das macht man beispielsweise mit dufix Tapetenablö-

4 Der gipshaltige Fugenspachtel wird einfach mit Wasser aufgerührt. Die fertige Spachtelmasse bleibt etwa 40–60 Minuten verarbeitungsfähig. Das reicht in den meisten Fällen aus.

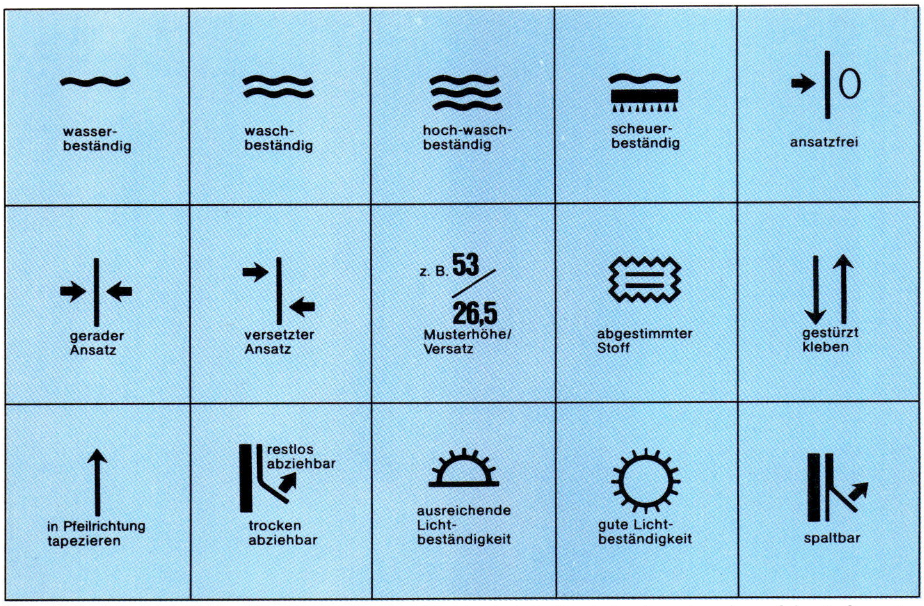

Eine große Hilfe beim Aussuchen der geeigneten Tapete sind die Symbole, die entweder auf der Außenseite der Rolle abgedruckt oder einem beigefügten Zettel zu entnehmen sind. Sie geben Aufschluß über Qualität und Besonderheiten bei der Verarbeitung der Tapete. So kann man sich sehr schnell einen Überblick verschaffen.

5 Kleinere Unebenheiten und Risse werden zügig in einem Arbeitsgang zugespachtelt. Bei größeren Löchern muß man dagegen in mehreren Schichten vorgehen und die Spachtelmasse zwischendurch aushärten lassen. Für tiefere Risse in der Wand hält der Fachhandel Glasfaserbandagen bereit, die einfach in die Spachtelmasse gedrückt werden und ein neues Aufreißen verhindern.

6 Abgestoßene Ecken bessert man aus, indem man einen breiten Japanspachtel als Anschlag verwendet. So wird die neue Kante einwandfrei gerade. Nach Aushärtung wird diese noch geschliffen.

ser, der einfach mit Wasser angerührt wird. Er zieht in die alte Tapete ein und löst den Kleister. Nach einer kurzen Weichzeit lassen sich die Tapeten dann problemlos von der Wand ziehen. Waschbeständige Tapeten müssen vorher grob angeschliffen werden, damit das Mittel auch richtig einziehen kann. Wenn man den Tapetenablöser nach kurzer Zeit ein zweites Mal aufträgt, erleichtert man sich die Arbeit sehr. Wenn die alte Tapete restlos von der Wand entfernt ist, geht es an die Vorbereitung des eigentlichen Untergrundes; er muß trocken, fest und glatt sein. Alte Dübellöcher, Risse und andere Unebenheiten werden mit einer gipshaltigen Spachtelmasse (zum Beispiel dufix-Füllspachtel) ausgebessert. Einmal mit Wasser angerührt, bleibt die Spachtelmasse etwa 40–60 Minuten lang verarbeitungsfähig. Das reicht in der Regel aus, um auch in größeren Räumen alle Unebenheiten auszubessern. Im Zweifelsfall sollte man lieber etwas zu wenig anrühren. Nach dem Trocknen läßt sich die Spachtelmasse mühelos mit normalem Sandpapier schleifen.

Saugfähige Untergründe sollten vor dem Tapezieren vorbehandelt werden. Wenn sie glatt sind, kann man dafür einfach Tapetenkleister verwenden, für rauhe Untergründe nimmt man eine füllende Streichmakulatur (wie Tapetra). Kreidende Gipsuntergründe und neue Gipskartonplatten müssen vor dem Tapezieren mit einem Tiefgrund behandelt werden. Es empfiehlt sich, beim Einkauf darauf zu achten, daß der Tiefgrund lösungsmittelfrei ist (zum Beispiel dufix Tiefgrund), weil bei der Verarbeitung eines solchen Produktes keine Geruchsbelästigung auftritt. Außerdem braucht man keine so lange Trocknungszeit wie bei lösungsmittelhaltigen Tiefgründen (8–10 Stunden) einzuhalten.

7 Wenn der Untergrund vorbereitet ist, wird der Kleister angerührt. Dabei gilt die Regel: lieber zu dick als zu dünn. Für Rauhfaser und schwere Tapeten werden Metylan-Spezialkleister verwendet.

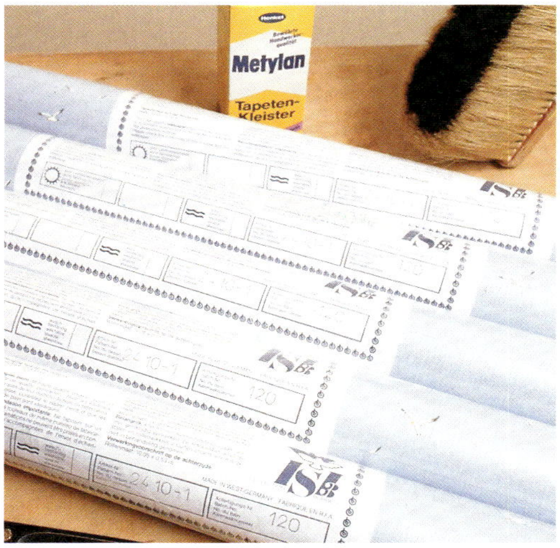

8 Sicher ist sicher: Bevor die erste Bahn zugeschnitten wird, sollte man prüfen, ob alle Rollen aus derselben Fertigung stammen. Dafür sind außen Kontrollnummern aufgedruckt.

9 Das Zuschneiden der Bahnen erfolgt auf dem Tapeziertisch (Längenzugabe von 8–10 cm Abstand von der Fußleiste bis zur Decke). Im Fachhandel gibt es für diese Arbeit spezielle Haumesser; zur Not tut es auch ein Brotmesser. Die Anzahl der benötigten Bahnen ermittelt man am einfachsten, indem man die Bahnenbreite auf dem Untergrund anzeichnet.

10 Bei Mustertapeten, ob mit geradem oder versetztem Rapport, sollte man grundsätzlich noch einmal den Musteransatz prüfen. Nur so kann man sicher sein, daß später alles paßt.

11 Beim Zuschneiden von Tapeten mit geradem Rapport muß der Musteransatz der neuen Bahn genau auf dem der vorhergehenden Bahn liegen. So paßt das Muster hinterher garantiert.

Vor dem Öffnen von Lichtschaltern und Steckdosen muß die Sicherung herausgedreht werden

Wenn der Untergrund vorbereitet ist, kann mit den eigentlichen Tapezierarbeiten begonnen werden. Als erstes wird der Kleister angerührt, was einige Zeit in Anspruch nimmt, weil dieser erst quellen muß, bevor er gebrauchsfertig ist. Die genaue Anweisung für das Anrühren des Kleisters steht auf der Verpackung. Im Zweifelsfalle rührt man den Kleister lieber etwas zu dick an, weil er sich später immer noch problemlos mit Wasser verdünnen läßt. Zu dünnen Kleister dagegen kann man nicht mehr dickflüssiger machen. Während der Kleister quillt, was etwa 30 Minuten dauert (schneller geht's wie gesagt, bei Instant-Kleister), kann man schon damit beginnen, die Tapeten zuzuschneiden. Bevor man allerdings das Messer oder die Schere ansetzt, sollte sicherheitshalber noch einmal kontrolliert werden, ob alle Tapetenrollen aus derselben Fertigung stammen. Hierfür gibt es Kontrollnummern, entweder direkt auf den Rollen oder auf Beipackzetteln. Sind die Kennzeichnungen unterschiedlich, dann stammen die Rollen nicht aus demselben Druckgang, und man verarbeitet sie besser getrennt an unterschiedlichen Wänden, da leichte Farbabweichungen möglich sind.

Die richtige Länge der Tapetenbahnen wird ermittelt, indem man das Maß von der Oberkante der Fußleiste bis zur Decke ermittelt und 8–10 cm als Ausgleich für Ober- und Unterkante hinzuzählt. In dieser Länge wird nun die erste Bahn zugeschnitten, die dann als Maß für alle weiteren dient. Noch schneller geht das Zuschneiden, wenn man die Bahn an der Trennlinie knickt, so daß Kante auf Kante liegt, und dann mit einem Haumesser im Knick schneidet. Ein scharfes Brotmesser tut es zur Not auch. Um zu ermitteln, wieviele Bahnen zugeschnitten werden müssen, zeichnet man sich am einfachsten die Bahnenbreite fortlaufend auf dem Untergrund an. Komplizierter ist das Zuschneiden bei Tapeten mit geradem oder versetztem Ansatz, weil man hier auch auf die Fortsetzung der Musterfigur achten muß. Dieser sogenannte Rapport wird kontrolliert, indem man die neue Bahn auf die jeweils vorhergehende legt. Beim geraden Ansatz (Symbole siehe Abbildung auf Seite 80) muß Musterfigur auf Musterfigur liegen, bei versetztem Ansatz liegt die Musterfigur der neuen Bahn genau zwischen zweien der vorhergehenden Bahn. Dabei erfolgt das Zuschneiden immer im Wechsel; das heißt, daß die Bahnen 1, 3, 5 usw. sowie die Bahnen 2, 4, 6 usw. jeweils übereinstimmen. Wichtig ist auch, daß man diesen Versatz bei den Teilstücken über Türen und Fenstern be-

12 Tapeten mit versetztem Rapport werden im Wechsel zugeschnitten: Identisch sind jeweils die Bahnen 1, 3, 5 usw. beziehungsweise die Bahnen 2, 4, 6 usw.

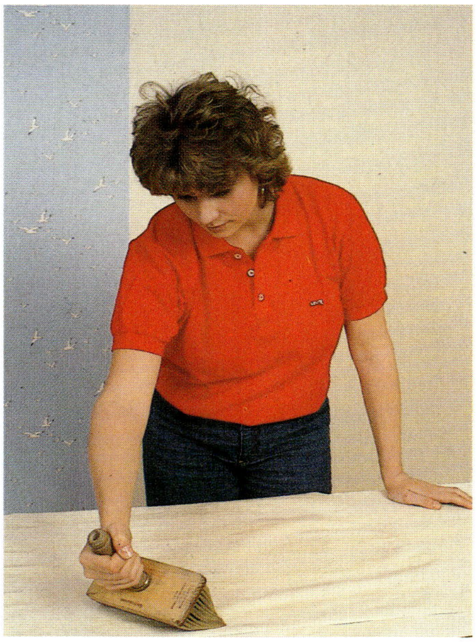

13 Beim Einkleistern sollte man sein Augenmerk auf die Kanten richten: Sie müssen gut halten. Andererseits darf kein Kleister auf die Vorderseite kommen, das würde zu Flecken führen.

14 Der obere Rand wird etwa 3 cm weit umgeknickt. So kann später beim Ansetzen der Bahn kein Kleister an die Decke kommen und dort unschöne Flecken hinterlassen.

15 Nach dem Einkleistern werden die Bahnen zusammengelegt. Dafür schlägt man zunächst das untere Drittel um, dann den oberen Teil. Der obere umgefaltete Streifen kommt dabei auf der trockenen Vorderseite des umgeschlagenen unteren Drittels zu liegen.

16 Die fertig eingekleisterte und zusammengelegte Bahn muß eine Weile weichen. Die Dauer dieses Prozesses hängt von der Stärke des Papiers ab. Bei leichten Tapeten sollte man nie mehr als eine Bahn im voraus einkleistern, bei schweren Tapeten höchstens zwei bis drei.

17 Textil- und Strukturvinyltapeten werden von beiden Seiten jeweils bis zur Mitte hin zusammengelegt und dann zum Weichen einfach zusammengerollt. Dabei sollten scharfe Knickkanten vermieden werden.

18 Bevor die erste Bahn angesetzt werden kann, muß zunächst eine senkrechte Linie ermittelt werden. Dafür werden entlang der Schnur des Senklots Bleistiftmarkierungen angebracht.

19 Auf dem angewinkelten Arm läßt sich die zusammengelegte Tapetenbahn bequem und sicher transportieren. Erheblich schneller und leichter geht es mit einem Helfer.

20 Auf der Leiter hält man die Bahn so, daß sie auf jeweils zwei Fingern der rechten und linken Hand liegt. Läßt man sie los, so laufen die oberen zwei Drittel der Bahn ab, und man kann sie entlang der senkrechten Linie ansetzen.

21 An dem oberen umgeknickten Streifen läßt sich die Bahn leicht und sicher halten. Der Streifen wird an der Decke angesetzt und später abgeschnitten. Auf diese Weise vermeidet man, daß Kleister an die Decke gelangt. Er würde dort häßliche Flecken hinterlassen.

rücksichtigt. Das klingt komplizierter, als es in Wirklichkeit ist. Wenn die Tapeten zugeschnitten sind, werden sie auf dem Tapeziertisch so gewendet, daß die Oberkanten links liegen und die Bahnen mit der Hinterkante des Tisches abschließen. Zum Einkleistern wird nun die oberste Bahn zur Vorderkante vorgezogen; dann wird die Bahn von der Mitte zu den Kanten hin gleichmäßig eingestrichen. Bei dieser Arbeit muß man darauf achten, daß kein Kleister auf die Vorderseite der Tapete gelangt, weil das häßliche Flecken hinterlassen kann. Die eingekleisterte Bahn wird dann zum Einweichen zusammengelegt. Dabei verfährt man folgendermaßen: Erst wird die Bahn am unteren Rand etwa 2–3 cm umgeschlagen, dann wird das untere Drittel der Bahn zusammengelegt. Auch der obere Rand wird etwa 3 cm weit umgeknickt. Dann legt man die Bahn so zusammen, daß dieser Rand auf dem unteren, trockenen Stück zu liegen kommt. So werden Kleisterflecken an der Decke vermieden. Jetzt legt man die Bahn noch einoder zweimal zusammen und läßt sie, je nach Stärke des Materials, ein paar Minuten weichen. Währenddessen kann schon die nächste Bahn eingekleistert werden. Bei dünnen Tapeten sollte man niemals mehr als eine Bahn im voraus einkleistern, damit die Weichzeit nicht zu lang wird. Bei schweren Tapeten kann man ruhig zwei oder drei Bahnen vorbereiten.

TIP

Auch die neuen Tapeten wird man irgendwann auswechseln wollen. Im Fachhandel gibt es trocken abziehbare und trocken spaltbare Tapeten, die sich problemlos wieder von der Wand lösen lassen. Bei der trocken spaltbaren Tapete bleibt nach dem Abziehen eine dünne und tragfähige Papierschicht an der Wand, die übertapeziert wird.
Man kann aber auch den Untergrund mit einem speziellen Mittel vorbehandeln (zum Beispiel dufix Wechselgrund). Dann lassen sich alle Tapeten mühelos wieder von den Wänden lösen. So kann man sich mit vergleichsweise geringem Aufwand viel Arbeit bei späteren Renovierungsgängen sparen.

22 Entlang der Lotlinie oder der Stoßkante der angrenzenden Bahn wird die Bahn vorsichtig ausgerichtet. Kleinere Korrekturen sind durch Verschieben jetzt noch ohne größere Schwierigkeiten möglich. Das untere Drittel bleibt noch umgeschlagen.

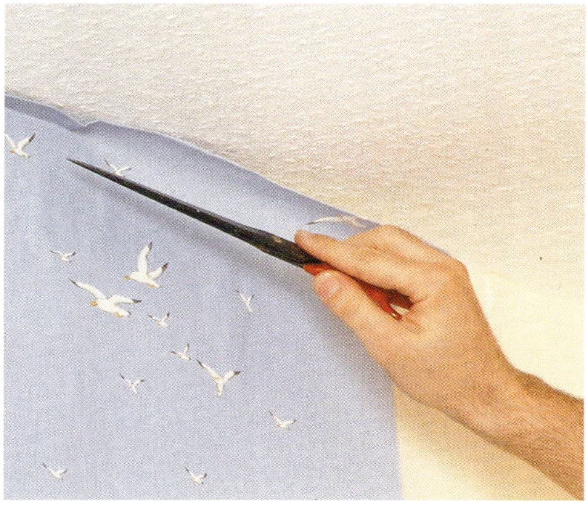

23 Wenn die Bahn ausgerichtet ist, kann man den oberen Rand gleich abschneiden. Dafür markiert man mit dem Scherenrücken die Schneidelinie entlang der Ecke. Anschließend wird die Bahn wieder abgezogen und mit der Schere zugeschnitten.

24 Mit einer Tapezierbürste oder einem weichen Lappen wird die Tapetenbahn vorsichtig angedrückt. Dabei geht man zuerst in der Mitte von oben nach unten, dann fischgrätartig zu den Seiten vor.

25 Vinyl- und Strukturvinyltapeten werden am besten mit einem weichen Lammfellroller angepreßt. So kann die Struktur nicht beschädigt werden. Auch hier geht man zuerst in der Mitte von oben nach unten, dann seitwärts vor.

26 Erst wenn der obere Teil der Bahn ausgerichtet und angedrückt ist, wird das untere Drittel ausgeklappt. Ausgerichtet muß es nicht mehr werden. Man preßt es einfach mit der Tapezierbürste oder einem weichen Lappen an.

27 An der Unterkante ragt die Bahn zunächst über die Fußleiste. Auf diese Weise kann man mögliche Unebenheiten und Unterschiede in der Raumhöhe ausgleichen.

28 Beim Zuschneiden der unteren Kante verfährt man genauso wie an der Oberkante: Erst wird die Tapete vorsichtig mit dem Scherenrücken in die Ecke gedrückt, dann von der Wand abezogen und mit der Schere entlang der auf diese Weise entstandenen Markierungslinie zugeschnitten. Bei stark durchgeweichter Tapete muß man aufpassen, daß sie nicht reißt.

29 Vinyl- und Strukturvinyltapeten schneidet man mit einem flachen Cuttermesser entlang eines speziellen Kunststoffspachtels ab, den man in die Ecke drückt. Dieses Verfahren ist auch bei festen Papiertapeten anwendbar.

30 Das letzte Stück an der Wand muß auf die richtige Breite zugeschnitten werden. Dafür ermittelt man den Abstand von der letzten Stoßkante bis zur Ecke und gibt noch 2–3 cm zu, die um die Ecke herum geklebt werden.

31 Der Abschlußstreifen wird zunächst in der erforderlichen Breite umgefaltet und entlang der Falzlinie mit der Schere zugeschnitten.

Tageslicht – die beste Beleuchtung beim Tapezieren

Vinyl-, Strukturvinyl- und Textiltapeten werden nur von jeder Seite einmal zur Mitte hin zusammengelegt und dann aufgerollt. So ist ein gleichmäßiges Durchweichen garantiert. Zum Tapezieren braucht man gutes Licht, damit man auch die kleinsten Unebenheiten oder Falten sofort erkennen und berichtigen kann. Da ohnehin vor dem Tapezieren alle Lichtschalter- und Steckdosenabdeckungen entfernt werden und zu diesem Zweck die Sicherungen herausgedreht werden müssen, tapeziert man am besten bei Tageslicht. Wenn man nicht gerade in einem dunklen Hinterhof wohnt, ist Tageslicht ohnehin die hellste und beste Beleuchtung, die man sich wünschen kann.

Grundsätzlich werden alle Tapeten Kante an Kante verklebt, also nicht überlappend. Trotzdem beginnt man am besten an einer Fensterseite und arbeitet sich dann langsam zur Raummitte vor, damit bei kleinen Überlappungen keine unschönen Schatten an den Kanten zu sehen sind.

Zu beachten ist, daß die erste Bahn, die an einer Wand verklebt wird, absolut senkrecht hängen muß. Nach den Wänden kann man sich dabei in den meisten Fällen nicht richten. Man muß also eine senkrechte Linie mit dem Senklot ermitteln. Etwa 2 cm weit wird die Bahn um die Ecke tapeziert. Man markiert die Lotlinie also mit ein paar Bleistiftstrichen im Abstand der Bahnbreite, abzüglich 2 cm, von der Wand. Wenn man nun die erste Bahn an dieser Linie ausrichtet, kann bei den folgenden Bahnen nichts mehr schiefgehen, weil sie ja immer Kante an Kante geklebt werden. Auf dem angewinkelten Arm läßt sich die zusammengelegte Bahn leicht transportieren. Oben auf der Leiter hält man die Bahn nun so, daß sie auf jeweils zwei Fingern der rechten und linken Hand liegt. Läßt man sie los, so laufen die eingeklappten oberen zwei Drittel der Bahn langsam ab, und man kann sie ansetzen. Dabei liegt der umgefaltete, schmale Streifen an der Decke. Die Bahn wird entlang der senkrechten Linie ausgerichtet. Korrekturen sind durch vorsichtiges Verschieben noch möglich. Wenn die Bahn ausgerichtet ist, kann man sie mit der Tapezierbürste oder einem weichen Lappen andrücken. Gleich anschließend wird der schmale Überstand an der Decke abgeschnitten, damit man nicht zu oft die Leiter herauf- und heruntersteigen muß. Die Schnittlinie wird markiert, indem man die Bahn vorsichtig mit dem Scherenrücken in die Ecke drückt. Anschließend wird die Bahn wieder ein Stück weit von der Wand abgelöst und entlang der Markierungslinie abgeschnitten. Jetzt erst wird das untere Drittel der Tapetenbahn ausgeklappt und ebenfalls mit der Tapezierbürste angedrückt. Dabei geht man zuerst in der Mitte von oben nach unten, dann fischgrätartig zu den Seiten vor.

Vinyl- und Textiltapeten drückt man mit der Tapezierwalze an: stark profilierte Tapeten dagegen werden schonender mit einem weichen Lammfellroller angepreßt. Der untere Überstand wird genauso angezeichnet und abgetrennt wie unter der Decke.

TIP

Schwere Tapeten lassen sich an Ober- und Unterkante auch auf einfachere Weise beschneiden: Mit einem Tapezierspachtel aus Kunststoff wird die Tapete zunächst gut in die Ecke gedrückt. Dann schneidet man den Überstand mit einem flach gehaltenen, scharfen Cuttermesser am Spachtel entlang ab.

Tapetenbahnen kann man nicht mit ihrer vollen Breite um eine Ecke herum kleben. Es würden beim Trocknen zu große Spannungen auftreten und Blasen oder Risse herbeiführen. Deshalb muß eine Bahn der Länge nach auf die entsprechende Breite zugeschnitten werden, wenn man eine Ecke des Raumes erreicht hat. Dafür mißt man den Abstand von der Kante der letzten

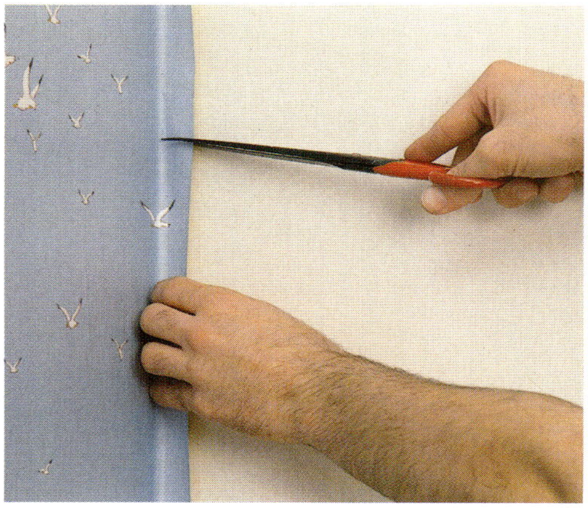

32 Damit beim Trocknen keine Spannungen auftreten, die zu Blasen oder Rissen führen würden, schneidet man den um die Ecke geklebten Streifen im Abstand von 15–20 cm ein.

33 Bei Strukturvinyltapeten schafft man den Anschluß mit einem sogenannten Doppelnahtschnitt. Dabei werden die überlappend geklebten Bahnen in einem Schnitt durchtrennt.

34 Der untenliegende Abfallstreifen wird vorsichtig herausgezogen. Sicherheitshalber sollte man in die Naht noch einen Spezialkleber (z.B. Ovalit Naht- und Reparatur-Kleber) geben, damit sie auch einwandfrei hält.

35 An Mauervorsprüngen wird zunächst etwa 2–3 cm weit um die Ecke herum tapeziert. Dann wird das passend zugeschnittene Teilstück einfach überlappend etwa 2 mm von der Kante angesetzt.

36 Die Paßstücke, die über Tür- und Fensterlaibungen eingesetzt werden müssen, kann man in den meisten Fällen aus Abfallstücken zuschneiden. Wichtig ist, daß man auch hier genau auf den Rapport achtet.

37 Selbstverständlich muß man vor dem Tapezieren die Sicherungen herausdrehen. Steckdosen- und Schalterdeckel werden abgeschraubt, die Öffnungen übertapeziert und dann aufgeschnitten.

38 Zum Markieren einer Orientierungslinie an der Decke spannt man eine geschwärzte Schnur im richtigen Abstand zur Wand und läßt sie an die Decke zurückschnellen. Sie hinterläßt eine Linie.

39 Beim Tapezieren der Decke könnte man einen Helfer gebrauchen, der die Bahn mit einem umwickelten Besen hoch hält. Noch einfacher geht es mit einem Gerüst aus zwei Leitern und einer Bohle.

40 Überstehende Kanten kann man bei Rauhfaser entlang der Kante eines angelegten Kunststoff-Spezialspachtels einfach abreißen. Das geht schnell und mühelos.

Bahn bis in die Ecke hinein und gibt etwa 2 cm zu, die um die Ecke herum geklebt werden. Geschnitten wird mit der Schere. Das Stück, das um die Ecke herum geklebt wird, schneidet man nach dem Ausrichten und Andrücken der Bahn nun noch alle 15–20 cm ein, damit es sich Unebenheiten in der Wand gut anpassen kann. Die erste Bahn an der nächsten Wand wird nun wieder nach einer ausgeloteten senkrechten Linie ausgerichtet. Wenn man glatte Vinyltapeten verarbeitet, muß auf die Naht in der Ecke zusätzlich noch ein Spezialkleber (zum Beispiel Ovalit Naht- und Reparatur-Kleber) gegeben werden, damit die Klebung auch einwandfrei hält. Bei dickeren Tapeten ist eine solche überlappende Klebung nicht möglich. Man hilft sich dann folgendermaßen: Die letzte Bahn wird etwa 4 cm weit um die Ecke herumgeklebt und mit dem Scherenrücken gut in die Ecke gedrückt. Die erste Bahn an der nächsten Wand wird entlang einer Lotlinie direkt bis in die Ecke hineingesetzt. Nun kleben die beiden Bahnen in diesem Bereich übereinander. In der Mitte dieser Überlappung schneidet man dann mit einem scharfen Cuttermesser in einem Schnitt beide Bahnen auf einmal durch. Der obere Verschnittstreifen fällt dabei ab, und nach Herausziehen des unteren Streifens erhält man eine einwandfreie Stoßklebung. An Kanten von Fensterlaibungen, Kaminvorsprüngen oder Türöffnungen klebt man die Tapete etwa 1–2 cm um die Ecke herum und setzt die folgende Bahn einfach mustergerecht etwa 2 mm von der Kante entfernt an. Bei Vinyltapeten muß auch hier wieder Spezialkleber, den es aus der Tube gibt, aufgetragen werden.
Steckdosen und Lichtschalter können bei herausgedrehter Sicherung und entfernten Abdeckungen zunächst einfach übertapeziert werden. Sie sollten jedoch gekennzeichnet werden, damit man sie leicht wiederfindet. Mit einem scharfen Messer wird nun die Tapete um die Öffnung herum aufgeschnitten, so daß an den Abdeckungen keine Kanten zu sehen sind.

Beim Tapezieren an der Decke braucht man einen Helfer

Wie beim Tapezieren von Wänden muß man sich auch an der Decke für die erste Bahn eine gerade Bezugslinie schaffen. Etwa 1 cm weit wird die Bahn um die Ecke herumgeklebt. Entsprechend 1 cm zieht man von der Bahnbreite ab und markiert dieses Maß an beiden Seiten des Raumes mit einem Bleistiftstrich an der Decke. Eine dünne Schnur oder Kordel, in Ruß oder Papierasche geschwärzt, wird nun von Markierung zu Markierung gespannt. Zieht man die Schnur nun etwas von der Decke ab und läßt sie dann zurückschnellen, so erhält man eine durchgehende und deutliche Markierungslinie. Die folgenden Bahnen werden entsprechend auf Stoß angefügt.
Ein Helfer hält nun mit einem umwickelten Besen das freie Ende der Bahn hoch, während man die Bahn ausrichtet und blasenfrei mit der Tapezierbürste andrückt. Man erleichtert sich die Arbeit ungemein, wenn man sich aus zwei stabilen Haushaltsleitern und einer dicken Bohle ein provisorisches Gerüst baut, auf dem man hin und her gehen kann. Der Kleister sollte etwas dicker angerührt werden, wenn man die Decke tapeziert. Die Bahnen lassen sich so leichter korrigieren, und der Kleister klebt auch kräftiger.

Waschkeller wird zum Partykeller mit Hausbar

Kellerräume müssen nicht zwangsläufig dunkel, kalt und feucht sein. Geschickte Raumaufteilung auch im Keller kann häufig einen enormen Gewinn an Wohnfläche bringen. Einige Sanierungsarbeiten sind allerdings meist erforderlich, um den Keller wohnlich zu machen. Die folgenden Seiten zeigen, worauf es dabei ankommt.

Ein richtiger Partykeller hat zweifellos etwas für sich. Es kann noch so hoch hergehen – wenn der letzte Gast das Haus verlassen hat, wird die Tür einfach zugemacht. Mit dem Aufräumen kann man sich dann Zeit lassen, und die eigentlichen Wohnräume bleiben in Ordnung. Vorausgesetzt, man hat den Platz für einen solchen Feierraum in seinem Haus. Ideal dafür ist aus vielen Gründen ein Kellerraum. Sehr häufig gibt es im Keller Räume, die nicht richtig genutzt werden.

Beim Kellerausbau findet man selten die Ausbauqualität wie in Wohnräumen. Rohre liegen sichtbar unter der Decke oder an der Wand, die Kabel laufen häufig auf dem Putz, statt eingeputzt zu sein. Und oft genug ist das Kellermauerwerk nur „abgerappt", mit einer Mörtelschlämme überstrichen und weiß gemalt.

Sichtbare Mauersteine kann man wohl noch als gestalterisches Element akzeptieren, nicht aber dicke Abflußrohre oder Wasserleitungen quer über die Wand.

Deshalb muß man in solchen Fällen erst einmal den richtigen „Rahmen" für eine Eckbank oder eine gemütliche Skatecke schaffen.

Bei dem hier gezeigten Keller ist die Waschmaschinenecke durch eine Wand aus Gasbetonsteinen abgetrennt, die zur Raumseite mit dünnen Verblendklinkern beklebt wird. Alle Leitungen verschwinden hinter einer Verkleidung aus Profilbrettern. Die obere Abdeckung dieser Holzverkleidung dient als Ablage – und bei einem dicken Abflußrohr dahinter „springt" die Verkleidung schon 10–15 cm vor. Das gibt Platz genug für Blumenvasen, Leuchter oder allerlei Accessoires.

Die Montage einer solchen Verkleidung ist denkbar einfach.

1 ▼

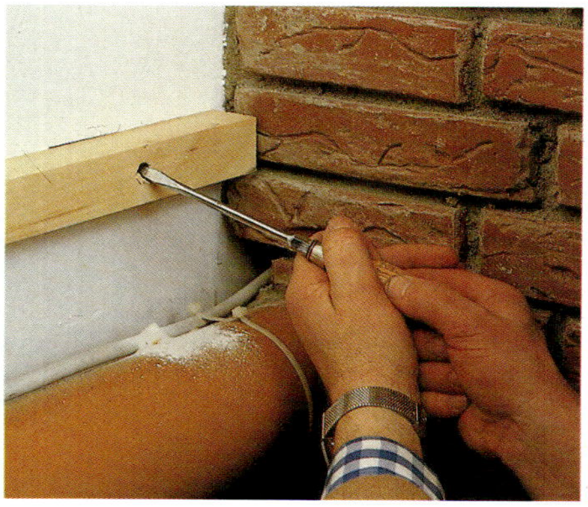

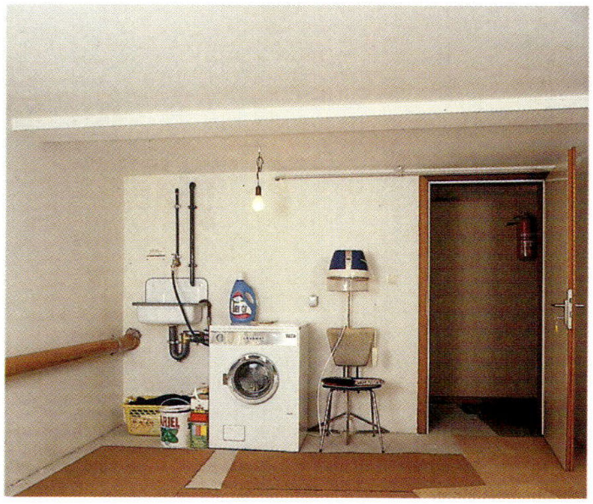

1 Über der höchsten Stelle des Rohres oder der Leitungen dübelt man eine gehobelte Dachlatte waagerecht an die Wand.

2 Eine weitere Latte befestigt man auf dem Fußboden so, daß die Vorderkante 1 cm weiter in den Raum ragt als die dicksten Teile des Rohres oder der Rohrmuffen. Mit der Wasserwaage muß die Entfernung kontrolliert werden.

Die Abdeckplatte der Wandverkleidung wird so breit zugeschnitten, daß sie um die Stärke der Profilbretter plus 1 cm Überstand weiter in den Raum ragt als die am Fußboden montierte Haltelatte. Un-

2 ▲

3 ▼

ter diese Abdeckplatte, die aus gehobelter Fichte oder furnierter Span- oder Tischplatte bestehen kann, schraubt man eine weitere gehobelte Dachlatte. Die Vorderkante dieser Latte muß so weit von der Wand entfernt angeordnet werden wie die Vorderkante der Haltelatte am Fußboden, damit die Bretterverkleidung senkrecht verläuft.
Sowohl alle passend zugeschnittenen Profilbretter wie auch die Abdeckplatte werden vor der Montage gestrichen. Beize und Klarlack oder Holzlasuren (zum Beispiel Gøri Profilholzlasur) geben dem Holz das gewünschte Aussehen und die nötige Imprägnierung. Die obere Abdeckung wird nun an der Wandleiste festgeschraubt und nötigenfalls gestützt.

3 Brett für Brett wird die Profilholzverkleidung montiert. Die sichtbare Montage, bei der jedes Brett durch vorgebohrte Löcher oben und unten an den Haltelatten verschraubt wird, sieht mit rostfreien Schrauben (verchromt oder aus Messing) gut aus. Von Zeit zu Zeit muß die Senkrechte kontrolliert werden.

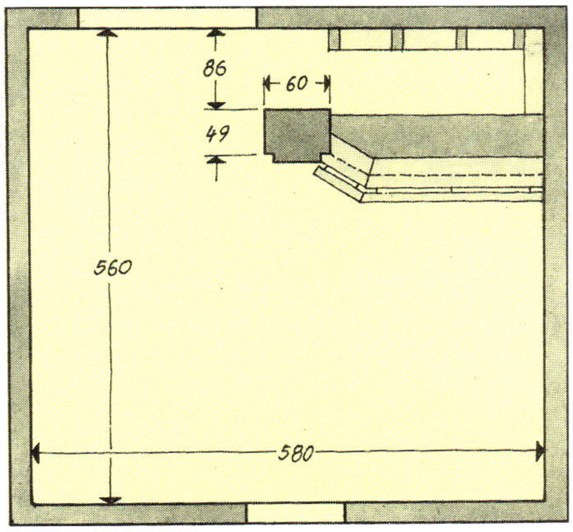

In der Ecke: die Bar

Die Kellersituation, die den hier gezeigten Bauvorschlägen zu Grunde liegt, kann natürlich nicht zum exakten Nachbau übernommen werden. Vielmehr sollen hier Lösungsmöglichkeiten für den Einbau eines Tresens angeboten werden, die nach eigenen Gegebenheiten verändert werden müssen. Die Abbildungen auf den Seiten 88 und 89 zeigen deutlich, wie sehr sich der Kellerraum durch den Einbau einer Bar verändern kann.
Um den Bereich der Bartheke als einen Sonderbereich, praktisch als einen Raum im Raum, zu kennzeichnen wird über dem Tresen ein „Himmel" aus Profilbrettern angebracht.

1 Bretter oder Spanplattenstreifen werden nach dem vorher angezeichneten Maß unter die Kellerdecke gedübelt. Sie gehören quer zur Laufrichtung der Profilbretter.

2 Schon lasierte Bretter (denn nur vorher kann man Rückseiten, Nut und Feder mitstreichen) werden nun auf der Unterkonstruktion angebracht. Zur Montage nimmt man entweder unsichtbar zu vernagelnde Montagekrallen oder dünne Drahtstifte, die mit einem Senkstift tief eingeschlagen werden.

1 ▲

2 ▲

3 ▼

Sollen von diesem „Himmel" später Leuchten herabhängen, müssen die entsprechenden Kabel gleich mit verlegt werden.

3 Eine Deckleiste, als Winkelleiste aus zwei gehobelten Latten zusammengeleimt, wird als Abschluß auf die Enden der Verbretterung genagelt oder geschraubt. Die Ecken müssen exakt auf Gehrung geschnitten werden. Zur Konstruktion des Tresenunterbaus sollte man zunächst einmal gut den Raum ausmessen und Länge und Breite möglichst für einen Tresen berechnen, an dem vier Personen bequem Platz haben und in dem man alle Vorräte (und in einem freien Fach sogar noch einen Kühlschrank) unterbringen kann. Alle Schrankseiten und Einlegeböden kann man aus beidseitig furnierter oder mit weiß-kunststoff-beschichteter Spanplatte bauen. Die einfachste Eckverbindung bilden Schrankverbinder, die jeweils nur vorn eingeschraubt werden.

4 Die Frontverkleidung baut man am besten aus dem gleichen Profilholz, aus dem auch der „Himmel" über der Bar besteht. Mit Schrauben oder Ziernägeln kann man diese Bretter sichtbar auf eine Unterkonstruktion aus Latten, die wiederum mit dem Barkorpus verschraubt ist, montieren. Deutlich zu erkennen: Die Bretter sind durch V-förmige Einschnitte (mit der Feinsäge) zusätzlich verziert worden.

5 Harmonisch schließt sich die Tresenfront an die Bretter der auf Seite 88 beschriebenen Rohrverkleidung an.

6 Die Abdeckplatte der Bar wird aufgelegt und mit Schrankverbindern (siehe Bild 5) montiert. Eine solche Tresenplatte baut man am besten aus furnierter Spanplatte. Zwei Schichten, Furnier jeweils nach außen, werden zusammengeleimt. Die Kanten beschichtet man mit breiten Bügel-Umleimerstreifen aus Echtholz.

7 Ebenfalls aus Massivholz kann man noch ein Abstellbrett vor die Tresenplatte setzen. Bandeisenstücke und rostfreie Schrauben sorgen für die Verbindung mit der Theke.

4 ▲

5 ▼

6 ▼

7 ▼

Die Kellerwand muß trocken sein

Vor Ausbau des Kellers muß sichergestellt sein, daß die Wände trocken sind. Die Abdichtung ist häufig nicht einfach, weil man von außen nicht an die Wand herankommt.

Frische Farbe macht den Kellerraum wieder hell und freundlich. Aber bevor es soweit ist, muß noch viel getan werden. Wenn man nämlich die Ursache für den Pilzbefall, die Feuchtigkeit, nicht beseitigt, ist aller Farbauftrag nur Augenwischerei.

1 Die Anschlußfuge unter der Fensterbank muß gut mit Acryldichtungsmasse (zum Beispiel Sista Mauerfugendichter) ausgespritzt werden, weil die Kasematte infolge von Setzbewegungen des Hauses hier sehr oft abreißt. Zuvor muß aller Schmutz beseitigt werden.

2 Die Spritzmasse wird sofort mit dem Finger und klarem Wasser gut verstrichen. Sie muß satt in die trockenen und staubfreien Fugen eingedrückt werden. Mit dem angefeuchteten Spachtel läßt sich die Masse glattziehen.

3 Mit Sista Anti-Schimmelspray, einem Spezialmittel zur Schimmelbekämpfung wird die Kasematte satt eingesprüht. Das Mittel beseitigt zuverlässig Algen-, Moos- und Schimmelbefall (im Heimwerkermarkt und im Farben-Fachhandel erhältlich). Der Abstand beim Sprühen zur Wand sollte etwa 5–8 cm betragen. Die Hände müssen mit Kunststoffhandschuhen geschützt werden. Sollte trotzdem ein Spritzer auf die Haut gelangen, sofort mit reichlich klarem Wasser abwaschen.

4 Mit Fassadenfarbe wird die mit Schimmelstop behandelte Kasematte gestrichen. Die Farbe braucht keinen Fungizidzusatz zu enthalten, weil der Stein ja vorher schon imprägniert wurde. Weiß eignet sich besonders gut, weil es das Licht reflektiert und es so merklich heller im Keller wird.

5 Ein Fungizidzusatz zur normalen Wandfarbe sorgt dafür, daß sich hier kein Schimmel mehr bilden kann. Dieses vorbeugende Mittel kann auch dem Tapetenkleister, dem Mörtel oder der Fugenmasse beigemengt oder – mit Wasser verdünnt – direkt aufgetragen werden.

Die Kellerküche: komplett und kom

In vielen Kellern gibt es Wasser- und Abwasseranschlüsse. Der Ausbau einer Kellerküche ist also gar nicht so kompliziert.

Ein typischer Kellerraum: unpraktisch und unfreundlich. Einfache Sanierungsarbeiten wirken Wunder.

Eine zweite Küche im Keller hat unschätzbare Vorteile, nicht nur für den Fall, daß man den Ausbau einer Kellerwohnung plant. Ein Raum im Keller, der bisher nur als Abstellkammer oder Trockenraum genutzt wurde, kann zum Beispiel relativ leicht zu einer Küche mit Eßplatz ausgebaut werden. Oft findet sich sogar noch Platz für eine Waschgelegenheit. Dazu mußte allerdings in diesem Beispiel das Waschbekken von der Wandmitte nach rechts versetzt werden, um so mehr Platz für die Küchenzeile zu schaffen. Aber das ist ein Umbau ohne großen Schwierigkeitsgrad, weil die Wände im Küchenbereich mit beschichteter Spanplatte verkleidet und beim Waschbecken verfliest werden. Ob Decke und Fußboden ebenfalls renoviert werden müssen, hängt vom Bauzustand ab. Empfehlenswert sind für den Fußboden selbstklebende PVC-Platten. Sie sind einfach zu verlegen und außerdem pflegeleicht.

kt

Pendeltüren vor der Waschecke sind besonders praktisch, weil sie sich von selbst schließen.

Die Bauteile werden auf Maß gefertigt

1 Die Trägerschiene des Regalsystems wird mit einer gehobelten Dachlatte unterfüttert. Weil diese Dachlatte ja zusätzlich noch die Wandverkleidung aus Spanplatte trägt, muß die Regalschiene jeweils wie folgt ausgerichtet werden: auf der mittleren Schiene genau auf Mitte, an den Seiten ganz links bzw. ganz rechts und gleichmäßig in der Höhe.

2 Auf den Rahmen der Unterkonstruktion aus gehobelter Dachlatte werden die Latten mit den Trägerschienen gesetzt. So entsteht eine gleichmäßig gerade Rückwand, und nicht einmal dort, wo die Zwischenwand herausgebrochen wurde, muß verputzt werden, weil man es nicht sieht.

3 Die Rückwände mit den vorbereiteten Öffnungen für Strom und Wasser werden eingepaßt.

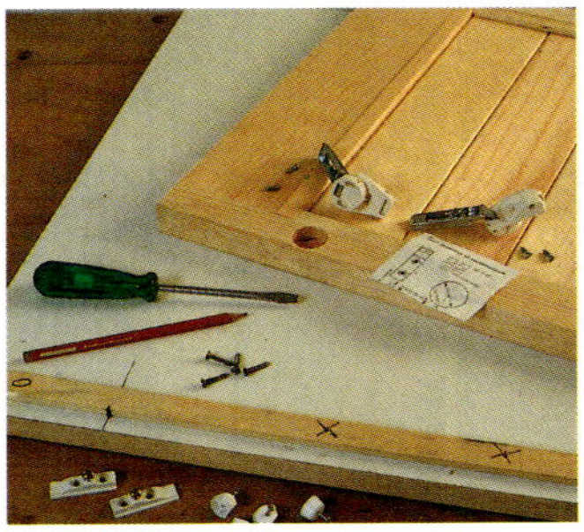

4 ▲

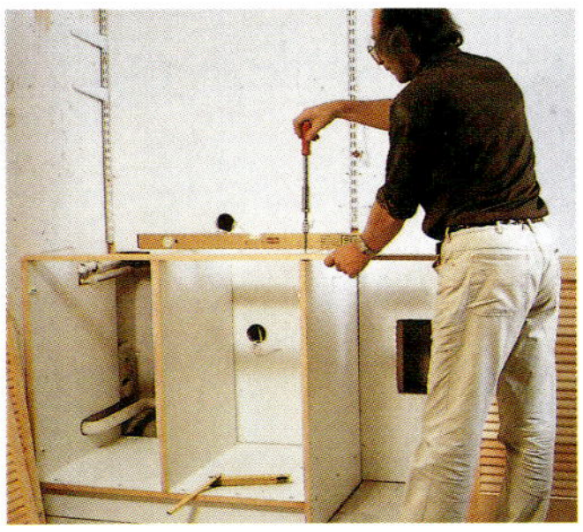

6 ▲

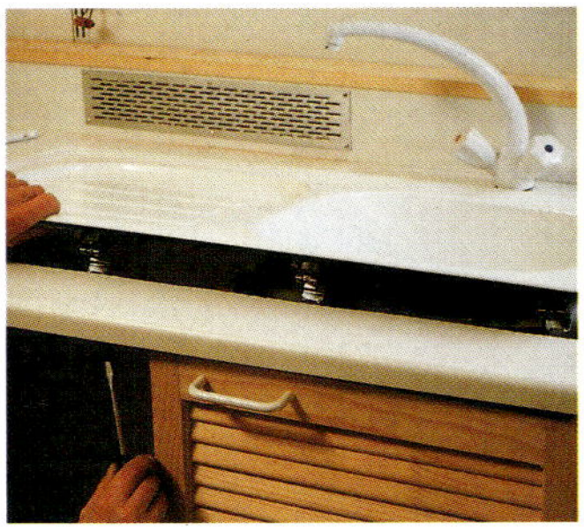

9 ▲

12 ▲

5 ▲

8 ▼ 7 ▲

11 ▼ 10 ▲

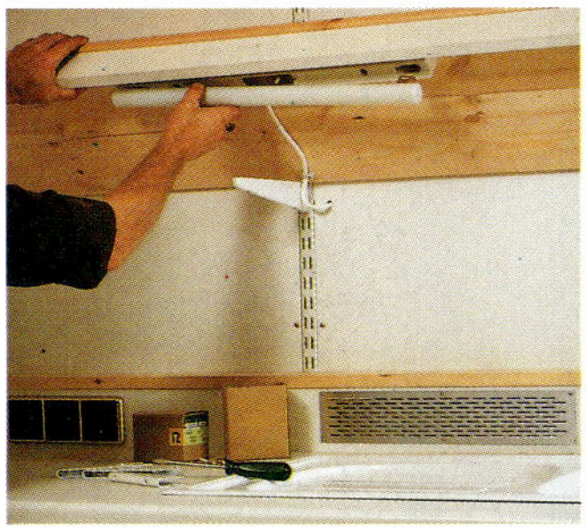

4 Den Jalousientüren der Unterschränke werden Einbohrbänder angeschlagen. Die selbstgemachte Hilfsschablone aus einer dünnen Leiste garantiert, daß die Scharniere an allen drei Schranktüren in gleicher Position sitzen und markiert außerdem die Position der Bodenträger für die Zwischenböden. Für die Montage der Einbohrbänder in den Türen liegt der Pakkung eine detaillierte Einbauskizze mit allen erforderlichen Maßen bei. Achtung: Vor dem Bohren muß man sich vergewissern, daß die Position auch seitenrichtig ist.

5 Die Unterschränke sind mit Spanplattenschrauben schnell zusammengefügt. Weil ja die gesamte Wand mit beschichteter Spanplatte verkleidet wird, brauchen die Unterschränke keine Rückwand. Und weil die Seitenfronten der Unterschränke ja auch nicht zu sehen sind, kann von außen zum Boden durchgebohrt werden. Dies ist der rechte Unterschrank, der linke ist zweiteilig.

6 Die Zarge aus Kiefernholz (Dicke 1,5 x 5 cm) über der gesamten Vorderfront verbindet die Seitenteile (vorher exakt ausrichten). Die Zarge paßt genau in die Ausklinkungen der Seitenteile und dient gleichzeitig als Anschlag für die Türen.

7 Hinter die Arbeitsplatte, die über die ganze Breite geht und den Schrankaufbau fest aussteift, wird eine 10 cm hohe Blende aus Spanplatte geschraubt, die oben mit einer waagerechten Ablageleiste (5 x 2 cm) aus Kiefernholz abgedeckt ist. Der Ausschnitt für die Spüle wird vorher mit der Stichsäge ausgesägt.

8 Ein Lüftungsblech in der Blende über der Arbeitsplatte garantiert, daß die Wärme des Kühlschrankkompressors frei ausströmen kann. Auch für Einbausteckdosen ist in der Blende reichlich Platz.

9 Die Einbauspüle hat eine untergeklebte Dichtung, die verhindert, daß Wasser zwischen Arbeitsplatte und Spüle eindringen kann. Die Spezialklammern haben Dornen, die sich fest in die Arbeitsplatte einziehen und die Spüle sicher fixieren.

10 Der Wasserhahn muß bei dieser Spüle immer in der Arbeitsplatte montiert werden. Das hat den Vorteil, daß die Spüle ganz nach Wunsch mit dem Becken nach links oder rechts eingebaut werden kann. Unter dem Spülbecken beibt noch genügend Platz für einen Abfalleimer, Putzmittel und andere Dinge.

11 Der Regalboden mit bereits montierter Arbeitsplatzbeleuchtung wird hier auf die unteren Träger gelegt. Der schmale Blendstreifen aus Spanplatte verdeckt den direkten Blick auf Kabel und Lampe.

12 Die Trennwand zwischen Küche und Waschnische ist eine Lattenkonstruktion aus gehobelter Dachlatte, die beidseitig mit 8 mm dicker Spanplatte verkleidet wird. Allerdings kann die rechte Seitenverkleidung erst angeschraubt werden, wenn die Lattenkonstruktion an Decke und Fußboden befestigt ist, weil man sonst nicht mehr schrauben kann. Die Wand wird dann mit Rauhfasertapete überzogen und zum Schutz gegen Feuchtigkeit nach dem Streichen mit Lack überzogen. So kann nichts passieren, wenn beim Spülen ein Spritzer danebengeht.

Mit wenig Aufwand – die einzig schwierigen Änderungen sind das Herausbrechen der Trennwand und das Versetzen des Waschbeckens samt Zu- und Abfluß von der Mitte an die Seitenwand – und mit geringen Mitteln kann man einen Kellerraum gründlich verändern und nützlicher machen.
Die Wasseranschlüsse und auch die neu zu verlegenden elektrischen Leitungen sind allerdings Arbeiten, die man besser dem Fachmann überläßt. Bevor mit den eigentlichen Umbauarbeiten begonnen werden kann, fertigt man sich eine maßstabgetreue Skizze des Raumes an, der renoviert werden soll und legt die Einrichtung fest. Danach richten sich die neuen Anschlüsse für Strom und Wasser.
Auf den Einbau eines richtigen Küchenherdes mußte im gezeigten Beispiel aus Platzgründen verzichtet werden. Da es sich zum anderen ja um eine kleine Küche handelt, passend zu einer gemütlichen Kellerwohnung, stellt häufig eine Zweierkochplatte die einfachste und eleganteste Lösung dar. Sie läßt sich problemlos zur Seite schieben, wenn sie nicht gebraucht wird.

Renovierungs-Ideen für die Küche

Fertig gekaufte Einbauküchen haben zwei entscheidende Nachteile: Erstens sind sie ziemlich teuer, und zweitens muß man meist trotz aller Variationsmöglichkeiten irgendwelche Kompromisse eingehen. Auf den folgenden Seiten sind einige Renovierungs-Ideen für die Küche zusammengestellt, die sich auf die individuellen Bedürfnisse „maßschneidern“ lassen.

Schon mit relativ geringem Aufwand läßt sich eine Küche wirkungsvoll renovieren. Wie das Bild rechts deutlich zeigt, schafft schon die durchgehende Arbeitsplatte mit den unterbauten Geräten eine einheitliche Linie. Die kleineren Bilder darunter lassen erkennen, daß eine in die Arbeitsplatte eingelassene Spüle mit einem nach Maß selber gebauten Unterschrank die Heißwasserzufuhr wie auch die diversen Abflüsse (u.a. vom Spülautomaten) gut versteckt. Außerdem sorgt eine Blende für arbeitsgerechte Beleuchtung, für den Anschluß von elektrischen Kleingeräten und für eine Abstellfläche, auf der allerlei hübsche Dinge ihren Platz finden können. Schließlich hat eine „Versetzung“ des Elektroherdes zu einer entsprechend breiten Arbeitsfläche geführt, die gegenüber dem alten Zustand ein echter Gewinn an Raum ist.

Die Küche sieht durch die einheitliche „Arbeitsfront“ und die unterbauten

Praktisch und schön: Details der „neuen Küche“

Geräte nicht nur wesentlich besser aus, sie ist auch funktionsgerechter geworden. Es ist empfehlenswert, die Installationsarbeiten vom Fachmann ausführen zu lassen, damit nicht im nachhinein eine undichte Stelle die Freude an der neuen Küche verdirbt. Zudem sollte die Verlegung elektrischer Leitungen ohnehin dem Elektriker vorbehalten bleiben, denn gerade in diesem Bereich kann unfachmännische Arbeit Folgen haben, die kaum jemand verantworten möchte.

1 ▲

2 ▲

3 ▼

4 ▼

5 ▼

6 ▼

7 ▼

1 Die Rückwand hinter der Arbeitsfront sollte neu verfliest werden. Vorher sollte man jedoch vom Klempner den Wasseranschluß nach unten verlegen lassen. Denn sonst ist es schlecht möglich, ein Untertischgerät für ständig heißes Wasser zu installieren, das unsichtbar bleibt.

2 Anschließend wird die mit Kunststoff beschichtete Arbeitsplatte (in Heimwerkermärkten als Meterware erhältlich) auf Länge geschnitten.

3 Es empfiehlt sich, sie an Ecken und Kanten (Kaminvorsprung usw.) grob anzureißen und dann erst mit einem Distanzklotz genau anzuzeichnen, denn selten sind gemauerte und geputzte Wände absolut gerade.

4 Der Ausschnitt für die Spüle muß genau eingezeichnet werden, damit die Befestigung des Einsatzes nachher keine Schwierigkeiten macht.

5 Der angezeichnete Ausschnitt wird dann mit der elektrischen Stichsäge ausgeschnitten.

6 Danach wird die Spüle eingesetzt. Sie ist vom Hersteller mit den entsprechenden Klammern versehen, die sie mit der Arbeitsplatte verbinden. Die Dichtungen sorgen dafür, daß bei sauber gesägtem Ausschnitt ein Eindringen von überlaufendem Spülwasser in den unteren Bereich unmöglich ist.

7 Nach dem Einsetzen der Spüle wird die Arbeitsplatte an dieser Seite mit dem Mauerwerk verbunden. Das geschieht ganz einfach, indem man eine Leiste an die Mauer dübelt und auf dieser Leiste die Platte von unten festschraubt. Es versteht sich, daß die Platte eine glatte durchgehende Auflage auf der Leiste braucht, um den entsprechenden Halt bei Belastungen zu finden.

8 Vorher sollte man bereits vermessen haben, ob und in welcher Reihenfolge die elektrischen Großgeräte unter die Arbeitsplatte passen. Wenn man keine Unterbaugeräte besitzt, nimmt man die Deckplatte von Kühlschrank und Spülautomaten einfach ab, beim Elektroherd ist das problematischer, weil die Umrüstung nur vom Fachmann vorgenommen werden kann und damit teuer wird. Im abgebildeten Beispiel ist der Herd gegen ein Unterbaugerät ausgewechselt worden.

8 ▲ 11 ▼

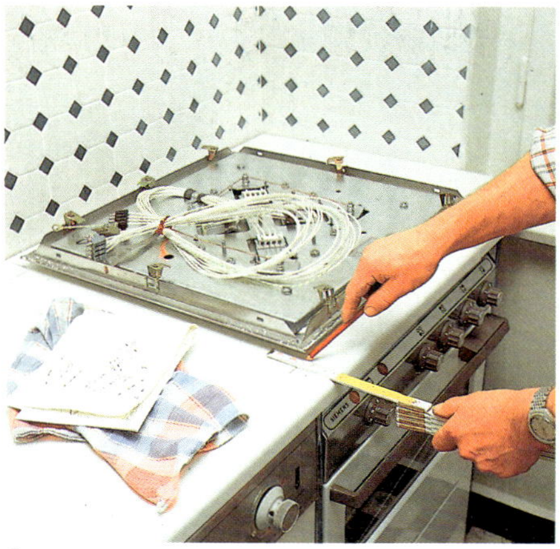

9 ▲ 12 ▼

10 ▲ 13 ▼

14 ▼

15 ▼

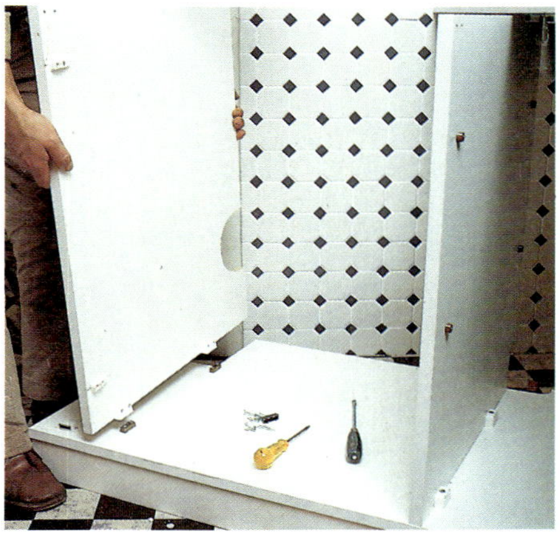

16 ▼

17 ▼

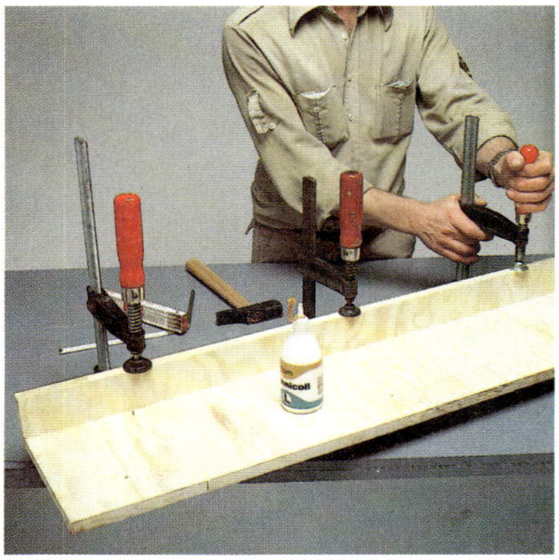

9 Nach dem Einpassen des Herdes unter die Platte wird der Ausschnitt für die Kochmulde angezeichnet.

10 Der angezeichnete Ausschnitt wird zunächst in allen vier Ecken vorgebohrt und dann mit der Stichsäge ausgeschnitten. Die Verbindung der Muldenanschlüsse mit dem Unterbaugerät ist nach der Einbauanleitung des Herstellers kein Problem.

11 Unter der Spüle wird neben der Wasser- und Abflußleitung vom Fachmann der Heißwasserboiler installiert.

12 Der Unterschrank für die Spüle, bestehend aus kunststoffbeschichteter Spanplatte, wird am besten an Ort und Stelle zugeschnitten und eingebaut. Mit dem Forstnerbohrer besorgt man die Ausschnitte für die Scharniere.

13 Mit Trapezverbindungen setzt man die vorgefertigten Schrankteile zusammen.

14 Anschließend werden die Türen eingesetzt, mit Scharnieren befestigt und so ausgerichtet, daß sie einwandfrei schließen.

15 Der Unterschrank sollte so gefertigt sein, daß er ohne große Mühe unter der Arbeitsplatte wieder hervorgezogen werden kann, um die Reinigung zu erleichtern. Er benötigt ja keine Rückwand.

16 Für den unterbauten Kühlschrank muß aus der Arbeitsplatte ein Loch für das Belüftungsblech herausgesägt werden.

17 Wenn die Ablage oberhalb der Arbeitsplatte entsprechend zugeschnitten ist, leimt man die Blende für das vorgesehene verdeckte und blendfreie Licht (Leuchtstofflampen) auf.

18 Mit der Lochsäge werden die Öffnungen für die Steckdosen in das Brett geschnitten, das die Elektroinstallation oberhalb der Fliesen verbirgt.

19 Mit dem Ablagebrett und seiner Blende verbindet man das Ganze schließlich mit Schrauben und Weißleim.

20 Man erhält eine festgefügte Bank, die eine stabile Einheit bildet und ziemlich tragfähig ist.

21 Bevor man daran gehen kann, die Lichtleiste weiß zu lackieren, muß gründlich geschmirgelt werden. Die Kanten werden mit dem Hobel abgerundet.

22 Für die Montage des Bordes braucht man einen Helfer. Zu empfehlen ist auch für diese Ablage beidseitig mit Kunststoff beschichtete Spanplatte, weil sie leicht sauber zu halten ist.

18 ▲

19 ▲

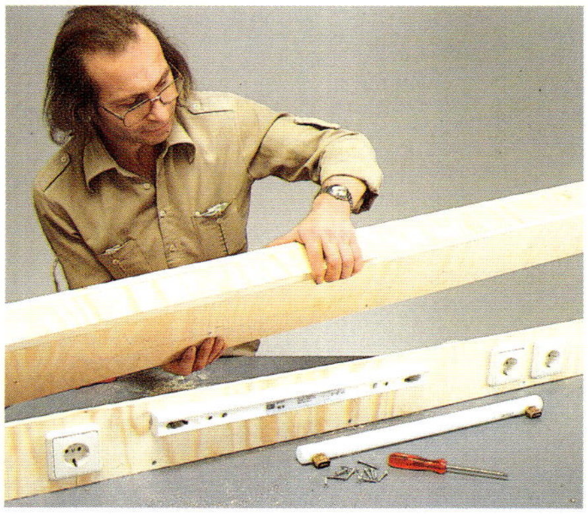

20 ▲

21 ▲

22 ▲

Ein praktischer Frühstückstresen schafft Platz in der Küche

Diese Küchen-Idee bringt viele Vorteile: Das Auf- und Abdecken im Wohnzimmer sowie das Hin- und Hertragen von Speisen und Geschirr entfällt. Der Arbeitstresen ist mit einer resopalbeschichteten, 3 cm dicken Platte versehen, die gegen Feuchtigkeit und Kratzer immun ist.

Mehr Arbeitsfläche und gleichzeitig einen gemütlichen Frühstücksplatz bringt diese Küchen-Idee. Es ist eine Lösung, die sich sicherlich – und sei es in leicht abgewandelter Form – für viele Küchen eignet, bei denen mit Raum nicht so sehr geknausert werden muß.

Wohnlich und warm wirkt die Küche durch Fichtenholz-Paneelbretter an den Wänden. Dieser Eindruck wird durch den neuen Frühstückstresen nicht nur erhalten, sondern auch noch verstärkt. Er besteht aus einer aus massiven Kiefernholzleisten verleimten Tischplatte, die es in 60 cm Breite fertig lackiert zu kaufen gibt.

1 Den Unterbau für den Arbeitstresen, unter dem auch der Kühlschrank seinen neuen Platz findet, fertigt man aus 19 mm dicken Spanplatten. Sie werden in L-Form angeordnet: 120 cm lang, 60 cm breit und 85 cm hoch. Als Winkelversteifung dient eine gehobelte Dachlatte, die 83 cm lang ist und mit Leim und Holzschrauben mit den beiden Spanplattenteilen so verbunden wird, daß auf der Oberseite 2 cm Raum verbleiben. Ebenfalls mit 2 cm Abstand zur Oberkante der Spanplatten befestigt man mit Leim und Schrauben zwei 4 x 2 cm dicke Leisten, die als Auflage für die Küchenarbeitsplatte dienen. Die Außenflächen dieses Unterbaus werden im passenden Braunton mit Acrylfarbe gestrichen.

2 Zur Probe sollte man den Kühlschrank und den Tresenunterbau an seinem später bestimmten Standort aufstellen.

3 Dann markiert man den Sitz des Lüftungsbleches, das zum störungsfreien Betrieb des Kühlschrankes angebracht werden muß. Dabei muß man aufpassen, daß der Lüftungsschlitz, der dafür ausgesägt werden muß, unterhalb der Auflageleisten beginnt. Die Eckpunkte bohrt man mit einem 8-mm-Bohrer vor und trennt das Feld mit der Stichsäge aus.

4 Das Lüftungsblech wird mit kleinen Linsenkopfschrauben befestigt.

5 Die resopalbeschichtete Arbeitsplatte, 3 cm dick, sollte nur durch Holzschrauben mit dem Unterbau verbunden werden. Wenn man die Schraubenlöcher von außen durch den Spanplattenunterbau im 1-cm-Abstand zur Oberkante bohrt, werden die Schrauben durch die Winkelleiste verdeckt. Man be-

1 ▲ 3 ▼ 4 ▼ 2 ▲

festigt diese mit Leim (Ponal express) und kleinen Stiften (die möglichst versenkt und deren Löcher zugekittet werden sollten) auf dem Unterbau.

6 Ein Auflagekreuz für die Tischplatte, 67 cm hoch und 70 cm breit, ist durch eine Schlitzverbindung zusammenmontiert. Die Schlitze werden mit einem Fuchsschwanz eingesägt und der Steg mit dem Stecheisen sauber herausgestemmt. Der Abstand von der Vorderkante des Stützkreuzes bis zum Schlitz soll genau 40 cm betragen. Sind die Teile zusammengesteckt, schiebt man das Stützkreuz an den Tresenunterbau heran und befestigt es dort mit einigen Holzschrauben. Die Schraubenlöcher sollte man unbedingt vorbohren und ansenken, damit die Schraubenköpfe später nicht vorstehen.

7 Eine stabile Stahlkonsole muß in gleicher Höhe mit dem Stützkreuz so angebracht werden, daß die Ecke der noch anzusetzenden Tischplatte ausreichend abgestützt ist. Das kann ebenfalls mit Holzschrauben, besser aber noch mit durchgehenden Gewindeschrauben geschehen, die auf der Rückseite mit Unterlegscheiben und Sechskantmuttern gehalten werden. Je nach Plattenlänge der großen Platte (im abgebildeten Beispiel mißt sie 180 cm) muß auch dort in der Mitte eine solche Konsole angebracht werden.

8 Die kleine Tischplatte, 60 x 60 cm groß, verbindet man mit Leim (Ponal express) und drei Holzdübeln mit der großen Platte. Stuhlwinkel, beidseitig an der Oberseite des Stützkreuzes angebracht, sorgen dafür, daß die Tischplatte mit Holzschrauben unsichtbar befestigt werden kann. Auch das Stützkreuz wird anschließend mit Acryllack gestrichen.

5 ▲

6 ▲

7 ▼

8 ▼

Ein neues Bad auf kleinstem Raum

Auch die Renovierung des alten und sogar den Ausbau eines völlig neuen Badezimmers kann sich der einigermaßen geübte Heimwerker getrost zutrauen. Das auf den folgenden Seiten gezeigte Beispiel ist an Kleinheit vermutlich nicht mehr zu übertreffen. Die einzelnen Arbeitsgänge sind im „Großen" jedoch im Prinzip nicht anders.

1 ▲

2 ▲

4 ▲

3 ▼

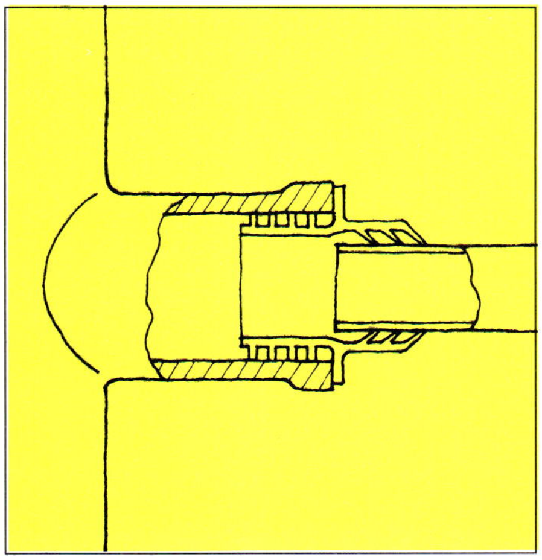

Das größte Problem bei Renovierungs- und Sanierungsarbeiten im Bad sind die Anschlüsse an Rohrleitungen, insbesondere bei Abflußrohren.
Während in Neubauten meistens schon HT-Kunststoffrohre verlegt sind, gibt es in Altbauten oft noch Guß-, Blei- und Steingutrohre. Für solche Verbindungen gibt es spezielle Zwischenstücke, der Fachmann nennt sie Visastutzen.
Auf der Zeichnung (Mitte rechts) sieht man, wie ein solches Visastück eingesetzt wird. Links der alte Gußstutzen, von rechts kommt das neue HT-Rohr. Das Visastück wird mit dem geriffelten Ende bis zum Anschlag in den alten Rohrstutzen gesteckt. Vorher aber sollte man das alte Rohr von innen gründlich sauberkratzen. Unten im Rohr sammeln sich immer Ablagerungen an, die verhindern, daß die Dichtungsringe des Visastücks sauber anliegen. Erst wenn das Rohr innen rund und sauber ist, gibt es einen einwandfreien Anschluß. In das Visastück wird jetzt das HT-Rohr geschoben. Dabei dreht man das Rohr und zieht es zum Schluß ein wenig zurück, damit die doppelte Dichtmanschette sich wieder nach außen legt. So erhält man eine einwandfreie Verbindung, die auch hält.

1 Eine wasserfest verleimte Spanplatte gleicht den alten, unebenen Holzfußboden aus. Das gibt einen glatten Untergrund für die Fliesen, der auch nicht mehr vorbereitet werden muß. Die Platte muß paßgenau zugeschnitten sein und spielfrei aufliegen. Sie soll so lang sein, daß auch noch die Duschwanne auf ihr Platz findet; die Länge reicht in diesem Bad bis zum Fallrohrkasten. Schrauben sorgen für einen festen Sitz.

5 ▼

6 ▼

7 ▼

2 Mit normalen Kalksandsteinen mauert man das Fundament für die Duschwanne. Nur mit der linken Seite schließt die Duschwanne bündig an die Wand an, hinten und rechts muß noch genügend Platz für die Rohre bleiben.

3 Unter der Duschwanne liegt das Abflußrohr. Wenn man es so wie hier einpaßt, muß man dafür sorgen, daß die hochgestellte Wanne nicht abrutschen kann. Wenn die Länge des Rohres stimmt, darf noch nichts verbunden werden; erst wird Mörtel auf die Steine gegeben und die Duschwanne abgesenkt. Dabei muß man vorsichtig zu Werke gehen. Gute Dienste leistet eine Stützhebelkonstruktion. Eine solche Wanne ist nicht leicht und deswegen entsprechend schwer zu handhaben. Wenn sie sitzt, können die Rohre verbunden werden.

4 Mit der Wasserwaage wird das Abflußrohr des Waschbeckens ausgerichtet. Es soll, wie alle anderen Abflußrohre auch, stets ein leichtes Gefälle haben – und zwar bis hin zum Fallrohr. So ist gewährleistet, daß das Wasser auch tatsächlich restlos abfließt. Stehendes Wasser könnte auf Dauer die Dichtungen beanspruchen und ist auch bei Reparaturen unangenehm.

5 Die Kupferleitungen für warmes und kaltes Brauchwasser werden zunächst nur zusammengesteckt, um zu prüfen, ob die Länge stimmt. Wenn alles richtig sitzt, nimmt man Stück für Stück wieder auseinander.

6 Mit der Lötlampe werden die Rohre nun zusammengelötet. Wer damit wenig Erfahrung hat, sollte zunächst an kleineren Rohrstücken üben. Im Zweifelsfall muß für die Installationsarbeiten ein Fachmann hinzugezogen werden.

7 Auch die Brauchwasserleitungen sollten immer ein leichtes Gefälle haben, damit im Falle eines Falles das Wasser auch vollständig abgelassen werden kann.

8 Wenn die Installationsarbeiten abgeschlossen sind, prüft man die Leitungen durch Probespülen auf eventuelle undichte Stellen, bevor gekachelt wird.

8 ▼

Die Installation muß fertig sein, bevor mit dem Verfliesen begonnen wird.

9 ▲

10 ▲

11 ▼

12 ▼

13 ▼

9 Die Übergänge zwischen Wanne und Wand werden mit wasserfester Spanplatte verkleidet. Zur Wanne hin soll ein leichtes Gefälle bestehen, damit das Wasser auch dorthin abfließt. Das prüft man mit der Wasserwaage.

10 Wer die Fliesen „freihändig" nicht so sauber in das Klebebett setzen kann, sollte sich kleine Plastikkreuzchen besorgen, die einen immer gleichen und sauberen Abstand garantieren. Der Fliesenkleber selbst (zum Beispiel Saxit F) wird mit dem Zahnspachtel immer gleichmäßig dick aufgetragen.

11 Mit dem Verfugen muß man warten, bis der Fliesenkleber vollständig abgebunden hat. Das dauert 24 Stunden. Wenn man den Gummispachtel schräg führt, füllen sich die Fugen gut. Überflüssiger Fugenmörtel wird nach dem ersten Antrocknen mit einem feuchten Lappen oder Schwamm entfernt.

12 Auf dem Spanplattenuntergrund haftet der Saxit-Fliesenkleber ebenfalls (oder speziell dafür entwickelter Zweikomponentenkleber). Bei dieser Maßarbeit muß man die Fliesen einzeln einpassen, zuschneiden und ausbrechen.

13 Der Hauptwasserhahn darf natürlich nicht zugefliest werden. Bevor an dieser Stelle weitergearbeitet wird, reißt man erst die Position der Bedienungskacheln (im Metallrahmen) an und fliest dann weiter. Auch unten an der Vorderfront der Duschwanne muß eine Bedienungskachel angebracht werden, damit man an den Abfluß herankommt.

Sollte im Haus keine Möglichkeit für den Anschluß der Dusche an ein Heißwassernetz bestehen, dann muß zusätzlich noch ein elektrischer Durchlauferhitzer installiert werden. Das ist jedoch keine Arbeit für den Heimwerker, sondern für den Fachmann. Bei der Planung des Bades sollte man gegebenenfalls einen trockenen Platz für ein solches Gerät vorsehen.

Klappbarer Spritzschutz für den Wannenrand

1 ▲

2 ▲

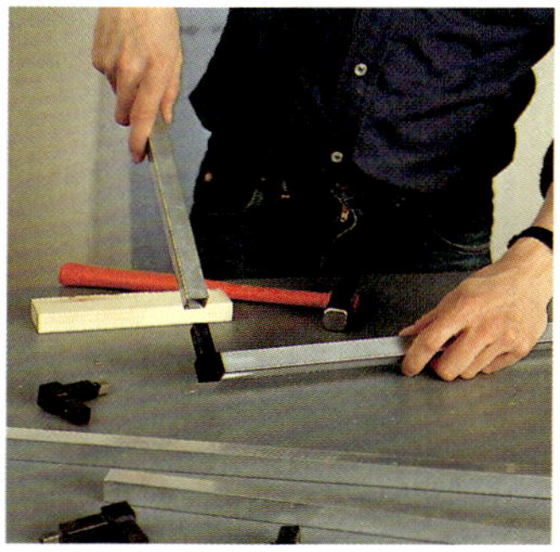

3 ▲

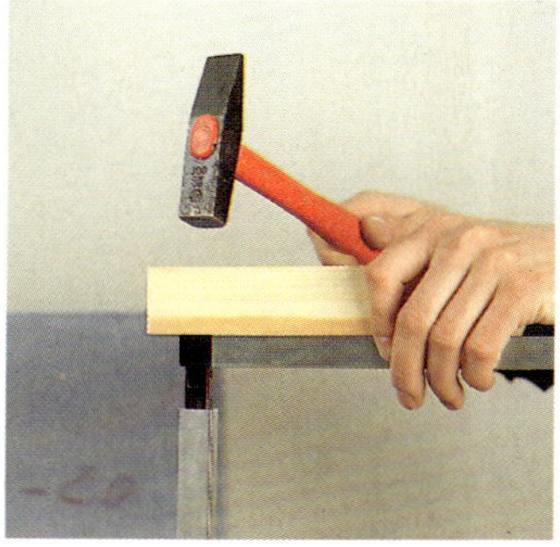

4 ▲

Nur bei Bedarf wird dieser Paravent aus Aluminiumrohren und Acrylglas ausgeklappt. Sonst faltet man diese Duschabtrennung zusammen und schwenkt sie an die Wand über der Schmalseite der Badewanne. Die praktische und fast überall einsetzbare Abtrennung sorgt dafür, daß der Duschspaß nicht mit Ärger über Badezimmer-Hochwasser und Reinigungsprozeduren endet.

Das Bauprinzip ist verblüffend einfach. Aus Alu-Profilrohren (im Baumarkt erhältlich) mit passenden Steckverbindern werden zwei Rechteckrahmen montiert. Die Füllung dieser Rahmen besteht aus 2 mm dickem Acrylglas, das von innen auf die Rahmen aufgeschraubt wird. Diese Art der Montage hat den Vorteil, daß es von der Spritzseite nur glatte Flächen und keine Schmutzecken gibt.

Bei den Abmessungen der Paraventteile muß man nur Rücksicht auf die Wannenbreite nehmen. Jeder Flügel sollte höchstens Wannenbreite, abzüglich 8 cm, haben, damit er über der Innenkante des Wannenrandes montiert und dennoch leicht an die Wand geschwenkt werden kann.

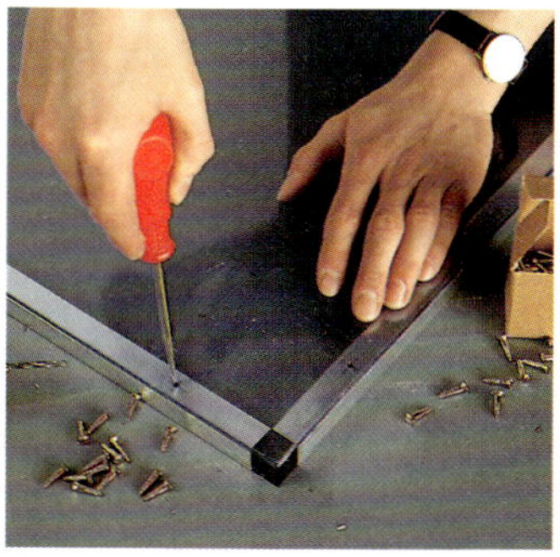

5 ▲

1 Die Rohre des Aluminiumsystems kann man mit der Eisensäge leicht auf das nötige Maß schneiden.

2 Die Schraublöcher in allen Rahmenteilen werden noch vor dem Zusammenstecken der Rahmen gebohrt (siehe Zeichnung unten). Der Durchmesser des Bohrers sollte etwa 1 mm kleiner als der der rostfreien Senkkopf-Blechschraube gewählt werden, damit diese sich ihr Gewinde selbst schneiden kann.

3 Die Rohre werden mit den Eckverbindern zum Rahmen zusammengesteckt, nachdem man alle Grate an den Sägestellen mit der Feile säuberlich entfernt hat.

4 Die Verbindungsstellen werden ein wenig eingeölt und mit einem Hammer (mit Unterlegholz) nachgeschlagen.

5 Die Acrylscheibe (hier sollte man die preiswertere XT-Qualität nehmen) wird nach den Außenmaßen der Rahmen zugeschnitten gekauft. Sie wird mit Schutzfolie auf die Alurahmen gelegt, und mit einem Vorstecher werden die Bohrungen markiert. An diesen Stellen bohrt man die Schraublöcher durch das Kunstglas jedoch 1 mm größer als der Schraubendurchmesser. Die Löcher werden etwas angesenkt.

6 Vor dem Aufschrauben auf den Rahmen wird die Schutzfolie vom Acrylglas abgezogen.

7 Rostfreie Einhängebänder aus verchromtem Messing verbinden die Paraventflügel. Man benötigt sechs dieser Bänder. Je drei gehören an die Längsteile und an die Verbindungsstelle zur Wand.

8 Rostfreie Maschinenschrauben (Senkkopf) werden durch die vorgebohrten Löcher gedreht.

9 Auf der Gegenseite werden die Schrauben mit Hutmuttern gesichert. An der Wand werden die Bandunterteile festgedübelt.

10 Elastische Dichtungsstreifen sorgen zwischen den Rahmen und am Wandanschluß dafür, daß das Wasser in der Wanne bleibt.

11 Eine selbstklebende Türdichtung dient als Abtropfkante (siehe Zeichnungen).

6 ▲

7 ▲

8 ▲

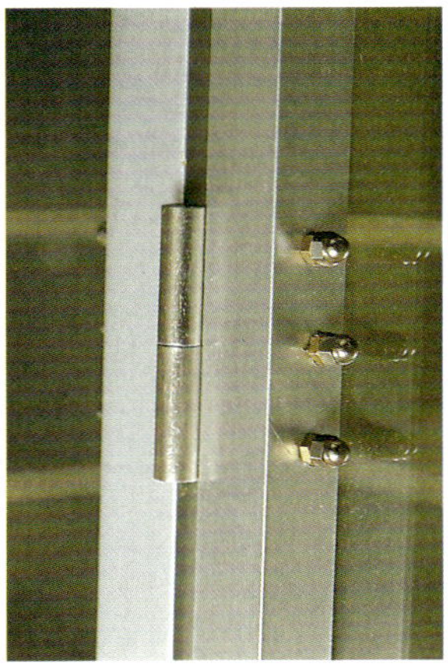

9 ▲

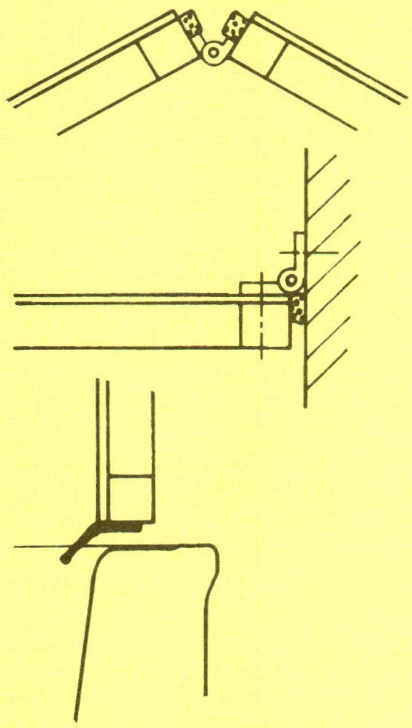

Selbstklebende Dichtungsstreifen, am besten moosgummiartiges Material, müssen an drei Stellen als Schutz gegen Spritzwasser eingeklebt werden. Als Tropfkante unter den Flügeln nimmt man eine Kunststoff-Türdichtung, die zur Hälfte selbst klebt.

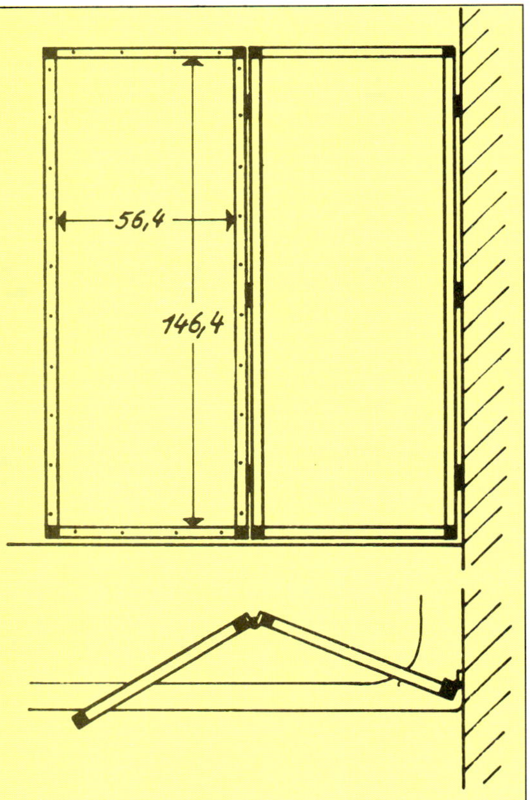

Einmal innen, einmal außen:
So werden die verchromten Bänder angeordnet, damit die Paraventflügel wegklappbar sind.

10 ▲

11 ▼

Fußböden aus Holz schaffen eine behagliche Atmosphäre

Fertigparkett, in jedem größeren Heimwerkermarkt oder im Holzhandel in reicher Auswahl zu bekommen, macht schöne Holzfußböden inzwischen für jeden erschwinglich, der sich die Verlegearbeiten selbst zutraut. Die Verarbeitung der vorgefertigten und meist schon rundum versiegelten Teile ist denkbar einfach.

„Räuchereiche" heißt die Oberfläche dieses Fertigparketts in Schiffsbodenstruktur, das auf jedem alten Fußboden schnell und sauber verlegt werden kann.

Mit dem Parkettverlegen früherer Zeiten hat das Auslegen von Fertigparkett überhaupt nichts mehr zu tun.
Weder werden einzelne Parkettstäbchen aufgeleimt, noch ist ein späteres Schleifen oder Versiegeln erforderlich. Fertigparkett ist so leicht zu verarbeiten wie Profilbretter, denn diese Sandwichelemente sind rundherum mit Nut und Feder versehen, brauchen also nur mit Weißleim zusammengesteckt werden.
Nahezu jeder trockene Untergrund ist für Fertigparkett geeignet. Auf alten Dielen läßt es sich ebenso verlegen wie auf einem Betonestrich. Alte PVC- oder Teppichbeläge können sogar auf dem Fußboden bleiben, sie bilden eine hervorragende Unterlage für das Fertigparkett. Und wer über Fußkälte klagt (oder einen ganz rauhen, unebenen Untergrund vorfindet), legt das Parkett aus dem Paket einfach auf Lagerhölzer, die im Abstand von höchstens 60 cm im Raum verteilt werden, aus. Die Hohlräume können dann sogar mit Dämmstoffen (Hartschaum oder Mineralwolle) gefüllt werden.

Die Elemente für Holzfußböden gibt es in verschiedenen Ausführungen. 7,5 oder 14 mm dicke Platten dürfen nur schwimmend, also auf einem alten Teppichboden, auf einem Dämmfilz oder auf einer Spezialpappe vollflächig ausgelegt werden. Für die Anbringung auf Lagerhölzern muß man schon die dikkeren Elemente, meist 22 oder 23 mm stark, auswählen.
Der Aufbau solcher Fertigparkettelemente ähnelt dem des Sperrholzes, denn nur durch eine Sandwichkonstruktion kann man Holz formstabil und besonders fest machen. Als oberste Schicht wird eine 4 oder 5 mm dicke Nutzschicht aus besonders wertvollem Holz mit der Maserung in Längsrichtung angeordnet. Als zweite Schicht folgt dann eine quer angeordnete Nadelholzeinlage. Die dritte Schicht ist dann ebenfalls eine Nadelholzlage, diesmal wieder in Längsrichtung angeordnet. Auch ein Unterbau aus Spanplattenmaterial ist möglich.
Die Oberflächen sind in der Regel eigentlich immer endlackiert. Mehrmalige Anstriche oder Versiegelungen mit einem besonders strapazierfähigen Lack machen die Böden pflegeleicht. Eine Versiegelung

1 ▲

2 ▲

3 ▼

4 ▼

1 „Tundra" ist ein nur 7,5 mm dickes Fertigparkett mit einem Unterbau aus harten Holzfaserplatten. Besonders gut paßt dieses Parkett zu Einrichtungen aus Fichten- und Kiefernholz.

2 „Torf" ist kein Parkett, sondern ein Bodenbelag aus einem Holzwerkstoff. Ähnlich wie bei Spanplatten geben grobe Holzschnitzel diesen Platten das ganz besondere torfähnliche Aussehen.

3 Besonders breit sind diese Landhausdielen mit Kiefernoberfläche, die fertig oberflächenversiegelt angeboten werden.

4 Lebhafte Maserung zeichnet diesen Holzfußboden aus Esche aus. Wie man diese Landhausdielen verlegt, ist auf den folgenden Seiten übersichtlich dargestellt.

Der Boden wird schichtweise aufgebaut

nach dem Verlegen ist nicht nötig – die Oberfläche ist gleich benutzungsfertig.

Die rund 2 cm dicke Holzschicht auf dem Fußboden ist eine hervorragende Isolierschicht, selbst wenn keine Wärmedämmung darunter angebracht ist. Auch eine wirksame Trittschalldämmung läßt sich mit Fertigparkett erreichen. In diesem Fall wird eine Dämmlage, zum Beispiel eine dünne Schaumstoffmatte, eine Dämmfilzlage oder einfach der alte Teppichboden unter dem Parkett ausgelegt. Da die Verlegeanleitungen jeweils etwa 15 mm Abstand der Bodenplatten zu allen Wänden vorsehen, ist die Schallübertragung von schwimmend verlegtem Parkett auf die Wände nicht möglich. In den Räumen darunter ist diese zusätzliche Trittschalldämmung deutlich zu spüren.

Wenn man sauber arbeitet, nimmt übrigens der Teppichboden unter dem Parkett keinen Schaden. Das ist wichtig für Mieter.

Fertigparkett auf Lagerhölzern

1 ▲ 5 ▼ 6 ▼ 2 ▲

Spanplattenboden – schwimmend verlegt

1 ▲ 3 ▼ 4 ▼ 2 ▲

3 ▲

4 ▲

7 ▼

8 ▼

1 Dachlatten, zwischen denen 50 cm breite Hartschaumplatten liegen, sind eine besonders wärmedämmende Unterkonstruktion, die dort angewendet werden kann, wo die Raumhöhe es zuläßt. An einer Längswand werden die ersten Parkettplatten aufgelegt. Wo die Plattenlänge nicht reicht, wird ohne Verschnitt gestückelt. Ein zweites Element wird umgedreht angelegt und angezeichnet.

2 Nun wird das Parkettelement per Fuchsschwanz genau im rechten Winkel abgesägt (Schnittlinie markieren!).

3 Das Paßstück wird nun umgedreht und in die Lücke eingesetzt.

4 Auf die Nutwangen streicht man Weißleim auf, bevor die Nut- und Federverbindung der einzelnen Parkett-Elemente zusammengesteckt wird.

5 Mit einem Reststück als Unterlage kann man die Parkettelemente zusammenklopfen, ohne daß der Hammer die obere Schicht des Holzes beschädigt.

6 Mit Nägeln, schräg durch die Feder geschlagen und gut versenkt, befestigt man die erste Parkettplattenreihe (und alle weiteren) nun an den Lagerhölzern.

7 Die 15 mm breite Fuge zur Wand, während des Verlegens von kleinen Holzkeilen geschaffen, wird nun mit der Fußleiste überdeckt. Dabei muß man 3 mm Abstand lassen.

8 Der fertige Fußboden präsentiert sich ohne sichtbare Fugen.

---

5 ▼

1 Mit einem scharfen Fuchsschwanz sägt man die nur 7,5 mm dicken Elemente dieses Spanplatten-Holzbodens zurecht. Die Stöße müssen immer so angeordnet werden, daß sie gut versetzt (mindestens 50 cm) liegen. Das Reststück der ersten Reihe wird das Anfangsstück der nächsten usw. Verschnitt gibt es bei dieser Methode kaum. Bei diesen dünnen Brettern reicht ein leichtes Nachhobeln an der Unterkannte der Tür fast immer aus.

2 Auch bei diesem Boden gibt man wieder Weißleim (Ponal) aus der Spritzflasche in die Nut. Aber: Der Leim soll an der Wange angegeben werden und nicht bis in den Grund der Nut laufen, damit die Teile sicher verbunden werden. Genagelt wird bei dieser Verlegeart nicht.

3 Jedes Element dieses Holzbodens wird an seinen Platz gelegt, so daß Nut und Feder zusammenpassen. Mit kräftigen Hammerschlägen fügt man die Teile dann zusammen, wobei man einen Holzklotz unterlegen sollte.

4 Bei dieser Art von Fußboden müssen die Fugen noch nachträglich versiegelt werden. Dazu trägt man einen Strang Weißleim auf, läßt ihn in die Fugen eindringen und wischt den überschüssigen Leim mit einem feuchten Tuch ab.

5 Gerade im Kinderzimmer, in der Küche oder im Eßraum macht sich dieser Spanplattenboden mit seiner rustikalen „Torf"-Oberfläche sehr gut.

Maserung macht den Boden „lebendig"

Landhausdielen sind genauso aufgebaut wie Fertigparkett. Aber bei der Gestaltung der Nutzschicht hat man auf den Parkettcharakter verzichtet und stattdessen breite Dielen vorgesehen – eine Renaissance der früher überall üblichen Fußbodenbretter. Allerdings ist dieses Material ebenso pflegeleicht wie das Fertigparkett, denn die meisten Landhausdielen werden mit versiegelter Oberfläche angeboten. Nur ganz wenige Dielen, vorwiegend aus Eiche, kommen unbehandelt auf den Markt.

Das Angebot an Landhausdielen ist sehr groß; man kann zwischen vielen verschiedenen Holzarten wählen.

Die Materialpreise für Fertigparkett liegen zwischen 35 und 100 DM/m². Das preiswerteste Material ist der Spanplattenboden, der auf den Seiten 110 und 111 abgebildet ist. Für alle anderen Qualitäten und Holzarten gelten Preise zwischen 65 und rund 100 DM/m².

Alle Arten von Fertigparkett (oder Landhausdielen) sind durch den Sandwichaufbau zwar sehr formstabil, aber einige Besonderheiten des natürlichen Werkstoffes Holz müssen beachtet werden. Feuchte Kellerfußböden sind ohne Vorbereitung nicht für Fertigparkett geeignet, da das Holz Schaden nehmen könnte. Auch Restfeuchtigkeit von Häusern, die weniger als ein Jahr bewohnt sind, sollte man vom Parkett fernhalten. In den meisten Fällen reicht eine Dämmzwischenlage aus Hartschaum aus, in Zweifelsfällen kann man auch zusätzlich eine Folie vorsehen.

Diese Zwischenlage bildet ebenfalls eine Ausgleichsschicht, die kleine Unebenheiten im Boden überbrückt. Die gleichen Dienste tut eine Filzpappe, die auch bahnenweise ausgelegt werden kann.

Besonders berücksichtigen muß man beim Auslegen der Hölzer, daß das Fertigparkett nirgends an die Wand stößt. Beim Verlegen sorgen kleine Keile für gleichbleibende Abstände. Vor dem Montieren der Fußleiste werden alle Keile herausgezogen.

Landhausdielen, auf Filzpappe verlegt

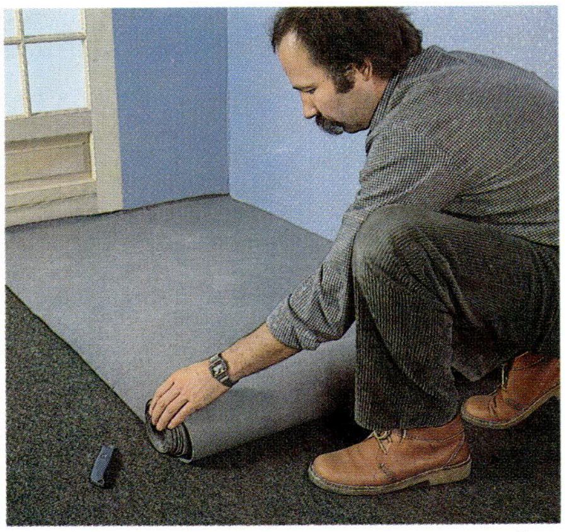

1 ▲

2 ▲

3 ▼

4 ▼

5 ▼

1 Eine Filzpappe, die man überall dort bekommt, wo Fertigparkett angeboten wird (Holzhandel oder Baumarkt), dient beim Verlegen dieser Landhausdielen als wärme- und schalldämmende Ausgleichsschicht. Die Pappe wird auf Estrich auf dem Stoß bahnenweise ausgelegt.

2 Das Verlegen der Dielen, hier mit einer besonders ausdrucksvollen Kiefernoberfläche, entspricht der Verarbeitung von Fertigparkett. In die Nut wird Weißleim aus der Spritzflasche (Ponal express) gegeben.

3 Nut und Feder der einzelnen Elemente fügt man erst von Hand zusammen.

4 Nachklopfen mit dem Hammer läßt dann die Fugen fast unsichtbar werden. Die Stöße müssen immer versetzt angeordnet werden. Für die schwimmende Verlegung auf Filzpappe reichen 14 mm Dielenstärke aus. Für die Montage auf einer Unterkonstruktion aus Latten muß man die 22 mm dicke Qualität wählen. Die Stöße zwischen zwei Elementen müssen dann übrigens nicht direkt auf der Latte vorgesehen werden.

5 Die Kiefern-Landhausdielen präsentieren sich als fertiger Bodenbelag. Besonders für diejenigen, die bei der Einrichtung helles Holz bevorzugen, ist dieses neue Innenausbaumaterial ideal.

Fliesen – zeitlos schön und pflegeleicht

Fliesenböden vereinigen zwei Vorteile in sich: Zum einen sind sie strapazierfähig wie wohl kein anderer Bodenbelag, zum anderen sind sie sehr dekorativ. Dank perfekter Klebersysteme ist ihre Verarbeitung für den Heimwerker kein Problem.

Dieser Bodenbelag ist aus zwei Fliesenformaten kombiniert. Um quadratische Fliesen (20 x 20 cm) sind sogenannte Spitzriemchen herumgelegt. Auf einen Quadratmeter passen bei diesem Muster 14 Quadrate und 28 Spitzriemchen.

Fliesen kleben ist nicht schwer

Das Dünnbettverfahren hat es ermöglicht, fast überall in der Wohnung Fliesen auch nachträglich schnell und ohne tiefgreifende Umbauten zu verlegen. Denn im Gegensatz zu der Verlegung im Mörtelbett verändert eine aufgeklebte Fliesenschicht die Fußbodenhöhe kaum mehr als ein Teppichboden. Einzige Voraussetzung für einen haltbaren Fliesenbelag ist ein tragfähiger Untergrund. In den meisten konventionell gebauten Häusern findet sich unter dem Teppich die glatte Betonoberfläche eines „schwimmenden Estrichs". Darauf kann man – und das zeigen die Abbildungen rechts – ohne weiteres Fliesen mit einer dünnen Kleberschicht verlegen. Aber auch Terrazzo oder alte Fliesen, die noch überall fest sind, zählen zu den geeigneten Untergründen.

In Heimwerker- und Baumärkten werden verschiedene Klebersysteme für die problemlose Fliesenverlegung angeboten. Auf Betonflächen empfiehlt sich ein Klebemörtel auf Zementbasis (zum Beispiel von Randamit oder Ceresit). Diesen hydraulisch abbindenden Kleber gibt es auch als Schnellkleber. Schon zwei Stunden nach dem Verlegen kann die Fläche verfugt werden. Gerade bei Renovierungen bewohnter Räume macht eine solche Zeitersparnis (sonst sind 24 Stunden Trockenzeit üblich) doch schon einiges aus.

Während Kleber auf Zementbasis noch mit Wasser gebrauchsfertig angemischt werden müssen, kann man Fliesenkleber auf Dispersionsbasis (wie Saxit F) so verarbeiten, wie er aus dem Eimer kommt.

Doch auch das Arbeiten mit einem Mörtelbett bringt Vorteile, wenn man einen neuen Spezialmörtel verwendet. Das normale Werkzeug zum Kleberauftrag ist der Zahnspachtel, der für eine gleichmäßig dünne Kleberschicht sorgt. Einigen Kleberverpackungen liegen Zahnspachtel aus Kunststoff bei. Stabiler sind jedoch solche aus Metall.

Der Mörtel ist von ganz besonderer Art: Durch Zusätze geschnitzelter Autoreifen und Latexmilch entsteht eine etwas elastische Schicht, die es ermöglicht, Fliesen sogar auf alten Holzdielen zu verlegen. Das funktioniert, ohne daß der Untergrund beschädigt wird.

1 Bodenfliesen wie dieses glasierte Steinzeug kann man maßgerecht zuschneiden. Nach einer Hilfslinie auf dem Fußboden oder nach einer Schnur mißt man die Breite der Fliesen am Rand aus. Wände kommen als „Richtschnur" nicht in Frage, denn Sie könnten schief sein.

2 Die Schneid- und Brechmaschine ritzt mit ihrem Hartmetallrad die Glasur der Fliesen an der angezeichneten Stelle. Wer sich ein solches Gerät nicht anschaffen will oder auch nicht beim Fliesenmarkt ausleihen kann, ritzt die Glasur mit einem Glasschneider.

5 Mit der vorgeschriebenen Menge Wasser mischt man den Schnell-Klebemörtel in einem Gefäß an – anfangs nur kleine Mengen, um zu probieren, wieviel Kleber man in der „offenen Zeit" von 30 Minuten verarbeiten kann.

6 Ein Zahnspachtel ist das richtige Werkzeug, um den Kleberbrei gleichmäßig dünn auf dem Estrich zu verteilen. Auch hier sollten nur kleine Flächen eingestrichen werden, damit das Kleberbett nicht vorzeitig aushärtet und unbrauchbar wird.

7 Jede Fliese wird nicht einfach in das Kleberbett gelegt, sondern etwas hineingedreht. Man legt die Fliese dicht neben die richtige Stelle und schiebt sie dann an ihren Platz. Damit stellt man sicher, daß der Kleber fast alle Stellen der Rückseite erreicht. Nur so liegt die Fliese sicher fest. Bei punktförmiger Verklebung säße sie fester.

3 Die Fliese wird nun gebrochen: Die angeritzte Glasurseite muß nach oben zeigen – dann wird der Hebel kräftig heruntergedrückt. Man kann die Fliese auch über ein Stück Schweißdraht auf den Fußboden legen und mit kräftigem Händedruck brechen.

4 Die Brechzange ist ein praktisches und preiswertes Werkzeug für Heimwerker. Ein angebautes Schneidrad ritzt die Glasur – mit der Zange wird die Fliese dann gebrochen. Hier werden von den Riemchen kleine Spitzen abgeschnitten, um bei der Verlegung dieser Formatkombination eine Raumecke paßgerecht zu füllen.

8 Reihe für Reihe legt man nun die Fliesen nach einer angezeichneten Hilfslinie oder einer gespannten Gummischnur. Wer sich nach den Wänden richtet, „baut" fast immer einen Bogen ein. Auch muß auf gleichmäßige Fugenbreite geachtet werden.

9 Fugenmörtel, den es etwa von Randamit oder Ceresit auch in vielen Bunttönen gibt, wird wie Kleber mit Wasser zu einem sämigen Brei angerührt. Ein breiter Gummispachtel preßt diesen Mörtel gut in alle Fugen und entfernt gleichzeitig überschüssiges Material.

10 Mit einem feuchten Schwamm, der immer wieder ausgespült werden muß, arbeitet man die Fläche nach. Das glättet den Mörtel in den Fugen und entfernt dabei die Mörtelschicht auf den Fliesen. Später wird mit einem Tuch noch trocken nachgerieben.

Neuer Wohnraum unter dem Dach

Nur zum Wäschetrocknen und zum Abstellen von Gerümpel ist der Dachboden zu schade. Wohnräume unter dem Dach können hell, freundlich und gemütlich sein. Auf den folgenden Seiten wird gezeigt, worauf es ankommt.

Kleine Platten sind leichter zu montieren

Die Wohnraum-Reserve unter dem Dach findet man sehr häufig. Bei Altbauten ist es der ungenutzte Speicher. Bei neuen Häusern wird auch meist nur das Erdgeschoß ausgebaut, um die finanzielle Belastung über Jahre zu verteilen.
Ob es nun ein vollwertiger Wohnraum oder nur ein Spielzimmer für die Kinder werden soll, der Platz unter dem Dach muß erst einmal hergerichtet werden. Der erste Schritt ist eine wirksame Wärmedämmung, wie sie in diesem Buch auf den Seiten 130–133 ausführlich beschrieben wird. Dann müssen glatte und tragfähige Wände geschaffen werden. Gipskartonplatten, auch in der Kombination mit Profilholz, sind dabei bewährtes Material. Statt großformatiger Tafeln sollte man gerade beim Dachausbau lieber kleinere Platten, sogenannte „Ein-Mann-Platten", verwenden. Diese sind 60 cm breit und 210 oder 260 cm lang.

Der kleine Nachteil des Kleinformats: Man bekommt mehr Stöße, die verspachtelt werden müssen. Der große Vorteil: Der Transport über schmale und enge Treppen ist leicht. Und gerade dann, wenn Formteile zugeschnitten werden müssen, arbeitet es sich unter der Dachschräge natürlich viel besser mit kleinen Platten als mit großen Tafeln. Nur 10 kg wiegt die kürzere, 13 kg die längere „Ein-Mann-Platte", die es nur in 9,5 cm Dicke gibt. Im Baustoffhandel oder Baumarkt werden diese Platten als Teil eines kompletten Ausbausystems angeboten, das bis zum Fertigputz reicht.

1 Mit dem Cuttermesser ritzt man Gipskarton von der Vorseite ein. Die Platte bricht dann millimetergenau.

2 Die Platten sollten an der Bruchkante leicht angefast sein. Ein alter Hobel ist dazu das Richtige.

3 Beim Ansetzen der Platten sollte man darauf achten, daß die waagerechten Stöße von Reihe zu Reihe versetzt angeordnet werden, um später keine Fugen sichtbar werden zu lassen.

4 Die Platten werden an den Rändern und in der Fläche mit Spezialschrauben und einem Schraubvorsatz zur Bohrmaschine angeschraubt.

5 Die Fugen werden mit der elastischen Universal-Spachtelmasse, die man gebrauchsfertig angemischt im Eimer kauft, nur ausgespachtelt.

6 Die Anschlußfugen zu den Dachbalken werden mit Silikonkautschuk (Sista) ausgespritzt, um ein Aufreißen beim Arbeiten des Holzes zu verhindern.

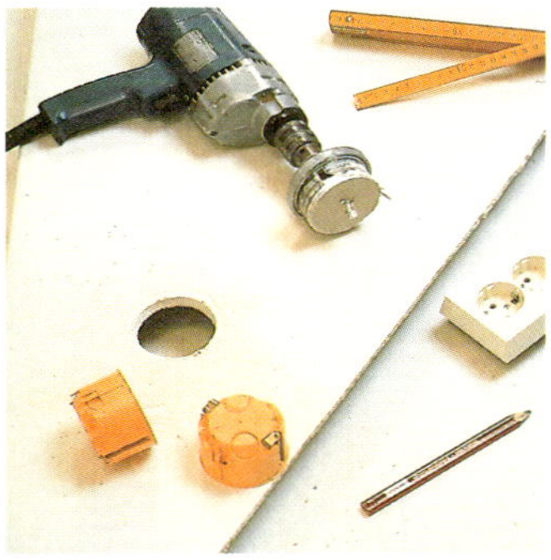

7 Aussparungen für spezielle Hohlraum-Isolierdosen, die die Steckdosen aufnehmen, schneidet man mit der Lochsäge der Bohrmaschine.

8 Formteile lassen sich mühelos exakt zuschneiden. Nach der Montage und dem zweifachen Überspachteln wird der Fugenbereich geschliffen, am einfachsten erfolgt dies mit der Maschine.

Vor dem Tapezieren werden die Platten grundiert

Eine große Hilfe beim Dachausbau ist ein Spezialkleber, ein sogenannter Ansetzbinder. In allen Bauvorschriften wird es ausdrücklich verboten, Schornsteine anzubohren. Man kann also keine Latten aufdübeln, wenn der Kamin ebenfalls verkleidet werden soll. Hier werden die Gipsplatten mit vollflächig aufgetragenem Ansetzbinder einfach aufgeklebt. Das geht zügig und problemlos vonstatten, und nach einer Abbindezeit von wenigen Stunden, die von Produkt zu Produkt unterschiedlich ist, können die verklebten Platten wie verschraubte bearbeitet werden.

Zum fachgerechten Ausbau gehört auch die Oberflächenbehandlung, zum Beispiel das Tapezieren. Ein Anstrich aller Gipskartonoberflächen mit einer speziellen Sicherheitsgrundierung (wie Dufix Tiefgrund) ist in jedem Fall erforderlich, ob man nun tapeziert, streicht oder sogar einen Strukturputz aufträgt. Diese Grundierung macht alle folgenden Arbeitsgänge einfacher.

9 Fensterbänke kauft man als Fertigteile, wenn ein Dachflächenfenster eingebaut ist. Hier ist sie in die Plattenverkleidung eingelassen.

10 Die ganze Fläche muß man grundieren, bevor tapeziert oder gestrichen wird. Mit der Deckenbürste oder einer Rolle ist dies einfach.

11 Die Tapete, hier eine Superkorn-Rauhfaser, wird nach Wandhöhe zuzüglich 20 cm Zugabe für Abschlüsse oben und unten auf dem Tapetentisch zugeschnitten.

12 Um Ecken herum wird nur ein schmaler Tapetenstreifen geklebt, niemals die ganze Tapetenbahn.

13 Wenn die Tapete mit dem Messer abgetrennt wird, läßt man einen Streifen von 2 cm Breite stehen.

14 Alle Abschlüsse markiert man durch einen Strich mit der Scherenspitze und schneidet dann nach.

15 Die Andruckrolle ist bei Rauhfasertapeten besser geeignet als die sonst übliche Tapezierbürste.

16 Für die Holzverkleidung an der Decke wird zunächst eine Sparschalung auf die Kehlbalken genagelt. Darauf befestigt man das Profilholz quer zur Lattenrichtung.

17 Montagekrallen für Profilbretter schlägt man mit einem Magnetnagler auch über Kopf leicht ein.

18 Bei sichtbaren Balken muß das Deckenholz ausgeklinkt werden. Dazu benutzt man die Stichsäge.

Ebener Fußboden aus Verlegeplatten

Um den Dachboden zu einem vollwertigen Wohnraum werden zu lassen, muß in den meisten Fällen auch dafür gesorgt werden, daß man einen tragfähigen und ebenen Fußboden erhält

Sogenannte Verlegeplatten sind der geeignete Werkstoff für diese Arbeit. Es handelt sich dabei um besondere Spanplatten mit Nut und Feder, die für den Fußbodenaufbau oder die Bodenrenovierung bestimmt sind. Diese Verlegeplatten erhält man im Holzhandel oder in Baumärkten in der Größe 205 x 92,5 cm. Platten dieses Formats lassen sich auch noch durch enge Treppenhäuser bis auf den Boden transportieren und auch von einem Mann bewegen. Verlegeplatten sind zwar wasserfest verleimt, aber wo viel Feuchtigkeit zu erwarten ist, sollte man eine Spezial-Verlegeplatte wählen. Die für diesen Fall richtige Materialstärke liegt bei 22 mm (Stützweite der Unterkonstruktion bis 50 cm), wenn keine außergewöhnlichen Lasten zu erwarten sind.

1 ▲

2 ▲

3 ▲

4 ▲

5 ▼

6 ▼

7 ▼

8 ▲

9 ▲

10 ▲

11 ▲

12 ▼

13 ▼

14 ▼

1 Streifen aus Holzfaser-Dämmplatte werden im Abstand von ca. 45 cm auf der Balkenlage der Decke ausgelegt. Sie dienen als Schalldämmung für den Fußboden, der aus Dachlatten und Verlegeplatten aufgebaut wird. Die Dämmstreifen verhindern, daß die Trittgeräusche zu laut durch die Decke übertragen werden.

2 Dachlatten von 4 x 6 cm werden als Unterkonstruktion des Bodens auf den Dämmstreifen ausgelegt. Sie werden nicht mit den Balken verschraubt, denn der Fußboden soll „schwimmend", d.h. ohne feste Verbindung zur Decke, aufgebaut sein.

3 Die erste Platte wird auf die Latten gelegt und ausgerichtet. Kleine Keile sorgen für die erforderlichen 15 mm Luftspalt ringsum. Hier könnten auch 20 mm dicke Mineralwollstreifen eingesetzt werden.

4 Die Schmalseiten der Platten werden verleimt. Weißleim aus der Spritzflasche (Ponal express) wird in die Nut oder auf die Feder gegeben, dann werden die Platten zusammengefügt.

5 In der zweiten Reihe muß man darauf achten, daß die Plattenstöße versetzt angeordnet werden. Eine Platte muß also um ein Drittel gekürzt werden.

6 Vorgebohrt werden die Schraublöcher an den Längskanten der Verlegeplatten. Hier muß man darauf achten, daß die Dachlatte genau unter dem Stoß (der nicht verleimt wird) liegt.

7 Spanplattenschrauben mit Kreuzschlitzkopf lassen sich mit Elektronikbohrmaschinen problemlos eindrehen.

8 So verschraubt man die Plattenstöße. Gut zu erkennen ist der Versatz der Fugen.

9 Das Verspachteln der Fugen ist nur nötig, wenn ein extrem dünner Bodenbelag, etwa PVC-Material (nicht Teppich), ausgelegt werden soll.

10 Die senkrechten Trennwände (wenn überhaupt vorgesehen) plant man tunlichst nach der Möblierung. Hinter 80 cm hohen Schränken sollten zum Beispiel 85 cm senkrecht sein. Die Begrenzungslinie wird angezeichnet.

11 Lattenreste schraubt man unterhalb jedes Sparrens als Widerlager fest.

12 Die senkrechten Latten hält man mit einer Wasserwaage an, damit die Schmiege exakt angezeichnet werden kann.

13 Mit dem Fuchsschwanz schneidet man die Stützen auf die erforderliche Länge.

14 Zum Befestigen der Stützen an den Sparren sind lange Kreuzschlitzschrauben am besten geeignet. Dann können Wände und Schrägen beplankt werden.

Einrichtungsprobleme unter dem Dach elegant und praktisch gelöst

„Normale" Möbel sind für Räume unter dem schrägen Dach nur bedingt geeignet. Der Bau spezieller Einbaumöbel wird ab Seite 171 in diesem Buch beschrieben. Einige praktische Kleinigkeiten sollte man jedoch schon beim Ausbau bedenken, denn auch wenn der Dachboden zum Wohnraum ausgebaut ist, muß er noch einige andere Funktionen erfüllen. So braucht der Schornsteinfeger für die regelmäßigen Reinigungen freien Zugang zum Dachfenster, durch das er den Schornsteinkopf erreichen kann. Und auch etwas Stauraum sollte ja noch übrigbleiben.

1 Die Bank unter der Schräge kann ein ganz gemütliches Einbaumöbel werden, wenn man vorher mit einem Sessel eine Sitzprobe macht. Denn von der Dachneigung hängt es ab, wie hoch die senkrechte Trennwand, die ja Rückenlehne wird, sein muß.

2 Der Hohlraum unter der Bank, die aus breiten Leimholz-Regalplatten von 3 cm Dicke entsteht, kann zum Verstauen der Leiter für den Schornsteinfeger benutzt werden. Das schmale Seitenteil wird mit Scharnieren und Schnäppern montiert.

3 Eingebaute Deckenstrahler sind eine preiswerte und gelungene Lösung des Leuchtenproblems bei schrägen Wänden. Die Öffnung sägt man mit der Stichsäge aus, bevor die Verbretterung der Decke abgeschlossen ist.

4 Der Leuchtenring und das Kabel lassen sich so sehr leicht montieren.

1 ▲

2 ▼

5 Eine Klappe in der Schräge bietet sich dort an, wo ein Dach im unteren Bereich pagodenartig ausgestellt ist. Hier bleiben nach der Holzverkleidung Hohlräume, die man zum Abstellen nutzen kann.

6 Das Ausstiegsfenster neben dem Schornstein ist meist nur von einfachster Bauart. Wenn genügend Tageslicht durch andere Fenster kommt, kann man es ebenfalls hinter einer Klappe, die mit Vorreibern verriegelt wird, verstecken.

Mit dem richtigen Werkzeug geht's nochmal so gut

3 ▲

4 ▲

5 ▼

6 ▼

Fassadenrenovierung perfekt und leicht gemacht

Risse in der Hausfassade sehen nicht nur unschön aus, sie ruinieren auch auf lange Sicht die Bausubstanz. Zwei Gründe, die dafür sprechen, mit nötigen Renovierungsarbeiten an der Fassade nicht zu lange zu warten.

Jeder Heimwerker weiß sich zu helfen, wenn im Innenbereich der Putz anfängt zu bröckeln. An den Außenwänden ist eine intakte Putzschicht jedoch naturgemäß noch viel wichtiger. Fachgerechte Reparaturen sind im Außenbereich etwas komplizierter als innen, aber bei einiger Sorgfalt und genauer Beachtung der Hinweise auf diesen Seiten kann eigentlich nichts schiefgehen.

1 Lockere Farbschichten oder blasig aufgeworfene Fassadenfarben müssen restlos entfernt werden. Grobe Stücke werden mit dem Spachtel abgestoßen. Dabei wird es nicht ausbleiben, daß unter der alten Farbe andere Schäden sichtbar werden.

2 Putzrisse schlägt man mit Hammer und Meißel auf Fingerbreite auf, damit der Reparaturspachtel (Sista Fassadenrißdichter) Halt findet. In den schmalen Rißspalt läßt er sich nicht füllend einstreichen.

3 Lockere Putzteile müssen rigoros entfernt werden. Durch leichtes Klopfen kann man feststellen, ob es unter dem Putz hohl ist. Diese Stellen werden mit Hammer und Meißel abgeschlagen oder mit dem Spachtel durchstoßen.

4 Mit der Drahtbürste werden auch alle feinen Bruchstücke restlos entfernt, die Fassade ist dann vorbereitet zum Auftragen von Spachtel und neuer Farbe. Dabei muß man besonders gründlich vorgehen, sonst hält der Anstrich nicht lange.

5 Mit Tiefengrund müssen sandende Flächen abgesperrt werden, damit Putz oder Fassadenfarbe später auch wirklich halten können. Die Grundierung dringt in die obersten Wandschichten ein und gibt so neue Stabilität.

6 Mit einem Japanspachtel werden angrenzende kleine Putzschäden glatt ausgestrichen. So schafft man einen Übergang zu der großen Schadstelle, die mit Fassadenrißdichter aufgefüllt werden mußte. Mit einer Glättekelle wird nachgerieben.

7 Mit einem feuchten Pinsel werden die neuangesetzten Putzstellen nochmals sauber geglättet. Damit wird ein feiner Übergang herausgestrichen. Bevor man damit anfängt, läßt man den Putz aber etwa eine Stunde trocknen.

8 Mit einer „Rißbrücke" lassen sich Risse überdecken – oder, wie hier auf dem Foto zu sehen, Ecken festigen. Das Glasfasergewebe wird mit dem ersten Fassadenauftrag „angeklebt". Dann wird mit einem Rißflächenspachtel geglättet und gestrichen. Besonders einfach und schnell geht das mit einer Spezialrolle.

Beim Kauf von Fassadenfarbe sollte man auf Qualität achten. Die Farbe muß sich bei Rißerweiterungen dehnen können, ohne zu reißen. Es empfiehlt sich dabei unbedingt in einem Renovierungssystem zu bleiben und nicht Produkte verschiedener Hersteller zu verwenden. Das Mittel für einen Grundanstrich kann man vom Einkaufszettel streichen, wenn – wie im abgebildeten Beispiel – nur der alte Anstrich aufgefrischt werden soll und dieser noch keine Witterungsschäden (abblätternde Farbe) aufweist. Dann kommt man mit einem Voranstrich und zwei Deckanstrichen aus. Die Vorstreichfarbe ist zugleich ein Gewebekleber – ein plasto-elastisches Anstrichmittel, das mit Fasern verstärkt ist. Mit dem Voranstrich schafft man eine Armierungsbeschichtung, die weiß, transparent oder eingefärbt sein kann – bereits abgetönt auf den Farbton des Schlußanstrichs.

9+10 Wie beim Innenanstrich trägt man zunächst mit einem Pinsel die Farbe überall dort auf, wohin man mit der Rolle nicht gelangen kann, zum Beispiel an Sockelkanten und -vorsprüngen.

11 Feine Risse und stark verschmutzte Stellen sollte man auch gesondert vorbehandeln.

12 Flächen werden mit der Rolle gestrichen. Die Farbe muß dabei unverdünnt satt aufgetragen werden.

13 Nach dem Durchtrocknen des Voranstrichs kann man die beiden Schlußanstriche vornehmen – wieder wird satt aufgetragen, und schwer erreichbare Stellen werden vorher mit dem Pinsel gestrichen.

9 ▲

10 ▲

12 ▼

13 ▼

11 ▲

Neue Fassade mit Wärmedämmung

Sind die Schäden der alten Fassade großflächig und das „Gesicht" des Hauses nicht mehr ansehnlich, sollte man eine völlig neue Fassade planen.

Den Charakter des Hauses erhalten und dennoch die Fassade nach aktuellen Gesichtspunkten zu dämmen und zu sanieren – das paßt manchmal nur schwer zusammen. Am Beispiel eines alten Einfamilienhauses ist hier die Verarbeitung eines modernen Vollwärmeschutzsystems zusammengestellt. Die Besonderheit dieses Systems, das sonst von Malerbetrieben verarbeitet wird: Die neue Fassade behält ihr gewohntes Aussehen. Statt eines Rollputzes werden dünne Verblendsteine aufgeklebt. Alle Nagespuren des Zahns der Zeit im alten Mauerwerk werden überdeckt. Die neue Isolierfassade schützt und dämmt für die nächsten Jahrzehnte.

Das Haus vor der Fassadenrenovierung: Verwitterungserscheinungen und die Spuren des Fensteraustausches haben die Fassade ziemlich unansehnlich gemacht. Die Renovierungskur mit Hartschaumplatten und Flachverblendern hat das Aussehen des Hauses grundsätzlich nicht verändert. Nur: Jetzt hat die Außenwand wieder Ihre Schutzfunktion – und sie ist zudem noch wärmegedämmt.

Systemelemente erleichtern die Arbeit

Das Prinzip des Vollwärmeschutzes hat sich schon lange bewährt. Auf der alten Fassade werden Hartschaumplatten befestigt, mit einem Glasseidengewebe stabilisiert und mit einer wetterfesten Schutzschicht überzogen. Bei den meisten Systemen nimmt man als Deckschicht einen Rollputz oder Spachtelputz. Bei dem hier gezeigten System sind es 5 mm dicke Spezialverblender. Die Hartschaumplatten, besonders maßgenau und gut abgelagert, sind in Dicken zwischen 20 und 100 mm lieferbar. Damit kann je nach Bedarfsberechnung isoliert werden. Auf der anderen Seite kann man dadurch natürlich auch die Besonderheiten jeder Fassade berücksichtigen. So können mit dünnen Dämmschichten zum Beispiel alte Dachüberstände erhalten bleiben. Den Verblender und die Isolierschichten gibt es als regelrechtes Baukastensystem. Kleber, Hartschaumplatten, Dübel, Glasseidengewebe mit Armierungskleber gehören ebenso dazu wie natürlich die besonders flachen Verblender. Dieser nur wenige Millimeter dünne Verblendstein macht die besonders einfache Verarbeitung möglich. Durch sein geringes Eigengewicht umgeht man alle statischen Probleme. Er kann also direkt auf die armierte Dämmschicht geklebt werden und braucht kein Fundament. Dieses dünne Ziegelmaterial ist handgebacken, und man kann es nicht von einem vollen Verblendmauerwerk unterscheiden. Grund dafür sind auch die verschiedenen Formsteine für die Eckenausbildung. Außenecken oder Stürze über den Fenstern lassen sich damit optisch einwandfrei verkleiden.

Flachverblender in verschiedenen Steingrößen und Formsteine, alle leicht mit einfachsten Werkzeugen zu verarbeiten, machen auch dem Laien den Aufbau eines perfekten Verblenders möglich.

Einen Rührstab für die Bohrmaschine sollte man sich anschaffen, um im Plastikkübel die erforderlichen Mengen an Klebemörtel für das Anbringen der Hartschaumplatten gebrauchsfertig anzurühren.

Mit Kelle oder Spachtel wird der Kleber auf die Rückseiten der Hartschaumplatten aufgetragen, um den Rand herum als Wulst und in der Mitte der Platten dann noch zusätzlich punktartig.

Die Hartschaumplatten werden auf einer Sockelschiene oder auf einen vorhandenen Sockel angesetzt (siehe Abbildung). Mit einer Richtlatte wird die ebene Verlegung ständig kontrolliert. Die Fugen sollten dicht gestoßen liegen.

Ausschnitte, wie sie hier beim Fenster oder bei der obersten Plattenreihe nötig werden, lassen sich schnell mit einem Fuchsschwanz herstellen. Maßgenaues Arbeiten ist kein Problem.

Besondere Dämmstoffdübel, die mit ihrem Schirm die Platten sehr gut halten, werden zusätzlich zur Verankerung im alten Mauerwerk eingesetzt. Acht Dübel, auf Flächen und Ecken, pro Quadratmeter.

Mit Glasfaser wird die Dämmschicht armiert

Dieses Vollwärmeschutzsystem läßt sich praktisch auf jede Fassade aufbringen. Risse im Putz oder abgebröckelte Steine sind kein Hindernis. Haben sich größere Putzteile gelöst oder sind ganze Flächen bröckelig, sollte man diese vor dem Dämmen wieder anputzen (siehe dazu Seite 122–123 in diesem Buch). Die neue Fassade wirkt übrigens rißüberbrükkend, solange es sich um alte Risse handelt, die nicht arbeiten.

Die Besonderheit dieser Fassade äußert sich in mehreren Vorteilen: Keine Dehnungsfugen, wie sie bei vielen anderen Systemen nötig sind, unterbrechen die Fassade. Eine Unterkonstruktion mit Hinterlüftung ist ebenfalls nicht nötig. Die Fassade fängt thermische Spannungen auf, neue Risse können sich also nicht bilden.

Die Fassade wird mit einer ganz neuen Oberfläche versehen, die in sich stabil ist. Ein wesentlicher Stabilisierungsfaktor ist dabei das Glasseidengewebe, mit dem die Oberfläche der Schaumplatten vollflächig armiert wird.

Als wetterfeste Schicht und als besonders ansehnliche Oberfläche wird dann der dünne Verblendstein aufgeklebt. Bei diesem besonderen Steinmaterial wird derjenige, der schon einmal Fliesen verlegt hat, wohl keine Schwierigkeiten haben. Denn es wird nicht gemauert, sondern im Dünnbettverfahren geklebt. Einen Arbeitsgang, nämlich das Verfugen, spart man durch die extrem dünnen Verblendsteine. Der Klebemörtel (wie der von Ceresit), natürlich wasserdicht, ist gleichzeitig Fugenmörtel. Er muß nur noch mit einem Pinsel geglättet werden. Die fertige Fassade ist natürlich regendicht, aber atmungsaktiv und diffusionsfähig.

Das Glasseidengewebe wird mit einem Armierungskleber aufgebracht. An den Stößen läßt man die Bahnen überlappen und drückt sie mit dem Spachtel ins Kleberbett.

Eckschutzschienen, die mit Klebemörtel befestigt werden, schützen die sauberen Außenecken der Hartschaumplatten nach dem Verkleben. Sie sind später unsichtbar.

Die Fensterlaibung: Hier wird das Armierungsgewebe bis in die Maueröffnung hineingeklebt. Die Glasfasern mit dem Klebemörtel zusammen ergeben eine harte Schutzschicht.

Die Lage der Steinschichten wird mit Wasserwaage und Bleistift genau markiert. Die ganze Wand wird auf diese Weise gleichmäßig aufgeteilt. Dabei müssen auch die angrenzenden Wände beachtet werden.

Der Spezialmörtel für den Flachverblender wird mit einer Zahnkelle aufgetragen. Mit dem pastösen Mörtel werden immer nur kleine Flächen, die man in wenigen Minuten belegen kann, beschichtet.

Die Eckverblender werden aufgeklebt und genau nach dem aufgezeichneten Raster ausgerichtet. Diese Spezialsteine, alle einzeln verklebt, lassen den Eindruck eines Vollsteines entstehen.

Stein für Stein werden nun die Flachverblender jeder Reihe im gewünschten Verband aufgeklebt und auf eine gleichmäßige Fugenbreite ausgerichtet. Diese Arbeit schaffen auch Neulinge schnell.

Der Klebemörtel wird nur mit dem Pinsel in den Fugen zwischen den einzelnen Flachverblendern verstrichen. Ein zusätzliches Verfugen mit einem Spezialmörtel und Fugenkelle ist nicht erforderlich.

Regenrinnen ausbessern

Tropfende und undichte Regenrinnen sind nicht nur lästig, sie gefährden auch unter Umständen die Bausubstanz des Hauses. Wenn nämlich Teile der Fassade, der Dachkonstruktion oder auch Fenster und Türen durch undichte Regenrinnen ständig feucht sind, kann es leicht zu Pilz- und Schimmelbefall kommen. Mit speziellen Reparatur-Sets sind Reparaturen an der Regenrinne schnell und gründlich zu erledigen. Bei einer Reparatur der Regenrinne kann auch gleichzeitig eine Reinigung erfolgen. Das ist nicht nur Voraussetzung für eine haltbare Flickstelle, sondern verhindert auch weitere Schäden.

1 Die Regenrinne muß man gründlich von allen losen Farbresten und Schmutzteilen befreien. Allerdings darf man nicht bis auf das blanke Metall durcharbeiten, die harte Oxidschicht soll nach Möglichkeit erhalten bleiben.

2 Mit einer Bandage (im Heimwerkermarkt erhältlich) kann man eine undichte Lötnaht zwischen zwei Rinnenstücken einfach von innen abkleben. Das Band muß gut angedrückt werden, der Kleber ist feuchtigkeitsbeständig.

3 Eine Bitumendichtungsmasse verschließt nicht nur Löcher oder undichte Nahtstellen, sie ist auch dauerelastisch und macht Ausdehnungsbewegungen der Dachrinne bei großer Hitze mit.

4 Der Anstrich aus speziellem Metall- oder Acryllack hält nur auf gründlich abgewittertem Zink. Deshalb soll die graue Oxidschicht auch nicht entfernt werden.

Energie sparen mit Dichtungen für Fenster und Türen

Alle Dichtungssysteme, die auf diesen Seiten gezeigt werden, haben den Vorteil, daß sie schnell zu montieren und obendrein relativ preiswert sind. Die Ersparnis an Heizkosten dagegen ist enorm.

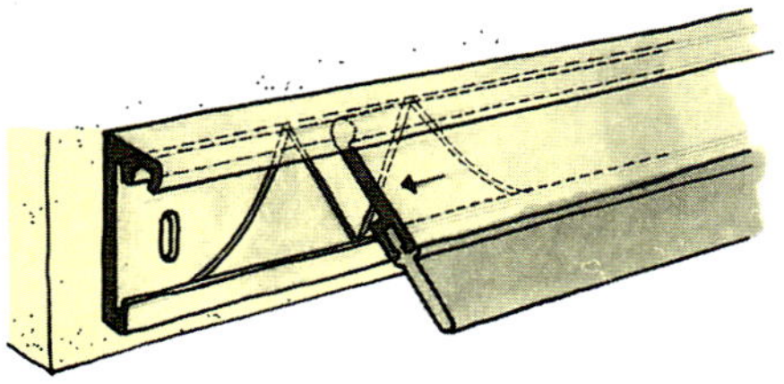

1 Die Automatikdichtung klappt beim Schließen der Tür herunter, weil sie von einem Anschlagknopf im Türfutter angedrückt wird. Das Montageprofil wird an die Unterkante der Tür geschraubt. Zum Einpassen wird die Tür geschlossen, die Dichtungsschiene wird heruntergedrückt und die genaue Position des Knopfes markiert.

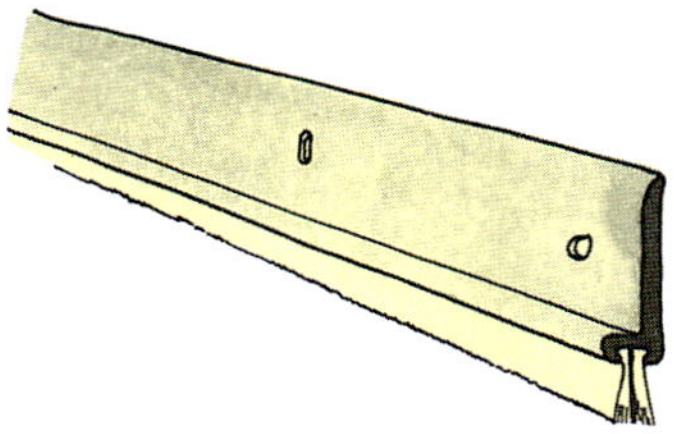

Diese Dichtungsbürste hat wasserabweisende Borsten und einen zusätzlichen Wind- und Wasserstopp. Eine elastische Lippe schließt das schlagfeste Hart-PVC-Profil nach oben hin ab und verhindert das Eindringen von Feuchtigkeit.

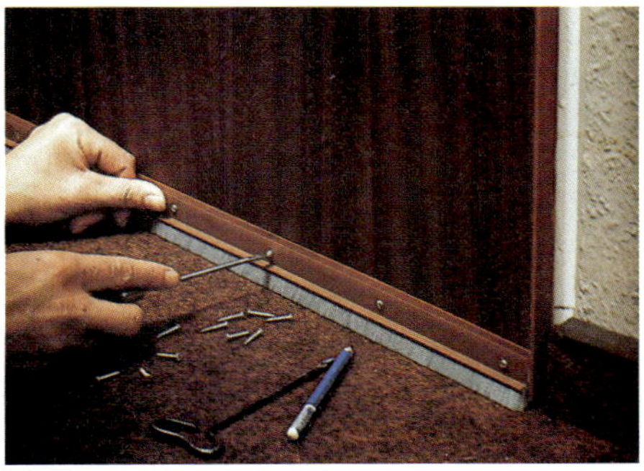

2 Mit Schrauben wird die Dichtungsbürste an der Tür befestigt. Die Montage ist ganz einfach: Die Bürste wird an die geschlossene Tür angelegt, leicht nach unten gedrückt, gebohrt und dann festgeschraubt. So paßt es immer.

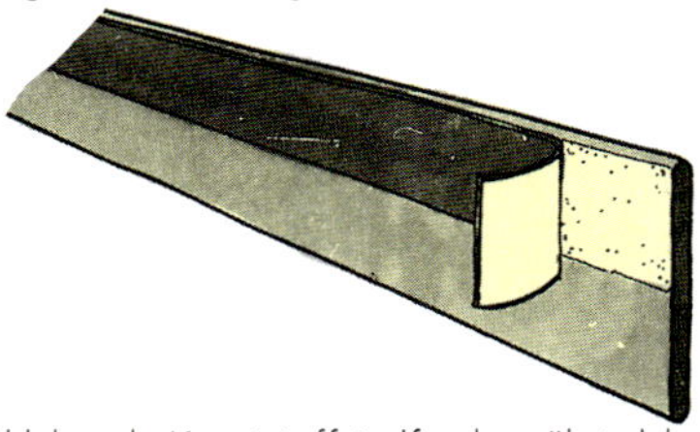

Der selbstklebende Kunststoffstreifen bewährt sich überall dort, wo bei schellenlosen Türen die Zugluft ungehindert einströmt. Er ist eher für Innentüren geeignet. Der geschlossenporige PVC-Schaum läßt sich feucht abwischen.

3 Die Schutzfolie wird abgezogen und an die Tür geklebt – das ist alles. Was übersteht, wird einfach mit der Schere abgeschnitten. Die Klebestelle muß vorher gesäubert werden und vollkommen fettfrei sein.

Rahmenabdichtung

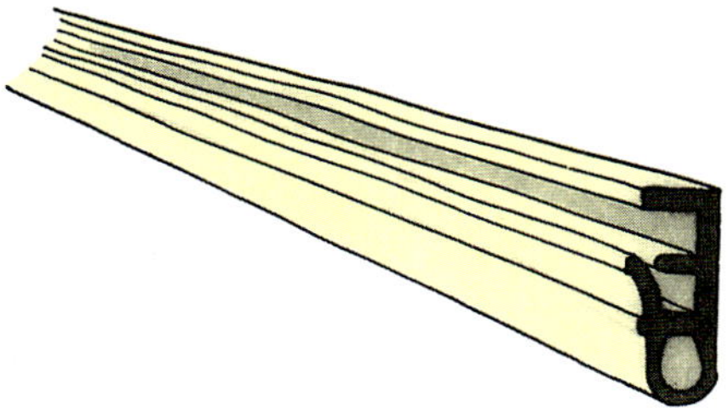

Diese Kunststoffleiste eignet sich sehr gut zum Abdichten stark verzogener Tür- und Fensterrahmen, weil die weiche Dichtungslippe und das Schlauchprofil sich allen Unebenheiten anpassen (für große Zwischenräume).

4 Die Dichtungsleiste wird an den Rahmen genagelt. Dabei soll die weiche Dichtungslippe auf der Innenseite genau auf der Rahmenkante sitzen. Der Dichtungsschlauch, auf den Tür oder Fenster drücken, steht über.

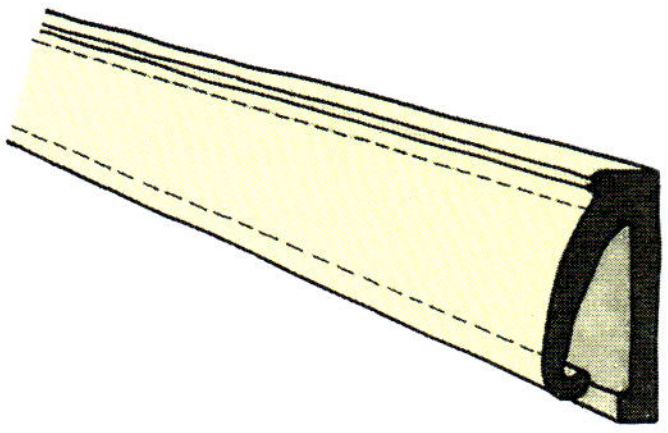

Das Selbstklebeprofil wird in aufgerollten Doppelstreifen von insgesamt 15 m Länge geliefert. Man muß es in der Mitte trennen (einfach ziehen), dann kann es eingeklebt oder festgenagelt werden (für Fenster und Türen).

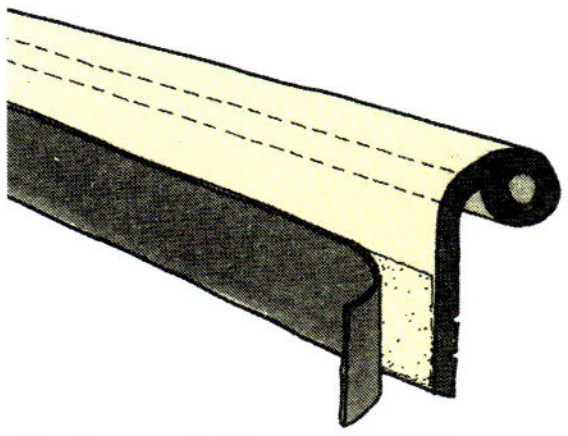

Auch dieses PVC-Profil gibt es als Doppelprofil in verschiedenen Farben. Vor der Montage muß man es aufspalten. Der Dichtungsschlauch paßt sich automatisch auch größeren Unebenheiten an und soll im Falz liegen.

5 Das Profil wird direkt in den Falz des Rahmens eingepaßt und dann genagelt oder eingeklebt. Um eine absolut sichere Dichtwirkung zu erzielen, ist es ratsam, eine umlaufende Einbaunut (10x3 mm tief) in Tür oder Fenster zu fräsen.

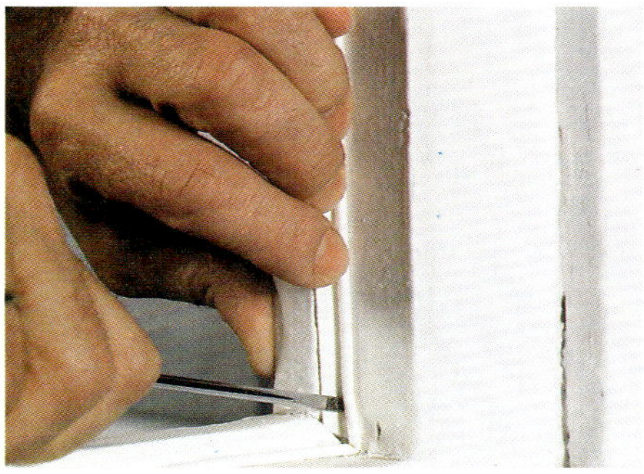

6 Die Ecken werden in einem Stück geklebt. Das Profil wird bis zum Schlauch eingeschnitten und dann eingepaßt. So erhält man eine lückenlose umlaufende Dichtung, die absolute Zugfreiheit garantiert. Der Untergrund muß vorher gut gesäubert werden (entfetten), damit optimale Haltbarkeit gewährleistet ist.

Dichtungsbänder

7 Das Schaumstoffband wird bis zur Ecke eingeklebt, die Schnittstelle markiert und dann mit einem scharfen Messer getrennt. Verschiedene Breiten und Dicken sind erhältlich und das Band ist sehr einfach anzubringen.

8 In den Falz von Fenster oder Tür klebt man das Schaumprofil so, daß es beim Schließen zusammengepreßt und nicht nur gestreift wird. Die Ausführung „dauerdicht" ist extra stabil.

Silikon-Spritzmasse

9 Mit Haftgrund wird der gesäuberte Fensterrahmen vorbereitet. Darauf haftet Silikon-Fensterdichtung (zum Beispiel Sista Glasfugendichter) besser. Sie ist dauerelastisch und witterungsbeständig und kann sich jeder Fugenform genau anpassen.

10 Der Rahmen wird abgeklebt, damit die Dichtungsmasse wirklich nur im Falz klebt. Das ist wichtig, weil das Silikon beim Einpassen herausquillt und dann nach dem Abbinden nicht mehr entfernt werden kann.

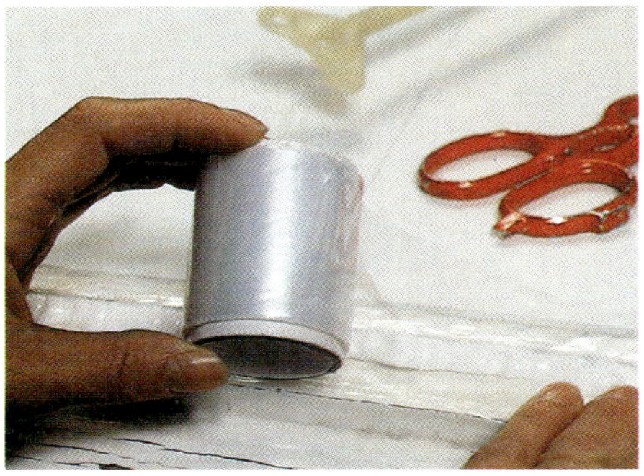

11 Direkt in den vorbereiteten Falz wird die Silikonmasse gespritzt. Dabei muß man darauf achten, daß sich unter der Dichtungsmasse keine Blasen bilden. Die Spritzdüse wird entsprechend der Wurstdicke abgetrennt.

12 Die Schutzfolie wird auf die Dichtungsmasse gedeckt und blasenfrei verstrichen. Jetzt wird das Fenster geschlossen und 48 Stunden nicht wieder geöffnet, danach wird die Folie abgezogen und überstehende Reste abgeschnitten.

Dämmstoff hält die Wärme im Haus

Perfekte Wärmedämmung im ganzen Haus ist dank moderner Dämmstoffe ohne größere Schwierigkeiten zu erreichen. Die Verarbeitung dieser Dämmstoffe ist denkbar einfach. Die folgenden Seiten zeigen, wie man es macht und was beachtet werden muß.

Mineralfaserbahnen mit Aluminiumkaschierung, in den Baumärkten meist als „Alu-Nagelrandmatte" angeboten, sind für die Isolierung des schrägen Daches der gebräuchliche Faserdämmstoff geworden. Bei ausgebauten und auch bei nichtausgebauten Dächern verwendet man meist den Dämmfilz von 100 mm Dicke. Dieses Dämmaterial wird häufig sehr preiswert angeboten. Es lohnt sich, auf Sonderangebote zu achten.
Damit dieses Material auch vom Heimwerker ohne große Mühe und ohne viel Verschnitt zu verarbeiten ist, gibt es die Nagelrandmatten in handlichen Größen. Jeweils drei, fünf oder sechs Meter sind auf einer Rolle, die dann noch in Breiten 60 und 100 cm erhältlich sind.

Eine Kaschierung mit Aluminium wirkt als Dampfsperre

Man wählt jeweils die dem Sparrenabstand entsprechende Breite oder die nächstgrößere Abmessung. Ein Tip dazu: Vor dem Einkauf der Dämmfilzbahnen sollte man die Sparrenabstände des Daches ausmessen – aber nicht nur an einer Stelle, sondern überall. Denn kaum ein Sparrenfeld ist so breit wie das andere. Und der Dämmstoff soll die Felder genau ausfüllen.

Zum Zuschneiden der Mineralwolle auf das richtige Maß (lichter Abstand zwischen den Sparren zuzüglich 2 cm, damit die Dämmbahn stramm eingepreßt werden kann) benötigt man ein scharfes Universalmesser und eine gerade Latte.

Die Befestigung der Dämmatten an den Sparren ist am einfachsten, wenn man einen Tacker zur Verfügung hat. In den verstärkten Seitenstreifen der Alufolie halten die Klammern sicher und ohne auszureißen, wenn man anfangs das Gewicht der Bahn ein wenig auffängt.

Aber auch ohne Tacker geht die Montage, wenn auch nicht ganz so schnell: Mit Hammer und Pappnägeln (mit den breiten Köpfen) lassen sich die Nagelränder ebenfalls leicht befestigen.

Die Alukaschierung der Isoliermatten, die eigentlich als Dampfsperre gegen eine Durchfeuchtung des Dämmstoffes gedacht ist, erweist sich bei der Montage als sehr praktisch. Neben der schnellen und problemlosen Befestigung bietet sie auch noch den Vorteil, daß nur wenige der Stein- oder Glaswollfasern auf den Verarbeiter herunterrieseln.

Dennoch sollte man sich, besonders wenn man sehr empfindlich ist, ein wenig gegen diese Fasern schützen. Alte Kleider sind angeraten, manchmal auch Schutzhandschuhe oder Einweghandschuhe aus Kunststoff. Eines muß bei der Verlegung von Dämmstoffen immer beachtet werden: der Raum zwischen Innenverkleidung und Dachpfannen (oder Unterspannbahn) darf nicht ganz mit Dämmstoff gefüllt werden, denn auch dieses Material braucht eine Hinterlüftung. In den meisten Fällen reicht die Sparrenstärke aus, um eine durchgehende Luftschicht von etwa 4 cm zu behalten. Sonst verlegt man die Bahn etwas nach innen, und zwar dadurch, daß auf die Sparren Dachlatten aufgenagelt werden, an denen man die Dämmbahnen befestigt.

Um das Verlegen von Mineralwolle noch leichter zu machen, hat sich ein Hersteller eine neue Angebotsform ausgedacht. Der „Dämmkeil" aus 100 mm dikker Mineralwolle mit einseitiger Alukaschierung läßt sich ganz leicht jeder Sparrenfeldbreite anpassen. Zwei dieser Dämmkeile werden gegeneinander verschoben, bis man die gewünschte Breite plus 1 cm Zugabe erreicht hat. Dabei gibt es besonders wenig Abfall – und auch diese Reste verwendet man natürlich noch zum Stopfen.

Wie man Außenwände und Fußböden mit Mineralwolle isoliert, zeigen die Abbildungen auf der nächsten Seite. Sehr praktisch ist auch das Wärme-Dämm-Brett, ein Dämmstoff, der gerade beim Ausbau von Wohnraum unter dem schrägen Dach gut zu verarbeiten ist, weil er die Latten als Unterkonstruktion für eine Wandverkleidung gleich mitbringt.

1 Die Bahnen aus Mineralwolle werden nur an einer Kante zugeschnitten. Das Cuttermesser führt man an einer geraden Latte nur so tief, daß die Folie nicht durchtrennt wird. Die abgezogenen Reste werden als Stopfwolle weiterverwendet, zum Beispiel um größere Hohlräume am Übergang zur Decke damit aufzufüllen.

2 Bis auf die Sparren reichen die Nagelränder aus verstärkter Alufolie, wenn die Isolierung den Hohlraum über die ganze Breite füllt. Durch diese Ränder wird genagelt oder getackert, am besten von oben beginnend. Diese Arbeit läßt sich am besten mit einem Helfer erledigen, der die Bahn zu Beginn hochhält.

3 Mineralfilzmatten aus einem steifen Isoliermaterial kann man einsetzen, um zum Beispiel die senkrechten Giebelwände zu verkleiden. Auch dieses Material schneidet man rundherum 2 cm größer als die Lücke, in die es passen soll, damit es sich festklemmt. Am besten dübelt man in Plattenbreite Latten auf.

4 Wärmedicht eingepackt ist hier der Spitzboden des Einfamilienhauses. Neben der Dämmwirkung bringen die alukaschierten Matten einen weiteren Energiespareffekt: So angebracht sind sie ziemlich winddicht, und das kann man bei schlechtem Wetter als zusätzlichen Wärmegewinn spüren.

Dämmkeile sind besonders handlich

Ausgestopft werden größere Hohlräume, durch die Zugluft oder sogar Flugschnee dringen könnten. Das geschieht vor dem Verlegen der Dämmbahnen. Dazu benutzt man entweder die Reste vom Zuschneiden der Dämmbahnen oder eine spezielle Stopfwolle, die es in großen Säcken von 10 kg Inhalt gibt.

1 Zwei Dämmkeile werden gegeneinander verschoben, bis die gewünschte Breite erreicht ist. Für Breiten über 80 cm verwendet man die so entstehenden Rechtecke im Querformat, für Maße darunter im Hochformat. Dieser Dämmstoff, der paketweise verkauft wird, ist wesentlich steifer als die gleichdicke Rollenware.

2 Nur die kleinen Ecken, die nach dem Ausrichten überstehen, müssen mit einem scharfen Messer abgetrennt werden. Beide Platten zusammen drückt man dann zwischen die Sparren (Bild 3). Sie halten fast immer ohne weitere Befestigung nur durch das Einklemmen zwischen den Balken.

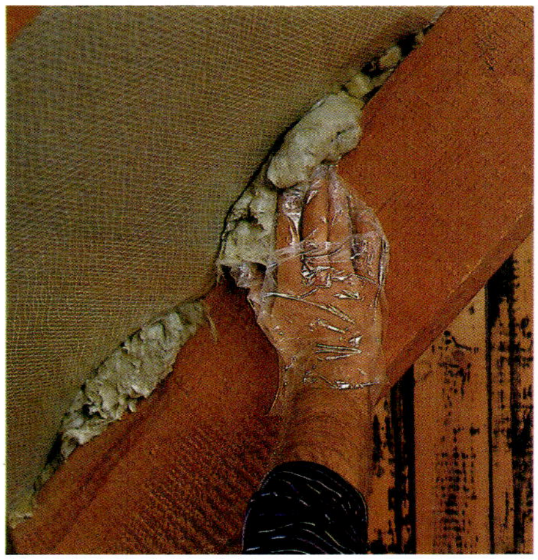

Wie man den fertig isolierten Dachboden fachmännisch ausbaut, welche Tricks es gibt und welche Materialien geeignet sind, steht auf den Seiten 116-121.

Dämmplatten haben eine feste Oberfläche

1 Auf Mauerwerk, hier in einem Dachgeschoß, schafft ein aufgedübelter Lattenrost (4 x 6 cm Dachlatten) den nötigen Zwischenraum für eine Isolierung. In die so entstandenen Fächer steckt man die festeren Dämmplatten, die zum Beispiel in den Maßen 125 x 60 cm in verschiedenen Dicken angeboten werden.

2 Verkleidet wird diese Innendämmung dann mit Gipsfaser- oder Gipskartonplatten, die man auf die Latten nagelt. Ebenso ist eine Deckschicht aus Profilbrettern oder Paneelen möglich.

3 Auf dem Fußboden erfüllen die Estrich-Dämmplatten gleich zwei Funktionen. Sie dienen als Wärmedämmung und zusätzlich als Unterbau für Verlegespanplatten mit Nut und Feder, die damit schwimmend montiert werden.

4 Ungenutzte Böden bekommen nur eine wärmedämmende Auflage aus unkaschiertem Mineralfaserfilz, der als Rollenware angeboten wird.

Die zweite Scheibe für alte Fenster

Die Idee, einfach eine zweite Fensterscheibe auf den alten Rahmen aufzusetzen, ist so einfach wie wirkungsvoll. Um rund die Hälfte lassen sich die Wärmeverluste dadurch senken.

1 ▲

Isolierverglasungen sind ganz wesentliche Energiesparer – leider aber bedeutet das meist auch den Einbau völlig neuer Fenster und damit einen erheblichen baulichen und finanziellen Aufwand, vom Schmutz ganz zu schweigen – auch, wenn nur das Einfachglas in schon entsprechend vorbereiteten Flügeln gegen Doppelglas ausgetauscht werden sollte. Besonders dann, wenn die alten Holzrahmen noch kerngesund sind, fragt man sich, ob es nicht einen Weg gibt, das gut erhaltene Fenster zu verbessern. Mit den Vorsatzfenstern, die hier zu sehen sind und die man in guten Heimwerkermärkten bekommt, erzielt man bei geringstem Aufwand und ganz ohne Glasarbeiten gute Wärme- und Schalldämmwerte. Sprossenfenster, wie das auf dieser

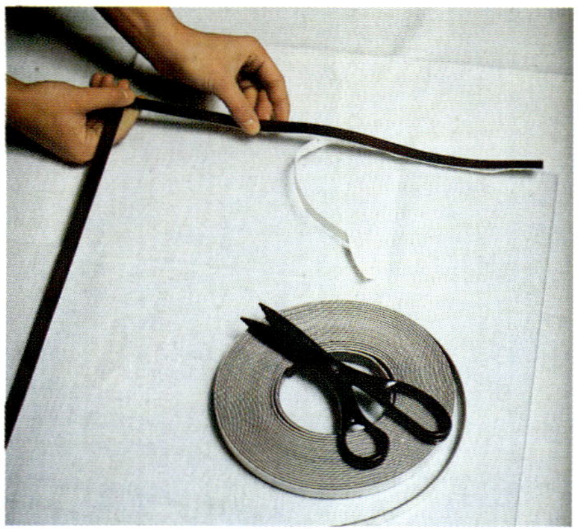

2 ▲

3 ▲

Seite, bleiben in ihrem Charakter voll erhalten. Die Befestigung dieses Systems ist sehr einfach. Der Magnetstreifen wird einfach angeklebt. Das Holz des Fensters wird durch keinen Nagel und keine Schraube verletzt. Das macht die Vorsatzfenster auch für Mieter interessant. Die Acrylscheibe kann man während der wärmeren Jahreszeit abnehmen und in den Keller stellen.

4 ▼

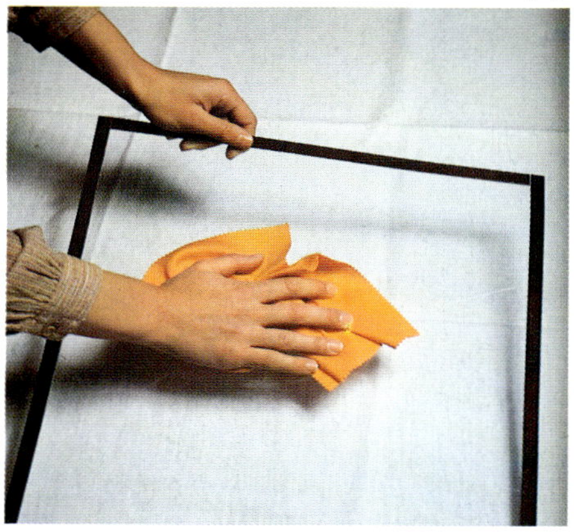

1 Die Acrylscheibe mit dem aufgeklebten Magnetthermstreifen wird einfach gegen den Fensterflügel gesetzt und haftet durch die Magnetkraft des Klebebandes sicher am Fensterflügel. Weil hier weder geschraubt, genagelt oder geleimt werden muß, läßt sie sich jederzeit ohne irgendwelchen Aufwand zum Reinigen schnell wieder abnehmen.

2 Das Magnetband wird auf Länge zugeschnitten. Dann trennt man den silbernen Metallstreifen ab und klebt das braune Magnetband mit der Außenkante bündig auf die Acrylscheibe. Dabei muß man darauf achten, daß die waagerechten und senkrechten Streifen fugenlos aneinanderstoßen. Vor dem Aufkleben des Magnetbandes muß die Schutzfolie von der Acrylscheibe entfernt werden.

3 Der Metallstreifen wird jetzt auf den Rahmen geklebt. Die Klebefläche wird mit Alkohol gesäubert und zuvor der Schutzstreifen vom Klebeband abgezogen. Wenn man die Acrylscheibe vorher auflegt und die Außenkante anreißt, sitzen Metall- und Magnetstreifen paßgenau.

4 Vor dem Auflegen wird das Acrylglas mit Spezialreiniger gesäubert. Die Scheibe soll wegen eventueller Wärmeausdehnung 1–2 mm Platz haben.

Auch Rohre müssen isoliert werden

Wenig beachtet, aber für eine lückenlose Wärmedämmung wichtig: die Isolierung wärmeleitender Rohre im Haus.

Die Gesamtlänge aller Rohre im Haus, die warmes Wasser führen, ist beachtlich. Das sind nicht nur Heizungs-, sondern auch Brauchwasserleitungen. Wenn man diese Meter dann mit dem Umfang der Rohre multipliziert, kommt man auf sehr ansehnliche Flächen, die als zusätzliche Heizkörper im Haus wirken – meist allerdings an der falschen Stelle. Denn ein Heizungskeller, ein Vorratskeller oder Abstellräume müssen wohl kaum beheizt werden. Eine gute Rohrisolierung ist deshalb eine Investition, die sich lohnt.

Was sich für Heimwerker kaum noch rentiert, ist die alte Art der Wärmedämmung mit Mineralwolle, die mit einem Gipspanzer geschützt wird. Denn für die Isolierung von Rohren fast aller Durchmesser gibt es heute Fertigteile, die schnell angebracht sind und eine fertige Oberfläche gleich mitbringen.

Nur einige Systeme für Rohrisolierungen, die es heute zu kaufen gibt, sind hier zusammengestellt. Alle Rohrschalen werden als Meterware angeboten. Lose Isolierwolle und Glasfasermatten sind Spezialisten zur Wärmedämmung in Rohrkanälen oder Boilerverkleidungen. Das Material wird mit Messer oder Schere zugeschnitten.

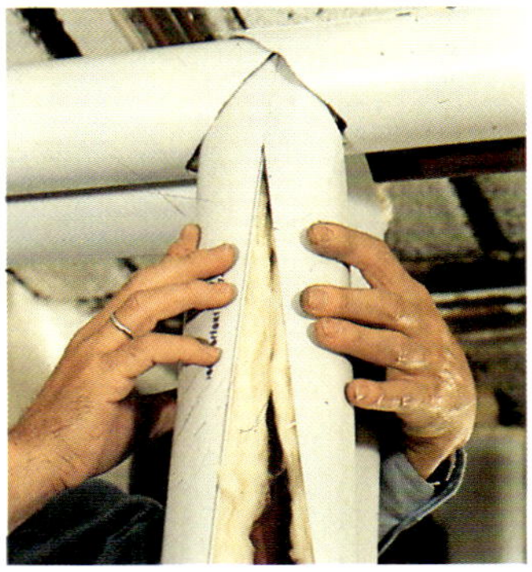

2 Ein Kunststoffmantel schützt bei diesem System die Isolierschicht aus Mineralfaser. Sind die Rohrschalen an Ecken und T-Stücken auf Gehrung geschnitten, schließt man die Clipverschlüsse.

3 Ganz aus Kunststoffschaum ist die Rohrisolierung, die es für viele Durchmesser gibt. Die aufgeschnittene Schaumhülle wird nach der Montage einfach wieder zugeklebt.

4 Zwei Rohre in einer Isolierhülle unterzubringen, empfiehlt sich dann, wenn die Leitungen dicht nebeneinander liegen, wie hier zwei Heizungsrohre. Hier besorgt man sich einfach eine größere Schale.

1 Mineralfaserschalen werden aufgeklappt, um das Rohr gelegt und mit Bindedraht gesichert. Eine Bandage aus Kunststoffband gibt die pflegeleichte Oberfläche, die man auch feucht abwischen kann.

5 Die Isolierschale aus flexiblem Schaum hat einen eingebauten Reißverschluß. Zuschneiden, umlegen und einfach nur an der Naht zudrücken – das ist schon die ganze Arbeit.

6 Farblich passendes Klebeband (das oft im System mitgeliefert wird) ist das einfachste Mittel, um an Ecken, Stößen oder Nähten den Blick in das Innenleben der Isolierung zu verdecken.

Elektronische Heizungsregelung zum Nachrüsten

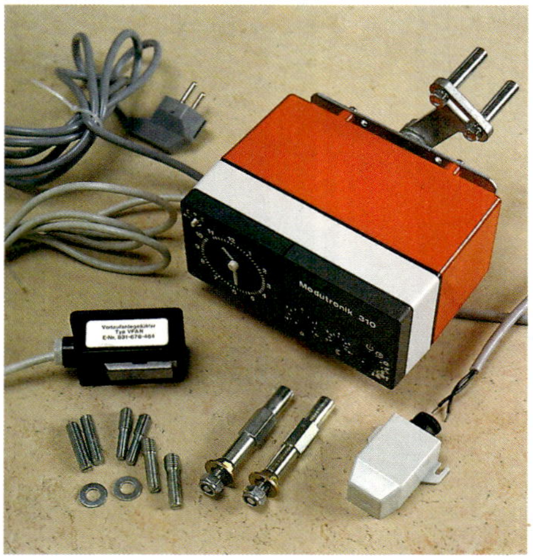

Unter Fachleuten ist es schon lange keine Frage mehr, daß man mit einer elektronischen, außentemperaturgesteuerten Heizungsregelung besonders effektiv Energie und damit Geld sparen kann. Nun muß man nicht unbedingt eine völlig neue Heizung kaufen, um in den Genuß einer solchen Regelung zu kommen. Im Handel sind Nachrüstsätze für die verschiedenen Heizungstypen erhältlich. Bei der Montage fallen keine Klempnerarbeiten an.

Ein großer Heizöllieferant hat es ausgerechnet. Das Energiesparen wird am billigsten, wenn man eine bisher nur von Hand geregelte Zentralheizung auf Automatikbetrieb umstellt. Um damit jährlich 1 DM Heizkosten zu sparen (Schwankungen ergeben sich durch die aktuellen Energiepreise), müssen für regeltechnische Maßnahmen 1–3 DM ausgegeben werden. Wer sich also eine aufwendige und teure Heizungsregelung vom Installateur einbauen läßt, hat die Investition spätestens nach drei Jahren heraus.
Noch viel besser sieht es aus, wenn man für diese Regeltechnik nicht so viel Geld ausgegeben hat. Wer die Montage selber machen kann – und das sollte sich jeder Heimwerker zutrauen – und dazu noch ein preiswertes Gerät bekommt, hat schon nach einer Heizperiode das weniger ausgegeben, was er investiert hat. Solche preisgünstigen Geräte, die speziell auf die Selbstmontage ausgerichtet sind, bekommt man im Fachhandel und im Baumarkt. Die Montage ist kein Problem, wenn man die übliche Zentralheizung mit dem Mischventil im Heizungskeller hat. Das Prinzip der witterungsabhängigen Heizungsregelung ist schnell erklärt: Wenn es draußen kälter wird, muß auch der Heizungsvorlauf heißer werden, damit es in den Räumen immer noch warm genug ist.
Wer von Hand regelt, dreht das Mischventil meist zu weit auf. Der ganze Heizungskreislauf wird heißer als gewünscht – und die Heizkörperthermostate müssen sich schließen. Dieser Betrieb ist unwirtschaftlich und mit hohen Verlusten verbunden.

Als Kompaktgerät wird die Regelelektronik direkt vor den Vier-Wege-Mischer der Heizung geschraubt. Anbausätze gibt es für alle gängigen Mischertypen.

Regelung durch die Außentemperatur

Den täglichen Gang in den Heizungskeller, der eigentlich zur ständigen Nachregulierung des Mischventils je nach Außentemperatur nötig wäre, kann man getrost an eine Automatik abtreten.
Die elektronische Heizungsregelung weiß nämlich jederzeit, wieviel Wärme durch die Rohre einer Heizanlage fließen muß.
Mit einem Außenfühler informiert sich die Elektronik über die Witterung, und mit einem weiteren Fühler am Vorlaufrohr der Heizung kontrolliert sie die per Mischer eingestellte Heiztemperatur. Bei Bedarf dreht dann ein Stellmotor den Heizungsmischer weiter auf oder zu und stellt sogar die Umwälzpumpe ab. Weil nun jedes Haus eine andere Heizanlage hat, muß die witterungsgeführte Regelung natürlich auf das Haus abgestimmt werden. Dafür gibt es eine Verstellmöglichkeit, die die „Steilheit" der Heizkurve regelt. Diese Heizkurve sagt aus, zu welcher Außentemperatur welche Vorlaufhitze gehört. Zusätzlich kann die Raumtemperatur auch noch parallel zur Heizkurve verschoben werden. Denn einer kommt mit 20° im Haus aus, der andere braucht mindestens 23°.
Über eine Schaltuhr sind Absenkungen der Raumtemperatur vorwählbar. Bis zu 8° läßt sich die Temperatur zu beliebigen Zeiten, vorzugsweise natürlich nachts, absenken. Damit kann man sehr große Einsparungen erzielen. Einige Schaltuhren können durch einfaches Umdrehen der Uhrenscheibe auch auf Wochenprogramm umgestellt werden.

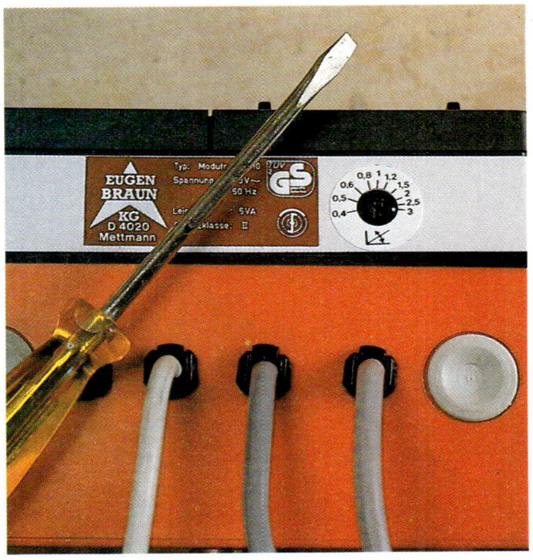

1 Die Anpassung der Regelung an das Haus kann jeder selbst im nächsten Winter vornehmen. Mit einem Schraubenzieher läßt sich die Heizkurve an einem Drehpotentiometer nachstellen, bis die Wärme genau nach Bedarf kommt.

2 Der erste Montageschritt: der vorhandene Vier-Wege-Mischer wird für die Montage vorbereitet. Die vorhandenen Schrauben werden gegen kleine Stehbolzen ausgetauscht, an denen das Kompaktgerät befestigt wird. Schraubendreher genügt.

3 Gewindehülsen werden über die Stehbolzen gedreht und gut angezogen. Damit der Mischer nicht tropft, präpariert man erst die eine, dann die andere Seite. So bleibt das Gehäuse dicht. Die Stehbolzen sind mit Haltemuttern für das Steuergerät versehen.

4 Am Vorlaufrohr der Heizanlage, am besten gleich über der Umwälzpumpe, wird nun ein elektronischer Fühler angebracht. Mit einer Schlauchschelle geht das ganz einfach. Dazu wird das Rohr blank gekratzt, damit die Temperatur richtig gemessen wird.

5 Den Außenfühler montiert man etwa 2,5 m über dem Erdboden an der Nordseite des Hauses, am besten an der Wand eines beheizten Raumes. An der Sonnenseite würde dieser Fühler falsche Meßwerte liefern. Nur wer große Fenster hat, montiert den Fühler an dieser Seite.

6 Auf die Halterungen wird der Kompaktregler aufgesetzt. Die Halteplatte ist für alle Mischertypen geeignet. Der Stellhebel des Motorantriebs greift über den Mischerarm und kann ihn somit nach Kommando verdrehen und damit die Vorlaufwärme einstellen.

7 Mit kleinen Reitern läßt sich die Schaltuhr im Viertelstunden-Rhythmus programmieren. Rote Reiter schalten auf Normaltemperatur, blaue stellen die Nachtabsenkung ein. Übrigens: Jedes Grad weniger spart ca. 6%, natürlich nur zur Absenkzeit.

3 EINRICHTEN UND WOHNEN

Gestalten und verschönern mit frischer Farbe

Die handwerklich saubere Ausführung ist nur ein Teil der Arbeiten, die anfallen, wenn man sein Heim wohnlich einrichten und gestalten will. Der andere Teil ist manchmal sogar fast noch ein bißchen schwieriger: das Problem, aus der unüberschaubar großen Zahl von Möglichkeiten die optimale Gestaltungsidee für einen Raum herauszusuchen. Die Beispiele auf den folgenden Seiten sollen eine kleine Hilfestellung geben und gleichzeitig zeigen, daß man oft schon mit geringem Aufwand erstaunlich viel Wirkung erzielen kann.

Helles Türkis-Blau gibt diesem Raum einen eleganten Charakter, fängt sehr gut die Brauntöne von Teppich, Tür und Möbeln auf und harmoniert mit der Raumgröße.

Dekorativ Ton-in-Ton und perfekt farblich auf die Einrichtungsgegenstände abgestimmt ist dieser Flur. Nur Kleinigkeiten setzen Akzente, sie betonen wohltuend die großzügigen Flächen.

Beruhigendes Grün in drei Abstufungen gliedert diese Tür auf und macht sie zu einem eigenständigen, dekorativen Element im Raum. Eine große Fläche wird dadurch optisch verkleinert.

Durch Jutegewebe erhält die farbige Wand eine reizvolle Struktur

Es muß nicht immer Rauhfaser- oder Prägetapete sein, wenn eine farbige Wand durch eine dekorative Struktur aufgelockert werden soll. Reizvolle Effekte lassen sich auch in der eigenen Wohnung erzielen, wenn man ein Material wählt, das sich bei der Gestaltung von Büroräumen lange bewährt hat: Jutegewebe.
Dieses Naturmaterial gibt es in 100 cm breiten Bahnen in verschiedenen Maschenweiten, so daß man nach Wunsch eine kaum sichtbare oder eine kräftige, deutlich erkennbare Struktur in den Untergrund der Wandfarbe bringen kann. Die Verarbeitung eines solchen Gewebes ist zwar etwas aufwendiger als einfaches Tapezieren, aber man macht sich auf lange Sicht das Renovieren leichter; denn Wände mit Jutegewebe lassen sich mehrfach immer frisch überstreichen, ohne daß sie etwas von ihrer Wirkung verlieren.
Anders als Textiltapeten, die beim Überstreichen zum Schrumpfen neigen, ist das Jutegewebe für den Folgeanstrich gemacht. Ein ganzes Klebesystem, das wie die Jute selbst im Fachgeschäft angeboten wird, sorgt für ein makelloses Aussehen der fertigen Fläche.

Wie beim „normalen“ Tapezieren (siehe Seite 78 bis 87) kommt es auch bei der Verarbeitung von Jutegewebe auf gründliche Vorbereitung an, wenn man einwandfreie Ergebnisse erzielen will: Sauber und trocken muß der Untergrund sein, wenn der Kleber halten soll. Stark saugende Materialien behandelt man mit lösungsmittelfreier Grundierung vor, alte Tapeten wäscht man herunter. Einfache Dispersionsfarben werden ebenfalls grundiert.

1 Mit einem breiten Zahnspachtel trägt man den Spezialkleber großflächig auf die Wand auf. Wenn es im Zimmer nicht zu warm ist, kann man die Fläche für drei oder vier Bahnen schon im voraus mit Kleber gleichmäßig dünn bestreichen. Danach schneidet man von dem Gewebe eine Bahn nach Raumhöhe (plus 15 cm) zurecht und drückt sie von oben nach unten in das Kleberbett.

2 Die Ränder dürfen noch nicht angedrückt werden. 5 cm breite Folienstreifen, die links und rechts unter den Rand jeder Bahn gelegt werden, verhindern, daß das Gewebe durch den Kleber seine Steifigkeit verliert.

3 Jetzt preßt man die Jute überall in den Kleber. Mit dem Spachtel arbeitet man dabei von oben nach unten und von der Mitte zu den Rändern.

4 Der Nahtschnitt, in nur einem Arbeitsgang durch die überlappenden Ränder zweier Bahnen, funktioniert einwandfrei mit einem Spezialmesser. Die Naht ist kaum zu sehen, wenn man die Folie und das abgetrennte Gewebe herauszieht und den Nahtbereich in den Kleber drückt.

5 Oben und unten beschneidet man die Bahnen mit einem scharfen Universalmesser, das man am Stahllineal führt.

1 ▲

4 ▲

2 ▼

3 ▼

5 ▼

Das Jutegewebe muß grundiert werden

6 ▲

Hinter Heizkörpern muß das Gewebe nur so weit geklebt werden, wie man sehen kann. Das macht man, indem man die Jute bis auf den Heizkörper legt und an einer geraden Kante (auch Latte) abschneidet.

6 Außenecken lassen sich einwandfrei knicken, wenn man zwei Regeln beachtet. Zuerst wird das Gewebe an der Knickstelle mit einem Schwamm befeuchtet. Dann läßt es sich mit dem Spezialspachtel, der zum Verarbeitungssystem gehört, leicht um die Ecke drücken.

7 ▲

7 An Türzargen oder Schaltern beschneidet man die Gewebekanten, indem man das Universalmesser an der geraden Kante eines Spachtels führt.

8 ▼

9 ▼

8 Grundiert wird die mit Gewebe beschichtete Wand, wenn der Spezialkleber aufgetrocknet ist. Rund 800 bis 900 g/m² werden mit einer Lackrolle aufgetragen, damit der Gewebegrund später jeden gewünschten Anstrich verträgt. Die Grundierung auf Kunstharz-Basis umhüllt die einzelnen Fasern völlig und gibt der ganzen Fläche einen einheitlichen Grundton. Auch diese Grundierung muß wieder trocknen.

10 ▼

11 ▼

9 Die Wandfarbe trägt man danach am besten mit der Rolle auf. Beim ersten Anstrich braucht man dazu noch sehr viel Farbe, beim zweiten Anstrich deutlich weniger. Erst wird Farbe aufgetragen, dann verteilt.

10 Streifenweises Abrollen von oben nach unten, ohne dabei die Rolle noch einmal einzutauchen, läßt die Struktur des Gewebes deutlich hervortreten.

11 Den Pinsel setzt man überall dort ein, wo die breite Rolle angrenzende Teile mitbemalen würde, also bei Anschlüssen zur Decke oder an Schaltern und Zargen.

Heizkörper werden fast völlig „unsichtbar"

1 ▲ 2 ▼

In den modernen Mischanlagen, die man heute in fast jedem Fachgeschäft findet, kann man sich Farben nach Wunsch anmischen lassen. In den gleichen Farbtönen der Skala, die für Wandfarben gilt, bekommt man natürlich auch Kunstharzlacke. Bei den Zentralheizungen, die mit Temperaturen bis höchstens 70° C laufen, können diese Lacke auch als Heizkörperfarbe verwendet werden. Die Wahl des richtigen Farbtons macht die Heizkörper unauffällig.

1 Die Oberfläche muß leicht angeschliffen werden, damit der neue Lack auch Halt findet. Alte „Tränen" werden ganz weggeschliffen, Roststellen werden auch noch grundiert.

2 Der Heizkörperpinsel ist das richtige Werkzeug, um die stark gegliederten Flächen von Radiatoren oder Konvektoren zu streichen. Der Lack wird nur dünn aufgetragen.

3 Auch die Zuleitungsrohre bekommen frische Farbe. Nur Ventilkörper, die noch metallisch glänzen, klebt man ab.

Farbige Türen und Rahmen setzen Akzente im Raum

Mit geringem Aufwand große Wirkung erzielen, das ist kein Problem mit farbigem Lack. Die Fotos auf dieser und der nächsten Seite zeigen das am Beispiel von Türblättern oder Rahmen. Besonders die schlichten Türen in Neubauten, deren große weiße Flächen oft als störend empfunden werden, kann man durch einen farbigen Anstrich harmonisch in die Wohnraumgestaltung einbeziehen, am besten Ton-in-Ton auf die Wandfarbe abgestimmt.

1 Perfekte Ergebnisse erreicht man nur bei richtiger Vorbehandlung des Untergrundes (siehe auch Seite 66–70). Das auf Böcke gelegte Türblatt wird zuerst geschliffen, um lose Farbe und Unebenheiten zu entfernen. Das geschieht am besten mit einem Schwingschleifer, in den man Schleifpapier der Körnung 120 einspannt.

2 Mit einer Lack-Spachtelmasse werden alle Unebenheiten ausgeglichen. Nach dem Durchtrocknen wird wieder geschliffen. Mit einem „mageren Vorlack" wird vorgestrichen. Wenn der Vorlack ausgehärtet ist, wird noch einmal mit feinem Schleifpapier (Körnung 240) geschliffen.

3 Für die Endlackierung nimmt man am besten eine Lackierrolle (Moltopren oder Mohair). Den Lack rollt man gleichmäßig aus und läßt ihn kurz anziehen, danach wird noch einmal mit der trockenen Rolle leicht übergerollt, damit die kleinen Farbbläschen platzen.

5 ▼

1 ▲ 2 ▼

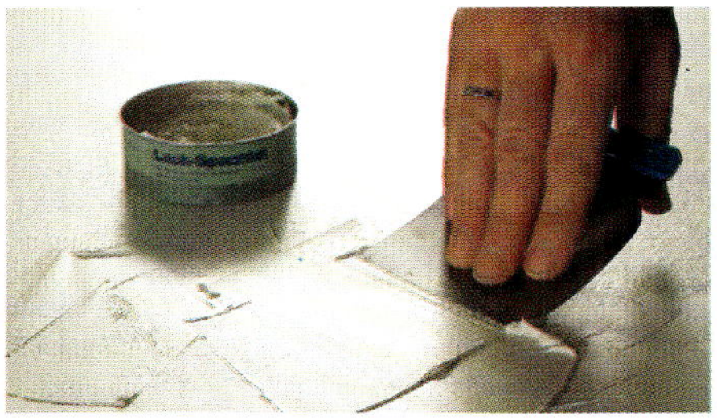

3 ▲ 4 ▼

Dekorativ und dabei nicht aufdringlich: Ton-in-Ton werden die Profile farblich abgesetzt

4 Die Wandfarbe (hier ist es Weiß, mit Englisch-Rot, etwas Braun und Ocker abgetönt) wird mit einer Lammfellrolle aufgetragen – am Türrahmen wird mit einem Eckpinsel gearbeitet.

5 Der Türrahmen wird mit einer in der Breite passenden Lackierrolle ein paar Nuancen dunkler als die Wandfarbe zweimal lackiert. Die Kanten werden vorher mit einem Pinsel gestrichen.

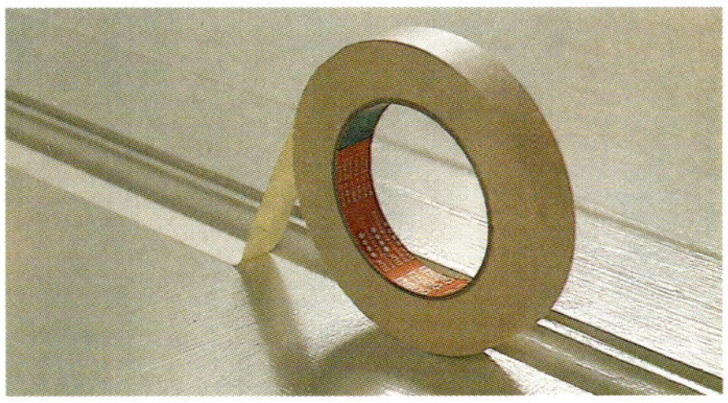

6 ▲

7 ▲

5 ▼

8 ▼

9 ▼

6 Bei dieser Tür werden Profile und Rahmenteile des Blattes farblich abgesetzt (die Profile hellgrün, die Rahmenteile dunkelgrün). Das bereits vorgestrichene Türblatt (die Kassetten werden vorher mit Acryllack gestrichen) wird an den Profilen entlang mit Kreppband abgeklebt.

7 Mit einem schmalen Pinsel werden die Profile vorsichtig lackiert. Erst wird einmal vorgestrichen, dann ein zweites Mal deckend gestrichen.

8 Auch die Rahmenteile des Türblattes werden zweimal gestrichen. Dabei werden zuerst mit dem Pinsel an der oberen Kante der Profile die Konturen exakt begrenzt, dann voll ausgemalt. Erst nach dem Antrocknen des Lackes werden die Klebestreifen abgezogen, damit keine frische Farbe verwischt werden kann.

9 Die Türrahmen werden bis in den Falz gestrichen. Hierbei muß natürlich mit einem Pinsel gearbeitet werden – für die Flächen des Rahmens kann dann wieder die Lackierrolle benutzt werden.

Die richtige Farbgebung für jeden Raum und jeden Geschmack

Kleine Zimmer müssen nicht eng und bedrückend wirken und große Räume nicht zwangsläufig ungemütlich und kalt. Farbe, gekonnt und gezielt eingesetzt, vollbringt oft wahre Wunder. Dunkle Kammern werden hell und freundlich, lange Flure übersichtlich. Man muß nur einige Grundregeln beachten.

Die Möglichkeiten sind groß: Ein Raum kann viele Gesichter haben

Die Beispiele auf diesen Seiten zeigen es ganz deutlich: Raumwirkung, Stimmung und Atmosphäre muß man nicht dem Zufall überlassen. Phantasie und etwas Mut, außerdem die Kenntnis gewisser gestalterischer Grundregeln, lassen ein langweiliges Zimmer schnell elegant, fröhlich, seriös oder verspielt erscheinen. Es kommt ganz darauf an, welchen Effekt man erzielen will.

Besonders praktisch ist es natürlich, wenn ohnehin gerade eine Renovierung der Wohnung geplant ist. Dann bekommt man die neue Raumatmosphäre gewissermaßen als Nebenprodukt; denn die anfallenden Arbeiten sind natürlich dieselben (ausführliche Informationen zum Thema Renovieren findet man auf den Seiten 88 bis 127). Ist man grundsätzlich mit den Proportionen des Zimmers einverstanden, kann man sich gleich mit der Planung der Raumatmosphäre befassen. Die Zeichnungen auf Seite 146 zeigen vier grundsätzliche Vorschläge, die man auf den eigenen Geschmack und Bedarf abstimmen kann.

Hat man dagegen Raumverhältnisse, mit denen man nicht zufrieden ist, dann sollte man sich sinnvollerweise zunächst überlegen, wie man Farbe einsetzen kann, um beispielsweise den Raum kürzer oder die Decke nied-

3 ▲ 4 ▼

3 Fröhlich und originell wirkt ein Raum durch unübliche gestalterische Einfälle. Neben den Blau-Tönen erscheint hier eine Wand in der Komplementärfarbe Rot als Mittelpunkt: eine Kombination, die im Wohnbereich selten verwirklicht wird und von Spaß am Spiel mit Farben zeugt.

4 Betont sachlich und elegant wirkt ein Raum durch zurückhaltende und weitgehend neutrale Farben, hier Grau-Töne und Weiß. Sie sorgen für eine gedämpfte, eher kühle als warme Atmosphäre.

1 Heiter, sonnig, aktiv: Diese Attribute kennzeichnen einen Raum, in dem vorwiegend Gelb-Töne gestalterisch eingesetzt werden. Am besten wirkt das Gelb, wenn ausreichend Raum vorhanden ist und es nicht durch harte Kontraste überspielt wird.

2 Für Behaglichkeit sorgen gedeckte Farben, vornehmlich aus dem Braun-Beige-Bereich. Einen ähnlichen Effekt kann man mit Gelb- und Orange-Tönen erzielen, die jedoch nicht zu leuchtend ausfallen dürfen. Harte Kontraste und kräftige Farben würden diese Raumatmosphäre stören.

riger erscheinen zu lassen. Hierfür spielen vor allem Hell-Dunkel-Effekte eine große Rolle. Beispiele dafür finden sich auf Seite 147. Man macht sich bei diesen Farbwirkungen die Tatsache zunutze, daß in der Regel dunkle Flächen näher erscheinen als helle. Will man also einen Raum verkürzen, d. h. zwei gegenüberliegende Wände näher beieinander haben, hält man sie im Farbton dunkler als die übrigen Wände. Umgekehrt wählt man für eine Wand oder Decke einen hellen Farbton, um sie scheinbar weiter in die Ferne rücken zu lassen. Dafür sind übrigens Hellblau-Töne besonders gut geeignet.

Auch die deutliche Gliederung eines Raumes ist mit Farbe möglich; Nischen und Erker kann man betonen, indem man sie farblich absetzt, oder auch übergangslos an den Raum anschließen. Die Möglichkeiten sind auch hier sehr groß und die Kniffe, auf die man achten muß, sind relativ einfach.

Grundsätzlich lassen sich diese Regeln auf jeden Raum anwenden, auch wenn die tatsächliche Farbgebung natürlich unbedingt auf den individuellen Geschmack abgestimmt sein muß.

Niedrige Räume

1 Hier heißt die Lösung: helle Decken. Dunkle Farbe an der Decke könnte hier „erdrückend" wirken, während man durch helle Farbgebung an Höhe zu gewinnen scheint. Die beste „Fernwirkung" erzielen hellblaue Farbtöne.

Hohe Räume

2 In Altbauwohnungen sind die Räume manchmal so hoch, daß man sich eher eine niedrigere Decke wünscht. Hierfür geht man einfach den umgekehrten Weg und wählt für die Decke einen dunkleren Farbton als für die Wände.

Sehr hohe Räume

3 In extremen Fällen, zum Beispiel bei schmalen, hohen Fluren, kann man den Effekt mit der dunklen Decke noch verstärken, indem man den oberen Bereich der Wände in die Farbgebung der Decke mit einbezieht.

Lange Räume

4 Auch der Eindruck von der Länge eines Raumes läßt sich durch gezielte Farbgebung beeinflussen. Die dunkel abgesetzte Wand erscheint näher und verkürzt dadurch optisch den Raum in dieser Richtung.

Packpapier als Wandverkleidung

Es sieht aus wie Leder, fühlt sich an wie Leder und ist doch nur ganz gewöhnliches Packpapier! Diese unkonventionelle Idee einer Wandverkleidung ist so verblüffend, daß man sie für unmöglich halten möchte. Die Packpapiertapete ist nicht nur originell, sondern auch noch außerordentlich preiswert und dekorativ, ihre Verarbeitung relativ problemlos. Schließlich sind normale Tapeten ja auch nur aus Papier. Was also sollte dann gegen Packpapier sprechen? Vor allem, wenn es von einer so hervorragenden Qualität ist. Das Papier auf den Abbildungen unten hat die Bezeichnung BK II, das ist braunes Krepppapier mit einem Gewicht von 200 g/m², es gibt aber auch eine noch schwerere Qualität mit 270 g/m². Und eben die Kreppstruktur, die auf den beiden Probefotos fast in Originalgröße abgebildet ist, macht dieses Packpapier als Tapete so interessant. Denn es sieht tatsächlich fast so aus wie genarbtes Leder. Man kann es nicht nur mit farblosem Lack überziehen, auch jede andere Farbe ist möglich, sie muß nur deckend sein.

Was man zum Anbringen von schweren Tapeten braucht, benötigt man auch zum Tapezieren mit schwerem Packpapier: Tapetenmesser, Andruckrolle, Nahtrolle, Schere und Cutter sowie Kleber für schwere Tapeten und natürlich einen Zollstock zum Messen. Packpapier liegt breiter als normale Tapetenrollen: je nach Hersteller und Papierart ist es bis zu 150 cm breit. Das ist für die Mengenberechnung wichtig; Kaufen muß man es meterweise, weil eine Rolle 150 m und mehr hat. Am besten schaut man im Branchenfernsprechbuch einmal unter Verpakkungsbedarf oder Kartonagen nach.

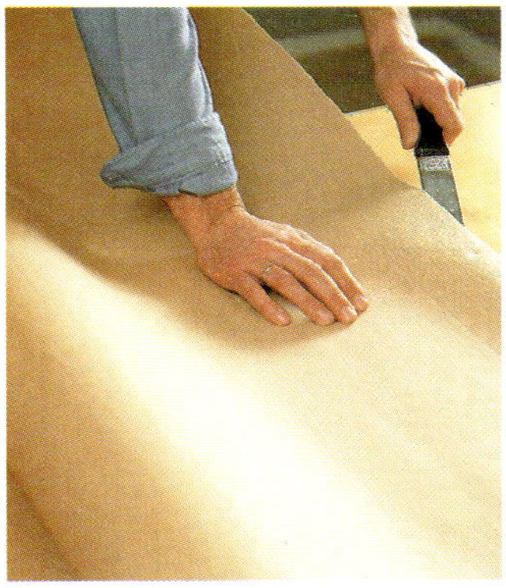

1 ▲

2 ▲

3 ▲

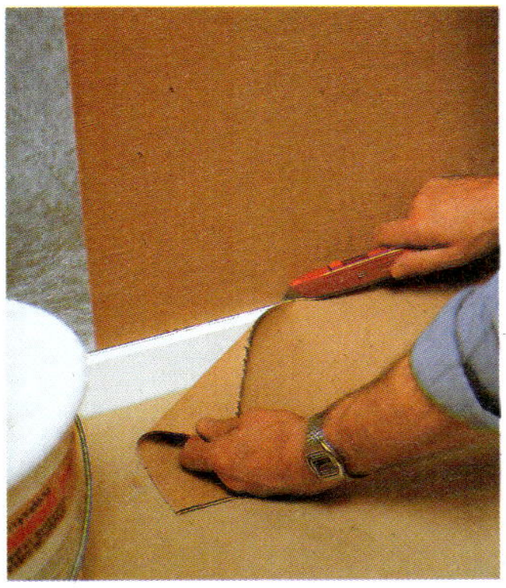

4 ▲

5 ▲

6 ▲

7 ▲

8 ▲

9 ▲

10 ▼

1 Mit dem Tapetenmesser werden die Bahnen in der Länge zugerissen. Es müssen immer 5–10 cm zugegeben werden.

2 Mit der Rolle wird der Kleber satt aufgetragen, die Ecken streicht man besser mit einem Pinsel aus.

3 Die Packpapiertapete wird – wie jede andere Tapete – in den Innenecken auf Stoß geklebt. Bevor man die Bahn anbringt, sollte sie auf der Klebeseite mit einem Schwamm angefeuchtet werden. Das verhindert eine spätere Blasenbildung.

4 Mit dem Cuttermesser wird unten bündig abgeschnitten, was zuviel ist. Die Bahn sollte vorher leicht eingeknickt werden, dann wird das Messer besser geführt.

5 Mit der Andruckrolle wird die Bahn von der Mitte heraus nach oben und unten und zu den Seiten hin fest angerollt. Vorher muß sie natürlich mit der flachen Hand angestrichen sein, weil es sonst unter Garantie Falten gibt.

6 Auch die Naht wird fest angedrückt. Austretender Leim muß sofort mit einem feuchten Tuch abgewischt werden.

7 Um Außenecken kann die Tapete herumgezogen werden. Hier hat die Kreppstruktur einen deutlichen Vorteil, weil durch Schieben und Drükken Unebenheiten ausgeglichen werden können. Denn saubere Ecken gibt es nicht einmal im Neubau.

8 Mit normaler Bindefarbe werden die Kehl- bzw. Winkelleisten gestrichen, die die Ecken in einem kräftigeren Farbton als dem der Tapete absetzen. Außerdem gleichen sie am Dekkenanschluß noch eventuelle kleine Unebenheiten aus.

9 Die gestrichenen Leisten werden mit Stahlstiften angebracht.

10 Mit der Rolle wird die Tapete schließlich lackiert. Dazu eignet sich ein farbloser Dispersionsbinder, der aber erst aufgetragen werden darf, wenn die Tapete über Nacht gut durchgetrocknet ist.
Sollten sich allerdings wider Erwarten Luftblasen gebildet haben, müssen diese mit dem Verlauf der Maserung aufgeschnitten werden. Dann füllt man mit einer Spritze oder einem dünnen Pinsel Leim ein und lackiert sie nach dem Durchtrocknen.

Glasfasergewebe für die Bilderwand

Glasfaser-Textiltapeten haben gegenüber herkömmlichen Textiltapeten entscheidene Vorteile und bewahren doch den Charakter einer textilen Wandbespannung. Sie lassen sich aufgrund des gegen Feuchtigkeit unempfindlichen Materials nicht nur im Wohnbereich, sondern auch in Küche und Bad einsetzen, überbrücken kleine Risse und Fugen und machen druckempfindliche Untergründe unempfindlich und sie sind „nagelfest". Das bedeutet: Bei erforderlichen Schraub- oder Nagelbefestigungen in den verkleideten Wänden bricht der Putz nicht aus – das ideale Material also für eine großzügige Bilderwand mit Wechselrahmen. Weil die Glasfasertapete der naturbelassenen Farbstellung 0 beliebig oft überstreichbar ist, kann man die Wände individuell farblich auf die Einrichtung abstimmen. Man kann aber nicht nur farblich, sondern auch in der Struktur variieren, z.B. für die Kassetten Fischgrät (Gewebe 65-0) und für die Wand Gewebe 80-0. Die Flächen der Kassetten bestehen aus sogenannten Dämmplatten, die man im Heimwerkermarkt bekommt.

1 Mit einer Richtlatte wird die Wand aufgeteilt. Dabei muß man von der Rollenbreite ausgehen. Die Kassettenbreite von 75 cm entspricht 1½ Rollenbreiten, die schmalen Wandfelder haben immer die halbe Rollenbreite. Auch der Abstand zu Decke und Fußboden beträgt 25 cm – so hat man den geringsten Verschnitt.

2 Mit der Fellrolle wird der Dispersions-Spezialkleber satt auf die Wand aufgetragen. Je nach Gewebetyp ist mit einem Verbrauch von 250 bis 350 g/m² zu rechnen.

3 Mit der Andrückrolle wird die Tapete sofort nach dem Kleberauftrag eingebettet und blasenfrei angerollt. Überschüssiger Kleber wird gleich feucht abgewischt.

4 Winkellaschen aus Zeichenkarton unterstützen die Eckverbindung der Rahmenleisten, mit denen die Kassettenfelder aus Dämmplatte eingefaßt werden. Das ist auch sinnvoll, weil der Rahmen ja abnehmbar sein soll und nur mit Stiften angeheftet wird. Die Rahmenteile aus Winkelleisten werden an der bereits auf Maß zugeschnittenen Kassette paßgenau abgelängt.

5 Der fertige Winkelrahmen wird dann gestrichen. Das kann man mit der gleichen Farbe machen, mit der auch die Tapete gestrichen werden soll. Für die Leisten nimmt man den Vollton, während man für die Kassette einen mittleren und für die Wand einen ganz hellen Ton mischt. Der Rahmen wird zusätzlich mit Klarlack behandelt.

1 ▲ 4 ▼

5 ▼ 2 ▲

3 ▲

Das Gewebe ist sehr strapazierfähig

Eine elegante Bilderwand, die jederzeit farblich neu gestaltet werden kann, läßt sich leicht jedem Einrichtungsstil anpassen.

Es macht der Tapete nichts aus, wenn man die Bilder öfter mal umdekoriert – das Gewebe ist so fest, daß die Nagellöcher nicht aufreißen und auch der Putz darunter nicht aufreißen kann. Dieses Problem taucht in diesem Fall aber erst gar nicht auf, weil die Kassetten ja aus Dämmplatten sind. So ganz nebenbei ergibt sich dadurch auch noch eine gute Wärmedämmung. Die relativ weiche Dämmplatte wird durch das Bekleben mit Glasfasertapete druckunempfindlich – wie alle anderen weichen Untergründe auch. Festigend und ausgleichend ist die Glasfasertapete auch auf und in Raumecken. Nach dem Bekleben kann nichts mehr herausbrechen.

Fortsetzung auf Seite 152

6 Die Kassetten müssen auf der Rückseite mit normaler Rauhfasertapete oder Makulatur gegentapeziert werden, weil sie sich bei einseitiger Beklebung zur Klebeseite hin aufbiegen. Mit der Gegenkaschierung wird dieser Effekt verhindert. Weil dies die Rückseite ist, braucht man nicht sorgfältig zu kleben. Eventuelle Lufteinschlüsse sieht man ja ohnehin nicht. Und natürlich kann man hier auch alte Tapetenreste verarbeiten.

7 Für gleichmäßigen Bodenabstand sorgt die unten quergelegte Richtlatte, mit der ganz am Anfang die Wandfläche aufgeteilt wurde. Jetzt wird die Kassettenplatte so ausgerichtet, daß sie ringsum auch wirklich „Tapetenanschluß" hat (die Wandfläche direkt dahinter ist ja nicht verkleidet). Dann werden in den Ecken die Dübellöcher durchgebohrt.

8 Unterleghülsen garantieren, daß die Schrauben in der weichen Dämmplatte fest sitzen. Zur Befestigung reichen vier Schrauben, in jeder Ecke eine. Wichtig ist, daß man oben beginnt und erst dann die unteren Ecken befestigt. So hängt die Platte an den oberen Schrauben und wird unten nur fixiert. Würde sie unten aufsitzen, könnte sie sich werfen. Wem vier Schrauben zu wenig sind, der kann auch zusätzlich auf Mitte fixieren.

9 Die paßgenau zugeschnittene Tapete wird auf die satt mit Kleber eingestrichene Wandkassette gezogen und sofort angerollt. Weil die Kassetten 75 cm breit sind, die Tapetenbahnen jedoch nur 53 cm, klebt man eine ganze und eine halbe Bahn oder drei halbe. So ist ein Arbeiten ohne jeden Verschnitt möglich.

10 Der Anstrich kann erst aufgetragen werden, wenn die Tapete vollständig durchgetrocknet ist. Dazu eignen sich alle glänzenden oder matten Acrylfarben oder auch Wanddispersionsfarben. Im letzteren Fall sollte speziell die naturbelassene Glasfasertapete mit einem Zwischenanstrich aus 20%ig verdünntem Spezialkleber vorbereitet werden.

11 Die Rahmen aus Winkelleisten werden mit Tapezierstiften seitlich angeheftet. Die Nagellöcher sind mit einem Tropfen Farbe „retuschiert". So sind Rahmen und Kassette verdeckt befestigt und trotzdem jederzeit leicht abnehmbar.

6 ▲

7 ▲

8 ▲

9 ▲

10 ▲

11 ▲

Raumteiler schaffen ein zusätzliches Zimmer

Die raumteilende Trennwand auf diesem Bild besteht aus einem Regal und zwei Falttüren. Sie schafft im Schlafzimmer zusätzlich einen Arbeitsplatz.

Man muß sich nicht gleich nach einer neuen Wohnung umsehen, wenn man mit dem Grundriß nicht ganz zufrieden ist. Raumteiler, wie sie hier vorgestellt werden, sind meist schnell, leicht und preiswert zu bauen – und die Wirkung ist enorm! Oft kann man sich auf diese einfache Art und Weise den langgehegten Wunsch nach einem „stillen Kämmerlein" erfüllen.

Wohn- und Eßbereich werden von diesem ausziehbaren Raumteiler je nach Bedarf mal mehr, mal weniger voneinander abgegrenzt.

Schlafen und arbeiten im geteilten Raum

1 Die Lamellentüren gibt es in verschiedenen Maßen und Hölzern fertig zu kaufen. Um den Mahagoniton klarer hervorzuheben, kann man die Türen noch mit einer Lasur behandeln.

2 Mit einer Wasserwaage wird die Anschlagleiste (im Wandton gestrichen) für die Lamellentüren ausgerichtet. In gleichmäßigen Abständen wird vorgebohrt und die Konstruktion festgeschraubt.

3 Die Spezialscharniere für Falttüren werden zuerst an die Türen, dann an die Anschlagleiste geschraubt. Magnetschnäpper an beiden Seiten des Regals sorgen dafür, daß die Tür auch richtig schließt.

Beweglicher Raumteiler aus drei Platten

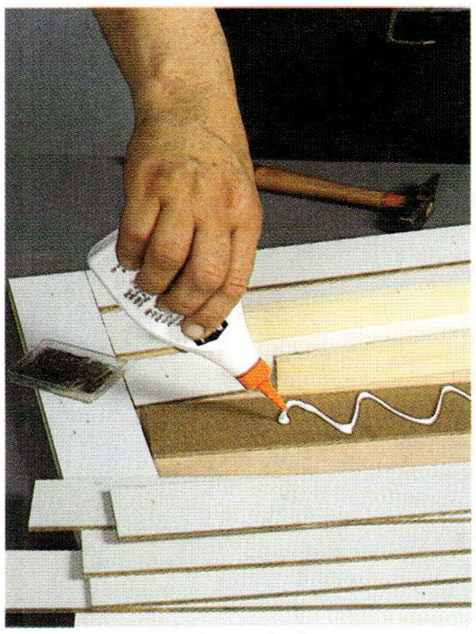

1 Alle Teile des Teleskopparavents bestehen aus 16 mm dicker Tischlerplatte, die zur Dekoration mit 6 cm breiten Streifen weiß beschichteter Spanplatte beklebt wird. Der Abstand beträgt je 1 cm.

2 Zwei so präparierte Platten von 80 x 160 cm werden mit Leisten oben und unten zur „Garage" für die herausziehbare Teleskoptür zusammengeleimt und genagelt. Die Leistenbreite beträgt 25 mm.

3 Aufbügelkanten (Furnier oder weiß) verdecken alle Schnittkanten der Platten. Ein weiterer Kunststoffstreifen kommt auf die untere Leiste der Doppelplatte und dient als Gleitschiene.

4 Unter das Vorderende der Teleskopplatte (75 x 155 cm, Tischlerplatte mit Hartfaserplatte beidseitig) schraubt man eine Kohlenkastenrolle von 25 mm Höhe. Die untere Leiste muß ausgespart werden.

5 So sieht es aus, wenn die Teleskopplatte eingeschoben ist. Die Aussparung in der unteren Leiste ist gleichzeitig der Anschlag, damit die Platte nicht zu weit in das Gehäuse hineinrutscht.

6 Zum Aufstellen ist die verdeckte Montage geeignet: Eine Leiste von 25 x 25 mm wird an die Wand gedübelt, der Paravent darübergeschoben und dann durch die Seitenteile mit der Leiste verschraubt.

Mit dem faltbaren Paravent entsteht für jedes Kind ein eigener Bereich

Aus fünf Teilen besteht der verstellbare Paravent, der jedem Kind einen eigenen Platz gibt – zum Spielen wie zum Arbeiten.

Das Material ist beklebte Tischlerplatte

1 Dieser fünfteilige Paravent wird aus 13-mm-Tischlerplatte gebaut, 56 cm breit und 160 cm hoch. Die Platten können beidseitig mit einer Textiltapete beklebt oder auch mit Rupfen bespannt werden.

2 Mit einer Andruckwalze wird die Textiltapete auf die Paraventteile fest aufgerollt. Hierbei ist zu beachten, daß die Platte rundum 2 cm übersteht. Diese Ränder sind für die Zierleisten vorgesehen.

3 Die Kiefernleisten (10 x 30 mm) werden exakt aufgeleimt und zusätzlich mit Drahtstiften befestigt. Etwa in der Mitte jedes Paraventteils wird eine gleiche Zierleiste zur Auflokkerung angebracht.

4 Die Kanten müssen natürlich gebrochen werden. Anschließend sind die Leisten sorgfältig zu schleifen, weil gerade im Kinderzimmer sonst die Gefahren von kleinen Verletzungen bestehen.

5 Die Industrie hat inzwischen wasserhaltige und umweltfreundliche Dispersions-Lackfarben entwickelt. Mit diesem ungiftigen Material wird der Paravent in einer beliebigen Farbe gestrichen.

Mit ungünstig geschnittenen Räumen braucht man sich nicht abzugeben. Im Gegenteil: Man kann unter Umständen sogar einen Vorteil daraus ziehen, indem man unterschiedliche Bereiche einfach mit einem Raumteiler voneinander abtrennt oder aus einem Raum zwei macht.

Das Schlafzimmer beispielsweise wird in den seltensten Fällen auch tagsüber genutzt. Da bietet es sich an, einen einfachen Raumteiler mit zwei Lamellentüren einzubauen, wie es auf dem großen Bild auf Seite 153 deutlich zu sehen ist. Auf diese Art und Weise entsteht im Nu ein vollwertiges Arbeitszimmer, in dem nicht zwangsläufig Müdigkeit aufkommen muß. Von der Möglichkeit, an einem solchen Platz ungestört Briefe zu schreiben, Schularbeiten zu erledigen oder Unterlagen für das Finanzamt zu sortieren, können alle Familienmitglieder Gebrauch machen. Und wenn man einmal nicht dazu gekommen ist, die Betten zu machen oder einige herumliegende Kleider wegzuräumen, schützen die Falttüren außerdem vor neugierigen Blicken.

In einem Wohnzimmer, das schmal und lang ist, bietet sich eine Eßecke geradezu an. Die optische Abgrenzung erreicht man schon mit einer schmalen Trennwand, die sich möglichst harmonisch in den Raum einfügen sollte. Die abgebildete Teleskopwand läßt sich auf doppelte Länge ausziehen – ein guter Trick, um zum Beispiel bei einem Skatabend oder Kindergeburtstag die Trennung beider Bereiche deutlicher zu machen.

Vielseitig zu verwenden und daher besonders praktisch ist natürlich ein mobiler Paravent. Er kann überall dort aufgestellt werden, wo es gilt, etwas abzuschirmen. Wenn für die Kinder nur ein Zimmer zur Verfügung steht, gibt es oft Reibereien, wenn eines sich auf die Schularbeiten konzentrieren muß, das andere aber gern spielen möchte. Mit einem mobilen fünfteiligen Paravent können beide so voneinander getrennt werden, daß sie sich nicht mehr gegenseitig stören. Bei der farblichen Gestaltung dieses Paravents sind der Phantasie keine Grenzen gesetzt. Er sollte sich jedoch möglichst harmonisch in den Raum einfügen.

6 Die Spezialscharniere für Paravents werden so angebracht, daß die fünf Teile zu einem Paket zusammengeklappt werden können. Möbelgleiter erleichtern das Hin- und Herrücken.

Hängende Wand im Japan-Stil

Dieser Raumteiler aus Sperrholzlatten und Nessel wird einfach zwischen Decke und Fußboden verspannt. Wie groß man ihn baut, richtet sich ganz nach den individuellen Wünschen.
Zwei Grundmaße gibt es: Die einzelnen Felder haben ein Innenmaß von 30 x 30 cm, und die Sperrholzlatten sind 60 mm breit und 6 mm dick. So läßt sich leicht die Materialmenge errechnen.
Die abgebildete Trennwand hat 5 Felder und 6 Latten, das entspricht einer Gesamtgröße von 186 x 186 cm. Dazu braucht man 14 Latten von 186 cm Länge, 6 Latten von 174 cm Länge und 10 Füllstücke von 30 cm Länge, dazu Nägel (13 mm Länge) und einen Tacker zum Spannen des Stoffes. Drei Spanplatten, 30 x 30 cm groß, dienen als Abstandslehre und garantieren gleichen Abstand und gleich große Felder.

1 Vier 186 cm lange Latten werden überlappend zu einem Rahmen geleimt und genagelt. Dabei muß man den rechten Winkel kontrollieren.

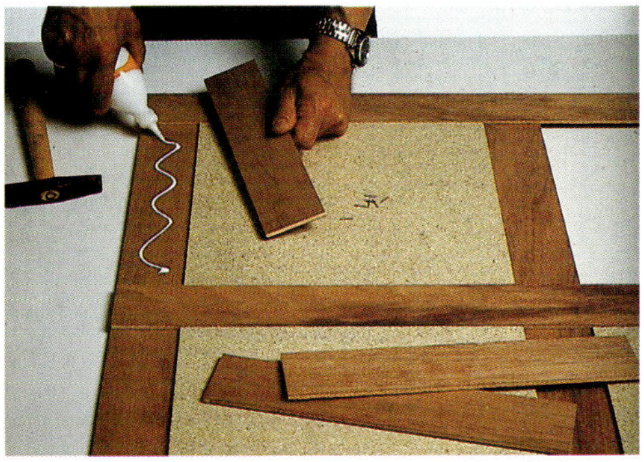

2 Wenn das Gittermuster fertig ist, werden die beiden äußeren Seiten mit den 30 cm langen Füllstücken geschlossen.

3 Der Nesselstoff wird mit dem Tacker auf die Rückseite des Rahmens gespannt. Falten sollte man dabei vermeiden.

4 Der Rahmen wird oben und unten mit den 186 cm langen Latten geschlossen und nur die Senkrechten mit den 174-cm-Streifen gefüllt.

Einbaumöbel – auch unter dem schrägen Dach

Einbaumöbel sind eine feine Sache; sie nutzen auch die kleinsten Ecken optimal und bringen dadurch ein beachtliches Plus an Stauraum, ohne das Zimmer eng erscheinen zu lassen – ideal also für den Raum unter dem schrägen Dach, wo es darauf ankommt.

Wie vielseitig dieses Bausystem ist, machen die Abbildungen dieser Seite deutlich. Das Regal, das gleichzeitig als Raumteiler eingesetzt ist, läßt sich mit der Verlängerung um ein Feld auch für Schrägen ohne die hier vorhandene senkrechte Trennwand einbauen, die ebenfalls mit Paneelen verkleidet wird. Gleichzeitig fungieren diese Paneelen als Teil der Einrichtung. Denn: Beistelltische, kleine Regale oder auch ein Arbeitstisch können an jeder beliebigen Stelle eingehängt und bei Bedarf sogar verschoben werden.

Wie variabel und anpassungsfähig dieses Einbausystem für die Wohnräume unter dem schrägen Dach ist, lassen die Fotos der fertigen Einrichtung schon ahnen. Diese Eigenschaft ist auch sehr wichtig, denn ausbaufähige Räume gibt es unter Sattel- oder Walmdächern mit Neigungen von 30–48° und Zimmermannsarbeit am Dachstuhl ist selten so exakt, daß man sich das Nachmessen ersparen könnte.

Weil wirklich jedes Maß individuell ist, können die Zeichnungen auf diesen Seiten auch nur das Konstruktionsprinzip vermitteln. Die Abmessungen der Bauteile gelten nur für die (allerdings recht häufige) 45°-Dachneigung. Materialstärken, Tiefen- und Breitenangaben der Möbelstücke und die Höhen der Tische sollte man allerdings übernehmen.

Gerade bei der Höhe des Arbeitstisches gibt es da manchmal Probleme. Einerseits muß die Wandverkleidung der kleinen senkrechten Trennwand in gleich breite Paneele aufgeteilt werden, andererseits benötigt man natürlich die Fuge zum Aufhängen des Tisches in der idealen Arbeitshöhe. Mit 3 oder 4 cm Abweichungen nach oben und unten wird die Nutzbarkeit des Tisches noch nicht eingeschränkt – und die Zahl der Paneele läßt sich auch variieren, bis man hier den Kompromiß gefunden hat.

Wandlungsfähig ist dieses System auch durch die Wahl des Baumaterials.

Die hier gezeigte Konstruktion besteht aus doppelseitig weiß beschichteten Spanplatten (19 mm), die zum Teil mit Aufbügelkanten, zum anderen Teil mit farbig lackierten Leisten versehen werden.

Fortsetzung auf Seite 162.

Das Bücherregal dient auch als Raumteiler

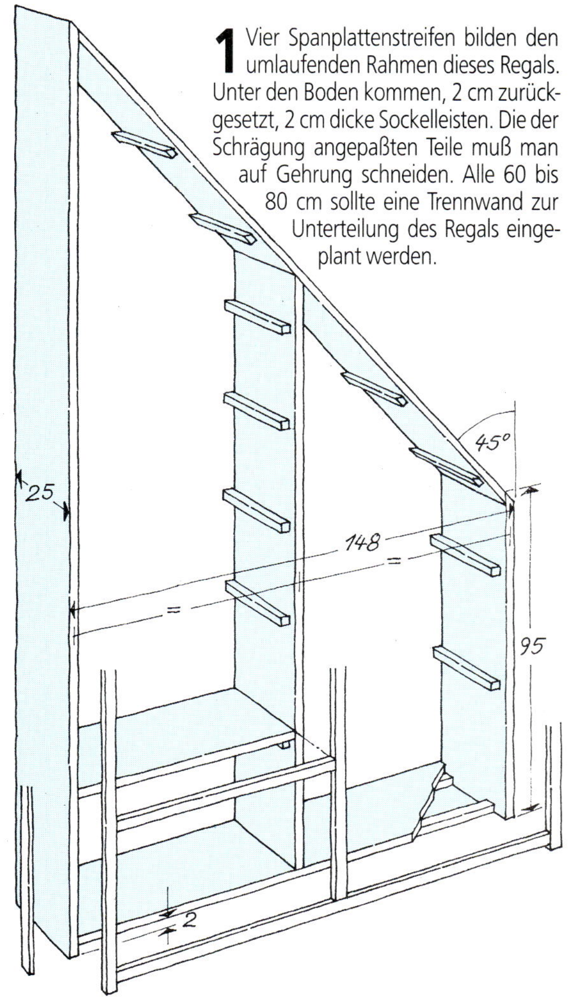

1 Vier Spanplattenstreifen bilden den umlaufenden Rahmen dieses Regals. Unter den Boden kommen, 2 cm zurückgesetzt, 2 cm dicke Sockelleisten. Die der Schrägung angepaßten Teile muß man auf Gehrung schneiden. Alle 60 bis 80 cm sollte eine Trennwand zur Unterteilung des Regals eingeplant werden.

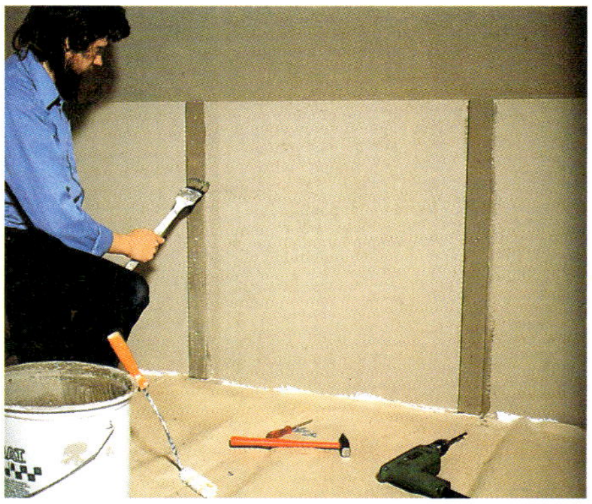

2 Spanplattenstreifen oder gehobelte Bretter werden im Abstand von 85 cm senkrecht an die Trennwand gedübelt oder geschraubt. Diese Streifen, die die Paneele tragen sollen, können dunkel lackiert oder auch in der Farbe der Wand dahinter gestrichen werden.

3 Mit je zwei Schrauben befestigt man jedes Paneel auf jeder senkrechten Tragleiste. Löcher werden vorgebohrt und etwas angesenkt. Zwischengestecke Holzreste sorgen für den 2-cm-Abstand von Brett zu Brett.

4 ▲

5 ▲

6 ▼

4 Von der Rückseite, von oben und unten verschraubt man die Rahmenteile und die Trennwand. Diese Befestigung ist später nicht zu sehen. Der Rahmen wird dann aufgestellt.

5 Nun wird die letzte Seite von vorn angesetzt und durch vorgebohrte Löcher verschraubt. Die Schrauben werden so weit an den Rand gesetzt, daß sie von den Leisten später verdeckt werden.

6 Mit Paneelstreifen, Stück für Stück nach Maß zugeschnitten, beplankt man nun die Rückseite des Regals.

7 Alle Böden ruhen auf Tragleisten (2 x 2 cm), die sichtbar geschraubt werden. Unter der Schräge werden die Tragleisten auf Gehrung gesägt oder gehobelt. Alle Leisten sollten weiß lackiert werden. Die Schnittkanten der Spanplatten werden mit Deckleisten verkleidet.

Fortsetzung von Seite 160

Nur als Beispiele werden hier einige andere denkbare Materialkombinationen aufgeführt: weiß beschichtete Spanplatte mit Edelholz–Umleimerkanten, beidseitig furnierte Span- oder Tischlerplatte mit Aufbügelkanten oder Edelholzleisten im gleichen Holzton, Spanplatte mit Aufbügelkanten, die nach Spachteln und Schleifen dann farbig lackiert werden. Die letzte Lösung ist die bei weitem preisgünstigste.
Auch die Befestigungsmethode richtet sich nach der Materialwahl. Weiße Spanplatte kann man zum Beispiel wie hier mit rostfreien Linsenkopfschrauben sichtbar befestigen. Entscheidet man sich für eine Edelholzoberfläche, die mit einem matten Klarlack oder mit Ballenmattierung beinahe eine Möbeloberfläche bekommen hat, sollte man auch eine unsichtbare Befestigung wählen.
Montagekleber aus der Kartusche oder Klebepads sind dann das richtige für Paneele, Weißleim für die Möbel. Wo große Belastung zu erwarten ist, sollte auf zusätzliche Dübel oder Schrauben nicht verzichtet werden.

Die Arbeitsplatte wird einfach eingehängt

1 Die Arbeitsplatte erhält einen Rand aus 3 x 1 cm dicken Leisten, die geleimt und zusätzlich vernagelt werden. Nagelköpfe werden versenkt und gespachelt.

2 Die Ränder der Platten werden von unten mit eingeleimten Leisten von 1 cm Dicke auf 5 cm Breite verstärkt. Die Drahtstifte werden nach dem Härten des Leims gezogen.

3 Die 6 cm breiten Längsholme unter der Platte (Zeichnung) erhalten Aussparungen dort, wo die Verstärkungsleisten sitzen. Diese Leisten werden dann an die Platte und an die Längsleisten angeleimt.

4 An die Hinterkante der Platte kommt eine 3 x 3 cm dicke Leiste, in die ein 2 x 2 cm großer Falz gesägt wird. Hier greift der Tisch später in die Paneelwand ein (siehe Schnittzeichnung unten).

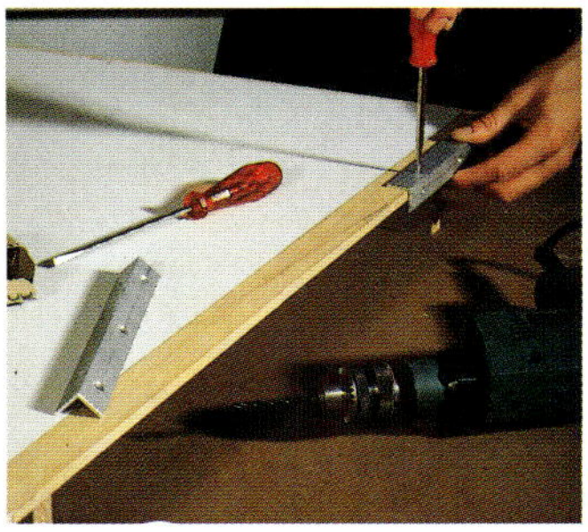

5 Zwei Alu-Winkelschienen komplettieren die Haltevorrichtung des Tisches. Schraublöcher werden vorgebohrt und angesenkt. Die Winkel werden gemäß der Schnittzeichnung befestigt.

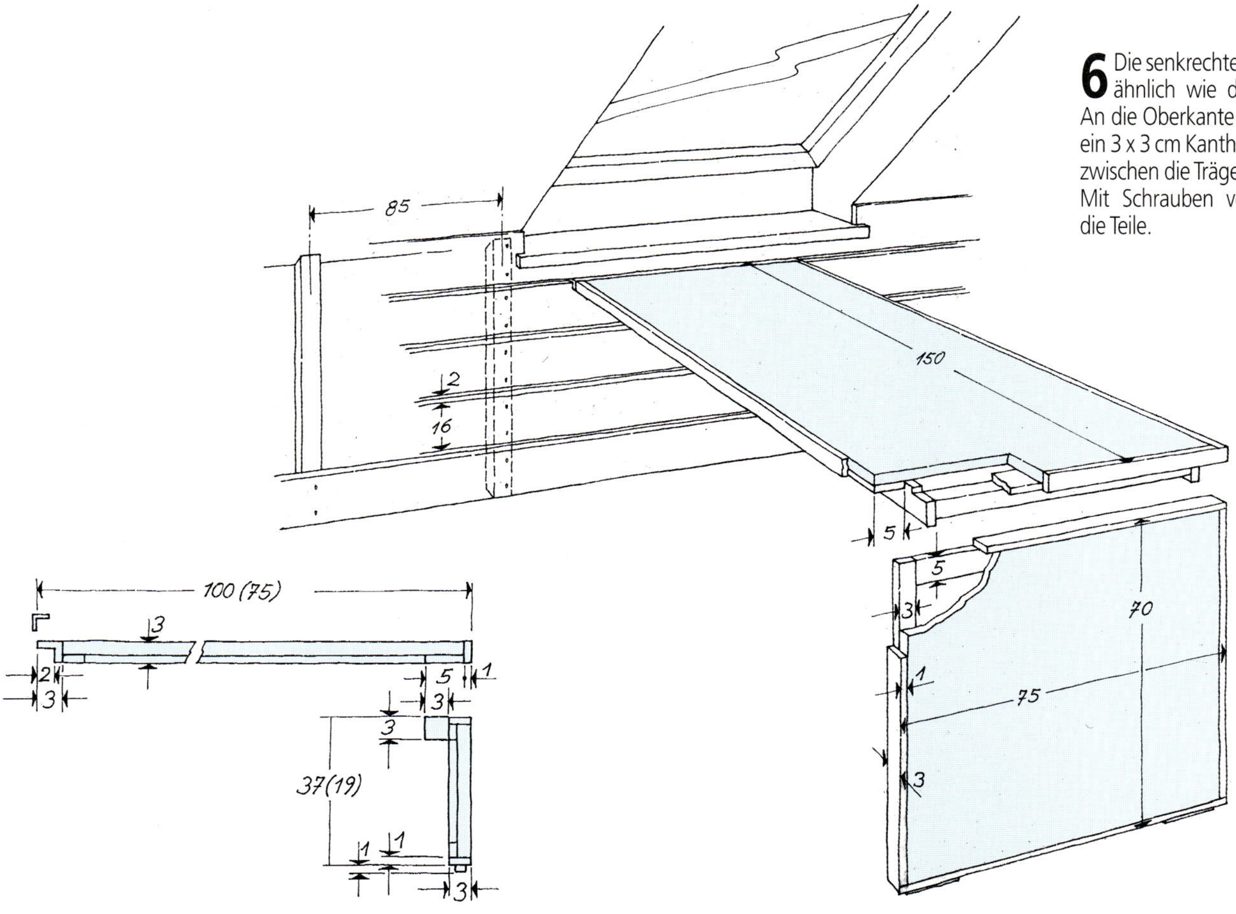

6 Die senkrechte Stützplatte ist ähnlich wie die Tischplatte. An die Oberkante schraubt man ein 3 x 3 cm Kantholz, das genau zwischen die Trägerstreifen paßt. Mit Schrauben verbindet man die Teile.

Das Einhängsystem eignet sich auch für kleine Regale

7 Genau rechtwinklig werden Tischplatte und Stützplatte zusammengehalten und dann jeweils mit der 3-cm-Quadratleiste verschraubt. Die Schraubenlöcher werden gut vorgebohrt und angesenkt (45 mm lange Schrauben).

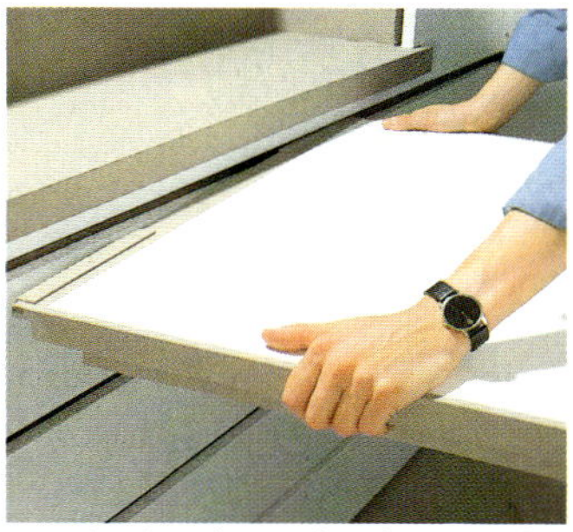

8 Die Hinterkante der Platte mit den beiden Aluwinkeln wird in die entsprechende Nut der Wandpaneele geschoben und kurz nach unten gedrückt. Durch das eigene Gewicht bekommt die Verbindung einen sicheren Halt.

9+10+11 Drei verschiedene Tische sind nach einem Prinzip entstanden. „Vier Bretter hoch" ist der Arbeitstisch. So hoch, daß er in die zweite Paneelfuge paßt, ist der Couchtisch. In die unterste Fuge eingehängt wird der kleine Beistelltisch, auf dem auch Hifi-Geräte Platz finden.

12 Praktisch ist auch dieses kleine Bord für allerlei Krimskrams, das an jede Stelle der Paneele von Regalrückseite oder Wandverkleidung eingehängt werden kann. Beim Festlegen der Länge muß auf die Abstände von senkrechten Latten in der Unterkonstruktion geachtet werden, damit die Aluwinkel Halt finden.

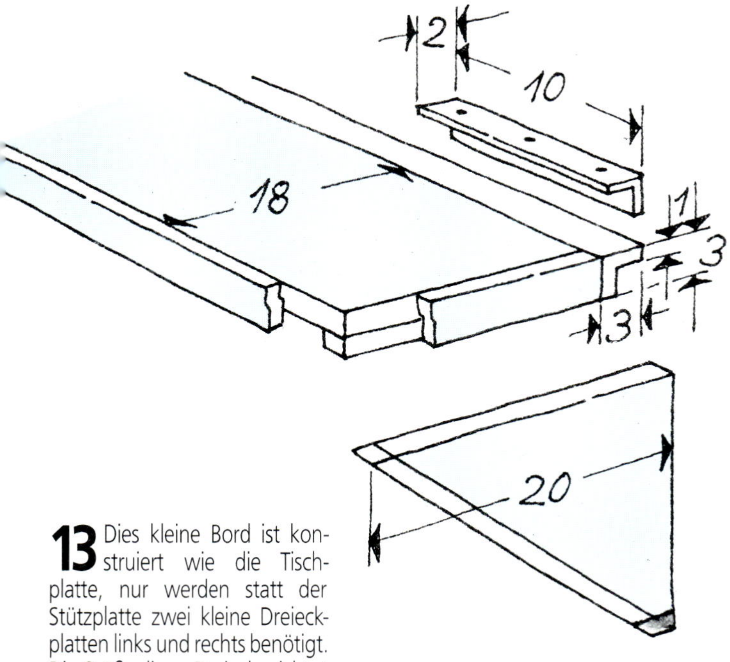

13 Dies kleine Bord ist konstruiert wie die Tischplatte, nur werden statt der Stützplatte zwei kleine Dreieckplatten links und rechts benötigt. Die Größe dieser Dreiecke richtet sich nach der gewählten Paneelbreite. Auch die Kanten der Stützen müssen mit Deckleisten verkleidet werden!

Bücherecke in der Fensternische

Vor den Fenstern sind normalerweise die Heizkörper angebracht. Und weil man die nicht abdecken darf, finden hier die üblichen Regale, Sideboards oder Schränke keinen Platz. In solche Ecken paßt dieses Einbau-Bücherbord, das von einer Art breiterer Fensterbank abgedeckt wird. Es schafft viel zusätzlichen Stauraum.
Welches Baumaterial man nimmt, ist in erster Linie eine Sache des Preises. 19 mm dicke Spanplatte kostet etwa 10 DM/m², für furnierte Tischlerplatte muß man schon etwa 50 DM ansetzen.

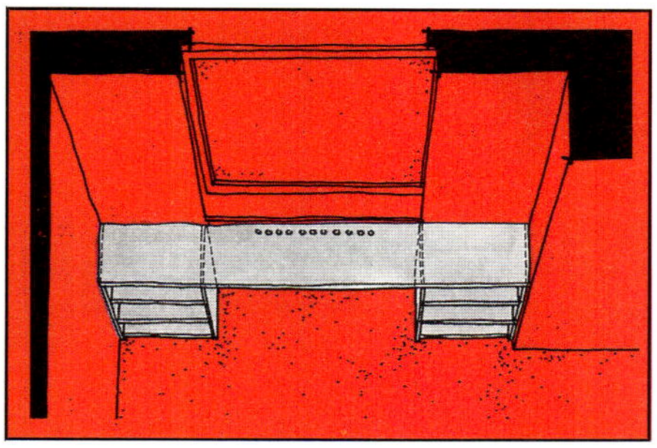

Nun etwas zu den Maßen: Da für die Dimensionen dieses Regals die Maße der Fensternische ausschlaggebend sind, muß man die Abmessungen der einzelnen Bauteile anhand einer Skizze selbst festlegen. Die Tiefe sollte 35 cm nicht überschreiten, da sonst der Zugang zum Fenster verbaut wird. Auch die Spannweite der Platte über der Heizung kann nicht beliebig groß werden (maximal 120 cm). Aus nur fünf Bauteilen entsteht jedes der kleinen Regale links und rechts der Heizung.

1 ▲

2 ▲

3 ▲

4 ▲

1 Unter die Bodenplatte (60 x 35 cm) wird eine 6 cm hohe Sockelleiste so geleimt, daß sie 2 cm zurücksteht.

2 Zwei Seitenwände, ebenfalls 35 cm breit, leimt und nagelt man nun links und rechts an die Bodenkonstruktion. Das Höhenmaß für die Seiten: Unterkante Fensterbrett minus 2,5 cm. Die Rückwand, die nur aufgenagelt wird, kann aus Hartfaserplatte bestehen.

3 Alle sichtbaren Schnittkanten der Spanplatte beschichtet man mit Aufbügelkanten. Dann wird der Regalrohbau grundiert, geschliffen und lackiert. Als Einlegeböden dienen ebenfalls lackierte Spanplatten, die auf eingebohrten Bodenträgern ruhen.

4 Die Abdeckplatte bekommt vor dem Lackieren dort, wo sie den Heizkörper überdeckt, eine Reihe von 25-mm-Bohrungen, damit die Warmluft aufsteigen kann. Mit Trapez-Schrankverbindern, die nur eingeschraubt werden, verbindet man die Abdeckplatte mit den Regalen (wieder lösbar).

Ein Arbeitsplatz, der schnell „verschwindet"

Heizkörper, vornehmlich die großen Elektro-Nachtspeicheröfen, wirken oft störend in Wohn- oder Arbeitszimmer und nehmen, so nützlich und notwendig sie sind, viel Platz weg; besonders, wenn sie wie in diesem Modellfall zwischen zwei Fenstern plaziert sind.
Trotzdem ist dort schnell und mit wenigen Mitteln ein Arbeitsplatz zu schaffen. Und zwar einer, der (nach getaner Arbeit) den Ofen verschwinden läßt.

1 Dazu benötigt man an Material eine etwa 240 cm lange „Helmschiene" mit dem entsprechenden Befestigungssatz (zwei Gleitrollen, zwei Stopper, zwei Gewindeschrauben), der in Heimwerkermärkten und Eisenwarenläden zu bekommen ist, eine 16 mm dicke Tischlerplatte 70 x 120 cm, etwa 2 m gehobelte Dachlatte, 2,40 m Kiefernbrett und zwei Metall-Tischbeine, einen 8-10 cm breiten Streifen 16 mm Tischlerplatte zur Verstärkung der Ränder und Leisten für die Verkleidung der Plattenkante.

2 Zwischen den meist ein wenig vorstehenden Fensterbänken wird mit einer angedübelten Dachlatte eine durchgehende Verbindung geschaffen.

3 Dann schraubt man (mit Klavierbandschrauben) die Helmschiene unter Dachlatte und Fenstervorsprünge. Sind die Bänke nicht aus Holz, sollte man entweder eine Holzleiste darunterschrauben und daran die Schiene befestigen oder aber sie mittels passender Klammern an die Wand dübeln.

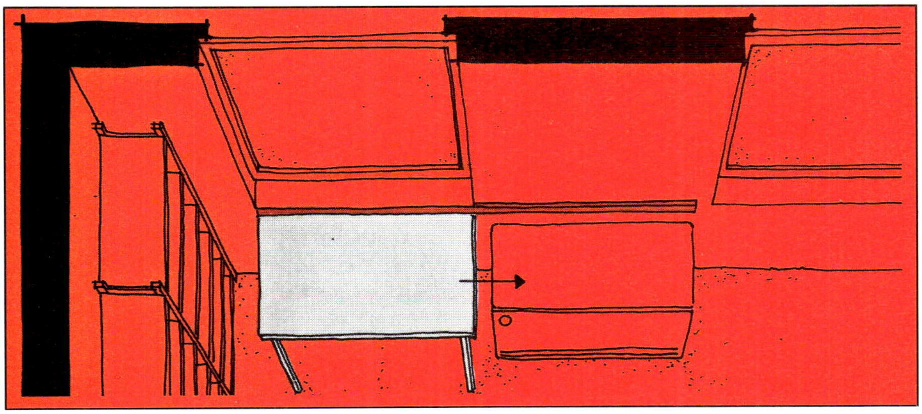

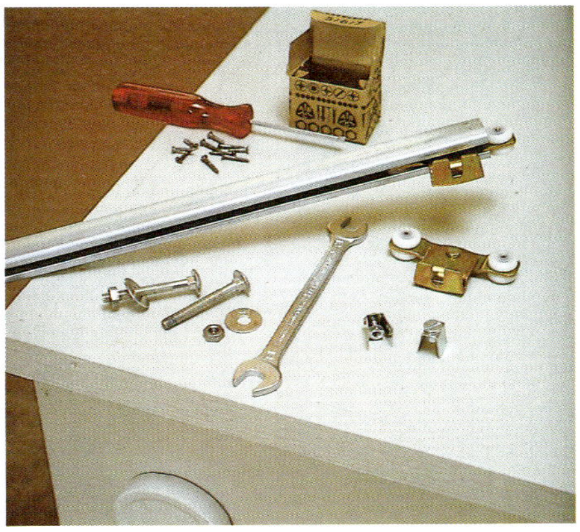

1 ▲

2 ▼

3 ▼

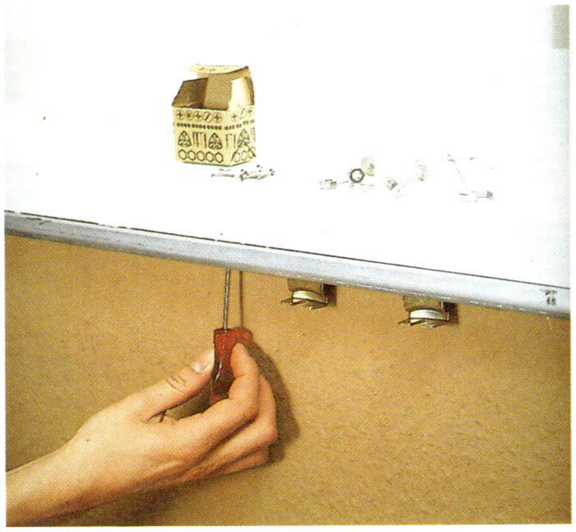

4 ▼

5 ▼

6 ▼

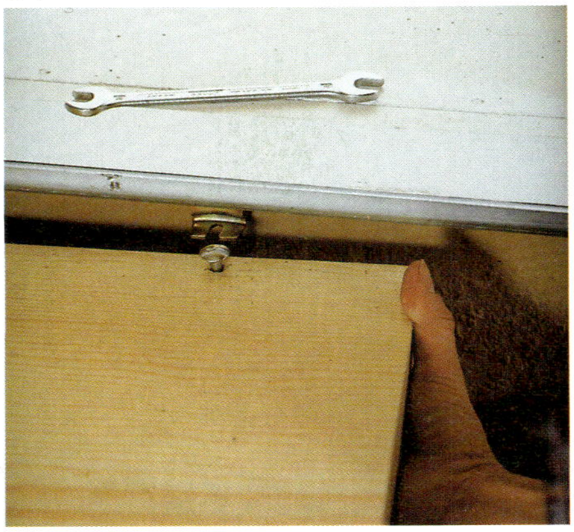

7 ▼

Der nächste Arbeitsgang ist die Fertigung der Schreibtischplatte: Die Tischlerplatte wird auf das gewünschte Maß zugeschnitten. Damit sie stabiler wird, werden die Seiten und die Vorderkanten mit 8–10 cm breiten Streifen auf 32 mm Dicke verstärkt. Auf die Schnittkanten dieser drei Seiten kommt der 4–5 mm dicke Leistenumleimer.

4 Dann werden nur noch die auf die gewünschte oder erforderliche Tischhöhe zurechtgeschnittenen Metallfüße an den beiden vorderen Ecken angeschraubt.

5 Gewindeschrauben, durch vorgebohrte Löcher gesteckt, verbinden Tischplatte und Rollen. Der Schreibtisch ist dann leicht und beliebig unter das Fenster zu schieben und verdeckt, wenn er nicht zur Arbeit benötigt wird, den klobigen Nachtspeicherofen.

6 Schließlich legt man die fertige Platte auf die Laschen der in der Helmschiene laufenden Rollen.

7 Um die ganze „technische Anlage" hübsch zu verdecken, braucht man dann nur noch ein Kiefernbrett vor die durch die Dachlatte verbundenen Fensterbänke zu schrauben.
Zu beachten ist, daß der Schreibtisch beim Verschieben vorne leicht angehoben werden muß, da die Metallfüße nicht mit Rollen versehen sind. Natürlich kann man auch noch mit Hilfe hölzerner Hilfsklötze normale Möbelrollen (im Baumarkt erhältlich) unter die Metallfüße setzen.

Praktisch und schön: Einbauschränke nach Maß

Schrankwände sind die „klassischen" Einbaumöbel. Das ist kein Wunder, denn für sie gilt in besonderem Maße, was man von allen Einbaumöbeln sagen kann: sie bieten viel Platz, ohne viel Raum zu beanspruchen. Daß diese praktischen Möbel sehr gut aussehen können, zeigen die folgenden Beispiele.

Über die ganze Breite des Zimmers reicht diese Schrankwand mit Schiebetüren. Durch optimale Raumausnutzung und eine praktische Inneneinrichtung bringt sie besonders viele Vorteile.

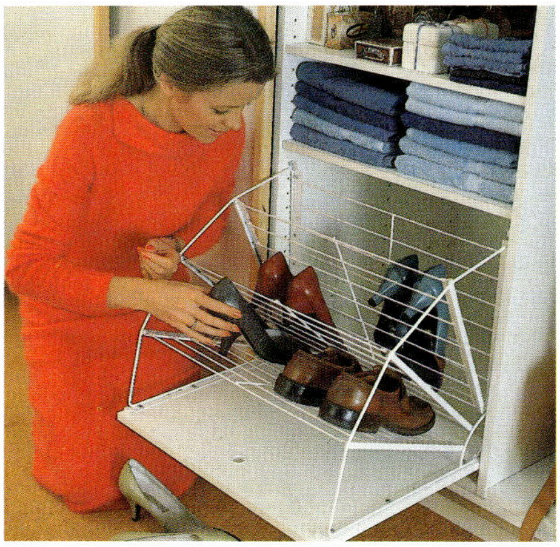

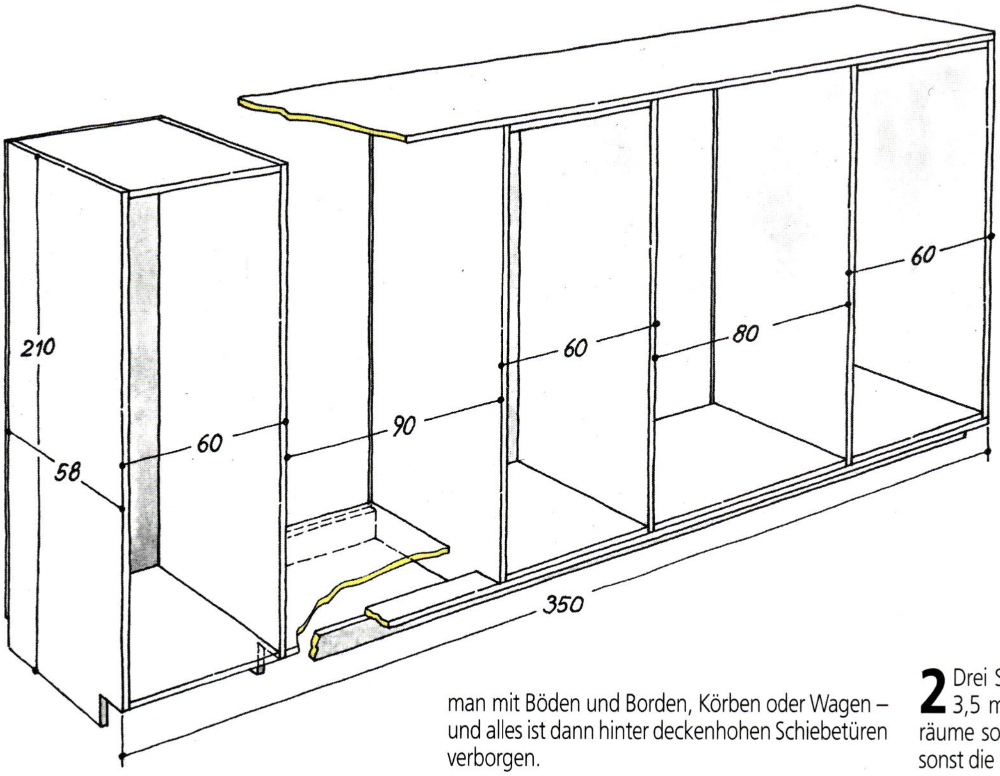

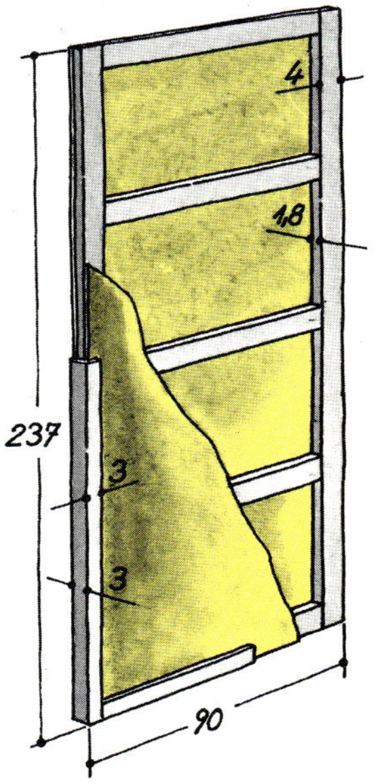

Das Bauprinzip dieser Schrankwand ist durch die Zeichnung schnell erklärt: Selbstgebaute oder fertig gekaufte Einbauschränke ohne Türen (in großen Möbelhäusern erhältlich) werden über die ganze Breite der Wand verteilt. Die Zwischenräume füllt man mit Böden und Borden, Körben oder Wagen – und alles ist dann hinter deckenhohen Schiebetüren verborgen.

1 Begonnen wird mit dem Zusammenbau der Einbauschränke, hier einem fertig gekauften Korpus. Aber auch der Selbstbau solcher Schränke nach den Maßen der Zeichnung oben, aus weiß beschichteter Spanplatte, ist möglich.

2 Drei Schränke sind bei diesem Beispiel für eine 3,5 m breite Wand erforderlich. Die Zwischenräume sollten nicht breiter als 90 cm werden, weil sonst die Böden durchhängen könnten.

3 Die untere Schiene des Schiebetürensystems (Details auf den folgenden Seiten) wird auf einem Spanplattenstreifen, in der Länge der Schrankwand angeschraubt, Streifenbreite: 10 cm. Die Kanten werden mit weißem Umleimer beschichtet.

1 ▲

2 ▲

3 ▲

4 Ein weiterer Spanplattenstreifen wird zum gemeinsamen Sockelbrett für alle Schränke und die Zwischenräume, die noch gefüllt werden müssen. Mit kleinen Keilen richtet man alle Schränke lotrecht aus.

5 Das Brett mit der unteren Führungsschiene (siehe Bild 3 auf Seite 168) wird nun mit den Schrankböden verschraubt.

6 Die Deckenschiene, wie die untere Schiene auch zweiläufig, dübelt oder schraubt man erst einmal provisorisch direkt vor der Schrankfront an die Decke. Die Rollenbeschläge sind hier eingehängt, um die Höhe der Türblätter zwischen Boden und Beschlag exakt ausmessen zu können.

4 ▲

5 ▲

6 ▼

7 Das Kofferbord wird aufgeschraubt. Weiß beschichtete Spanplatte, so breit wie die Einzelschränke tief sind, wird mit den oberen Böden der Einbauschränke verschraubt. Das gibt der Konstruktion den richtigen Halt – und man erhält ein durchgehendes Ablagebord.

7 ▲

8 ▲

8 Die Türblätter entstehen aus zwei weiß beschichteten Hartfaserplatten, die von beiden Seiten auf eine Unterkonstruktion aus gehobelten Leisten von 2 x 4 cm geleimt und genagelt werden. Zunächst legt man eine Platte aus, leimt dann die Leisten auf, um danach die zweite Platte aufzuleimen und mit Drahtstiften durch den Rand zu fixieren. Bei der Berechnung der Türblattbreiten nach den Raummaßen sollte man jeweils 10 cm Überlappung vorsehen.

9 ▲

10 ▲

9 Zwei Bohrungen von 35 mm Durchmesser (Scharnierlochbohrer) sind am oberen Rand jedes Türblattes erforderlich, um die Blätter in den Rollenbeschlägen aufzuhängen. Für die Gewindestange wird ein kleiner Kanal ausgesägt.

10 Breite Winkelleisten verkleiden die Kanten jedes Türblattes. Es darf nur seitlich genagelt werden, die Nagellöcher werden dann verkittet.

11 Zum Einhängen der Rollenbeschläge müssen auch die Winkelleisten oben zweimal ausgesägt werden.

12 An die Unterkante jedes Türblattes schraubt man weitere Rollenbeschläge, die für die Führung in der unteren Schiene sorgen (siehe auch nächste Seite).

11 ▼

12 ▼

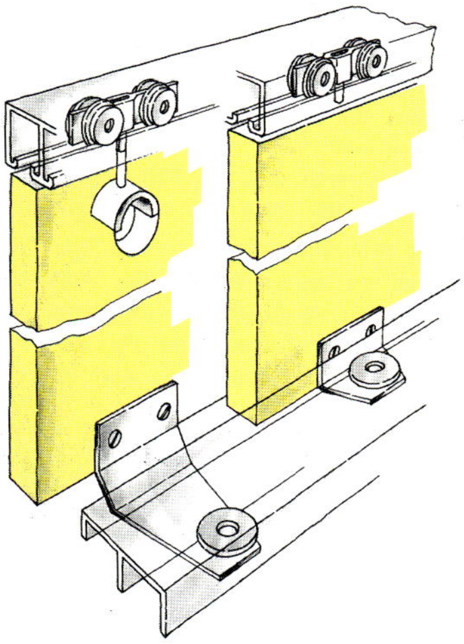

13 ▲ 16 ▼ 17 ▼ 14 ▲ 15 ▲

Die Rollenbeschläge, die man zur Anfertigung der Halterung herausgenommen hat, werden nun wieder in die Schiene eingehängt. Diese wird dann endgültig an die Decke gedübelt.

13 Die Türblätter werden in die Rollenbeschläge eingehängt. Gleichzeitig muß darauf geachtet werden, daß die unteren Führungen in die richtige Schiene greifen. Nach dem Sichern der halbrunden Aufhängebügel mit einer übergeschraubten Lasche lassen sich die Höhen mit einem Schraubenschlüssel nachregulieren, bis die Türblätter exakt senkrecht hängen.

14 Die Rollenbeschläge sind so konstruiert, daß die Aufhängung leicht exzentrisch sitzt. So ist sichergestellt, daß auch dickere Türblätter aneinander vorbeigleiten.

15 Die Zeichnung macht das System deutlich: Die oben voreinander aufgehängten Schiebetüren werden unten zusätzlich geführt. Der äußere Führungsbeschlag ist länger und höher, so daß auch hier die Türen nicht zusammenstoßen können.

16 Die Räume zwischen den Schränken füllt man nun mit Böden, die auf rundherum angebrachten Sockelstreifen aus 19 mm dicker Spanplatte verschraubt werden.

17 Eine Seitenwand für diesen Schrank baut man aus einem Dachlattengerüst, das von außen mit Profilbrettern, von innen mit weiß beschichteter Spanplatte beplankt wird. Die Vorderkante ist mit einer Deckleiste verkleidet.

Der Innenraum wird optimal genutzt

1 ▲ 2 ▼

Fertigteile vom Möbelhandel

Ganz nach den eigenen Bedürfnissen gestaltet man das „Innenleben" dieser großen Schrankwand. Mit Fertigteilen, die es im Möbelhandel gibt, ist eine sinnvolle Aufteilung schnell erreicht.

1 Auf Bodenträgern aus Stahl ruhen die Borde, die man fertig kaufen oder aus weiß beschichteter Spanplatte selbst herstellen kann.

2 Die Halteschienen für kunststoffbeschichtete Drahtkörbe passen genau in die Bohrungen der

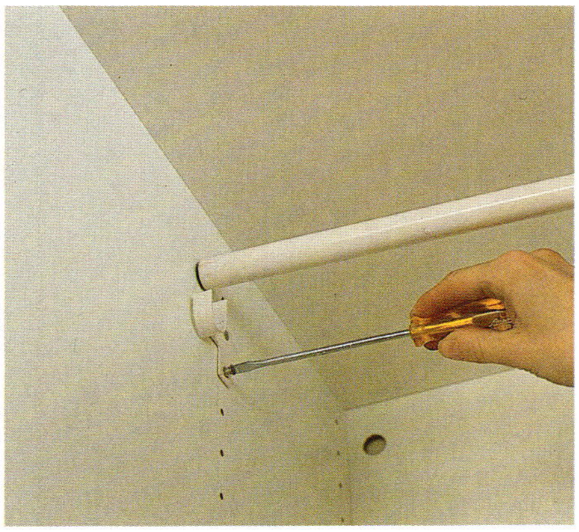

3 ▲

4 ▼

fertig gekauften Schränke. Sie werden nur eingedrückt. Die Körbe kann man dann in die Führung einschieben.

3 Die Kleiderstange mit den seitlichen Kunststoffhaltern kann entweder in einen Schrank oder zwischen zwei Schränke montiert werden. Die Halter werden an beiden Seiten angeschraubt und die Stange, nach Maß zugeschnitten, von oben eingesetzt.

4 Sollen Schubkästen eingebaut werden, kann man zwischen zwei Möglichkeiten wählen. Einmal gibt es im Möbelhandel fertige Schubladensätze mit Führungsschienen, die nur noch in den Schrank eingesetzt werden müssen. Dazu wählt man weiß beschichtete Fronten (Spanplatte, in die ein Griffloch geschnitten wird).
Im Heimwerkermarkt oder im Holzhandel bekommt man aber auch Formteile aus Kunststoff, die selbst zugeschnitten und mit passenden Eckverbindungen zu Schubkästen zusammengesetzt werden können. Auch hier nimmt man Böden aus weiß beschichteter Hartfaserplatte und Fronten aus weißer Spanplatte. Diese Bauweise empfiehlt sich, wenn die Schubkästen nicht das Maß der Einbauschränke haben, sondern schmaler oder breiter werden sollen.

Schrankwand unter der Schräge

Unter dem schrägen Dach kann man mit eingebauten Schrankwänden viel Raum gewinnen. Die genauen Maße sind von der Dachneigung abhängig.

Der Einbau nach Maß in diesem Beispiel besteht aus zwei Baugruppen – einem normalen, rechteckigen Schrank mit zwei Variotüren und dem eigentlichen Einbauteil links daneben unter der Dachschräge (siehe große Abbildung auf Seite 173). Das ist auch sinnvoll, denn so wird die „Puzzle"-Arbeit auf relativ kleine, handliche Stücke beschränkt. Trapezverbinder (siehe Skizze auf Seite 172) eignen sich bestens für den Aufbau, weil man sie nach dem Zusammenpassen der Teile von innen positionsgenau und ohne vorzubohren anbringen kann.

1 Die Rahmenteile aus gehobelten Flachleisten (2 x 4 cm) lassen sich auf einer Werkbank leicht zusammenfügen. Die Kontaktflächen werden mit Leim bestrichen, der Rahmen wird mit Klemmzwingen fixiert, vorgebohrt und verschraubt.

2 Auch die Sockel werden mit Klemmzwingen fixiert, dann vorgebohrt und verschraubt. Der Leim haftet besser, wenn die beschichtete Kontaktoberfläche angerauht wird. Vor die Sichtkante wird eine 1 x 2 cm-Leiste geleimt.

3 Mit dem Auflegen des Oberbodens, der als Abschlußregal von Wand zu Wand reicht, wird begonnen. Links ist die Kante der Schräge angeglichen. Der Oberboden liegt auf dem Türrahmen, die rechte Seitenwand daneben.

4 Der linke Seitenrahmen wird an die Wand geschraubt. Durch ein vorgebohrtes Loch wird die Position markiert, den Rahmen drückt man zur Seite und setzt das Bohrloch. Sockel und Rahmen werden mit Trapezverbindern zusammengehalten.

5 Oberboden und linker Seitenrahmen können mit den Trapezverbindern zusammengefügt werden, nachdem sie ausgerichtet worden sind. Vorn links am Seitenrahmen wird eine 2 x 4 cm-Leiste als Türanschlag angebracht.

6 Der Wandrahmen geht bis zur Schräge und wird direkt an die Wand geschraubt. Distanzleisten (2 x 1 cm) oben und unten gleichen Unebenheiten der Wand aus. Vorn wird wieder eine Leiste als Türanschlag vorgesetzt.

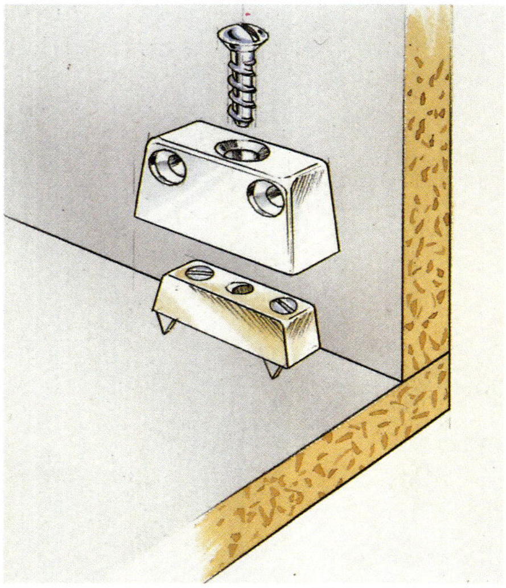

7 Die Führungstasche für die Schiebetür (2 beschichtete Hartfaserplatten und dazwischenliegende 1 x 2 cm-Leisten) wird mit Klemmzwingen fixiert. Beim Anschrauben (Löcher vorbohren) muß die Tür in der Tasche stecken.

8 Mit Packpapier nimmt man die genaue Form der kleinen Dreieckstür direkt unter der Schräge ab. Der Bogen wird am Seitenrahmen mit Klebeband fixiert, dann herumgefalzt und die Schräge markiert. So wird es genau.

9 Die Regalböden ruhen auf gewöhnlichen Regal-Trägerschienen, die man im Heimwerkermarkt bekommt. Die Dreieckstür wird mit zwei Scharnieren am Schrankwandkorpus befestigt.

10 Mit einem Falttürenbeschlag werden die Variotüren an Rahmen und Seitenwand angeschlagen. Bei dieser Türlänge sollte man jeweils drei Beschläge verwenden. Aufgeklebte Leisten lockern die Front auf.

Jeder Winkel wird genutzt

Die Dreieckstür wird durch eine Kleiderstange offengehalten. Dahinter ist viel Platz, zum Beispiel für Putz- und Reinigungsmittel.

Lustig, bunt und praktisch: Möbelwagen im Kinderzimmer

Charly's Busbetriebe fahren überall hin, wo es tolle Sachen zu erleben gibt, und sie brauchen dazu keinen Tropfen Benzin. Weil die Reisen nur im Land der Träume starten und mit dem Aufwachen wieder enden. Denn die oberste Etage ist außer Dach-Gepäckträger zugleich auch Schlafplatz für den Fahrer.

Tagsüber wird das Spielmobil zum Kletter- und Spielobjekt für eine ausgelassene Kinderschar und hat trotzdem beachtliche „innere Werte". Auf dem Foto rechts ist zu sehen, daß es sich bei Charly's Busbetrieben in Wirklichkeit um eine komplette Kinderzimmereinrichtung handelt.

Was hier so groß und verschachtelt aussieht, ist in Wirklichkeit ganz simpel konstruiert und dementsprechend leicht und auch schnell zu bauen.
Das Grundmaterial für den Möbelwagen, der ein ganzes Kinderzimmer füllen kann, ist 16 mm dicke Tischlerplatte. Nur für das Bett benötigt man 19 mm dicke Platten. Hinzu kommen Einschubleisten von 4 x 2 cm Stärke, gehobelte Dachlatten, Rundstäbe und gehobelte Fichtenbretter. Wer es sich leicht machen will oder nicht allzuviel Zeit hat, kauft die Tischlerplatte gleich fertig zugeschnitten. Auf den Konstruktionszeichnungen (Seiten 177, 178 und 179) sind die genauen Maße angegeben. An Kleinmaterial benötigt man Gelenkscharniere, Möbelverbinder, Bettbeschläge, Klavierband, Schrauben und Holzleim. Begonnen wird mit der Grundplatte, danach baut man ein Teil nach dem anderen.

Nur die Autonummer verrät noch den Abenteuerbus, wenn er in seine Einzelteile zerlegt ist; man erhält dann eine normale Jugendzimmereinrichtung.

1 Etwa 2 cm nach innen versetzt leimt und schraubt man den Rahmen aus gehobelter Dachlatte unter die beiden Grundplatten.

2 Die Gelenkscharniere für die Schranktüren werden einfach nur auf die Innenseiten der paßgenau zusammengelegten Platten geschraubt.

3 Jetzt können die Seitenwände aufgestellt werden, dazu wird der Schrankverbinder geschlossen.

4 Die mittlere Wand wird mit Dübeln in entsprechenden Sacklöchern (auch im Deckel) gehalten, der Deckel mit Schrankverbindern befestigt. Die nötige Standfestigkeit erhält der Schrank durch eine aufgeschraubte Rückwand aus Sperrholz (6 mm) oder Hartfaserplatte.

5 Der Korpus der Truhe wird stumpf geleimt und geschraubt; der Boden aus 6 mm Sperrholz liegt auf Einschubleisten.

6 Das schmale Deckelstück wird mit Schrauben fixiert. Dann markiert man die Ecken für die Rundholzführung und schraubt den Deckel wieder ab.

7 Mit der Stichsäge werden die Ecken des Truhendeckels ausgeschnitten, durch die die Rundhölzer geführt werden.

Der Schrank

2 ▲

3 ▲

4 ▲

Die Truhe

5 ▲

6 ▲

7 ▲

Die Regale

9 ▲

10 ▲

11 ▲

1 ▼

8 ▼

11 Auch für die Böden im kleinen Regal werden in gleichmäßigen Abständen Regalträger angebracht.

12 Die Bettbeschläge werden in das Holz eingelassen und festgeschraubt.

13 Dann werden die Seiten eingehängt und vorn mit einer 90 x 60-cm-Platte ausgesteift. Der Lattenrost sorgt für zusätzliche Festigkeit.

Das Bett

12 ▲

13 ▲

8 Die Führungsstücke setzt man so auf die Ecken, daß das Rundholz innen anliegt. Ist auch der 8 cm breite Endstreifen geleimt und angeschraubt, kann der Deckel bewegt werden.

9 Die Regalrückwand ist aus 6 mm Sperrholz.

10 Die Böden liegen auf einfachen Regalträgern, oder aufgeleimten und angenagelten Leisten.

Der „Möbelwagen" im Aufriß

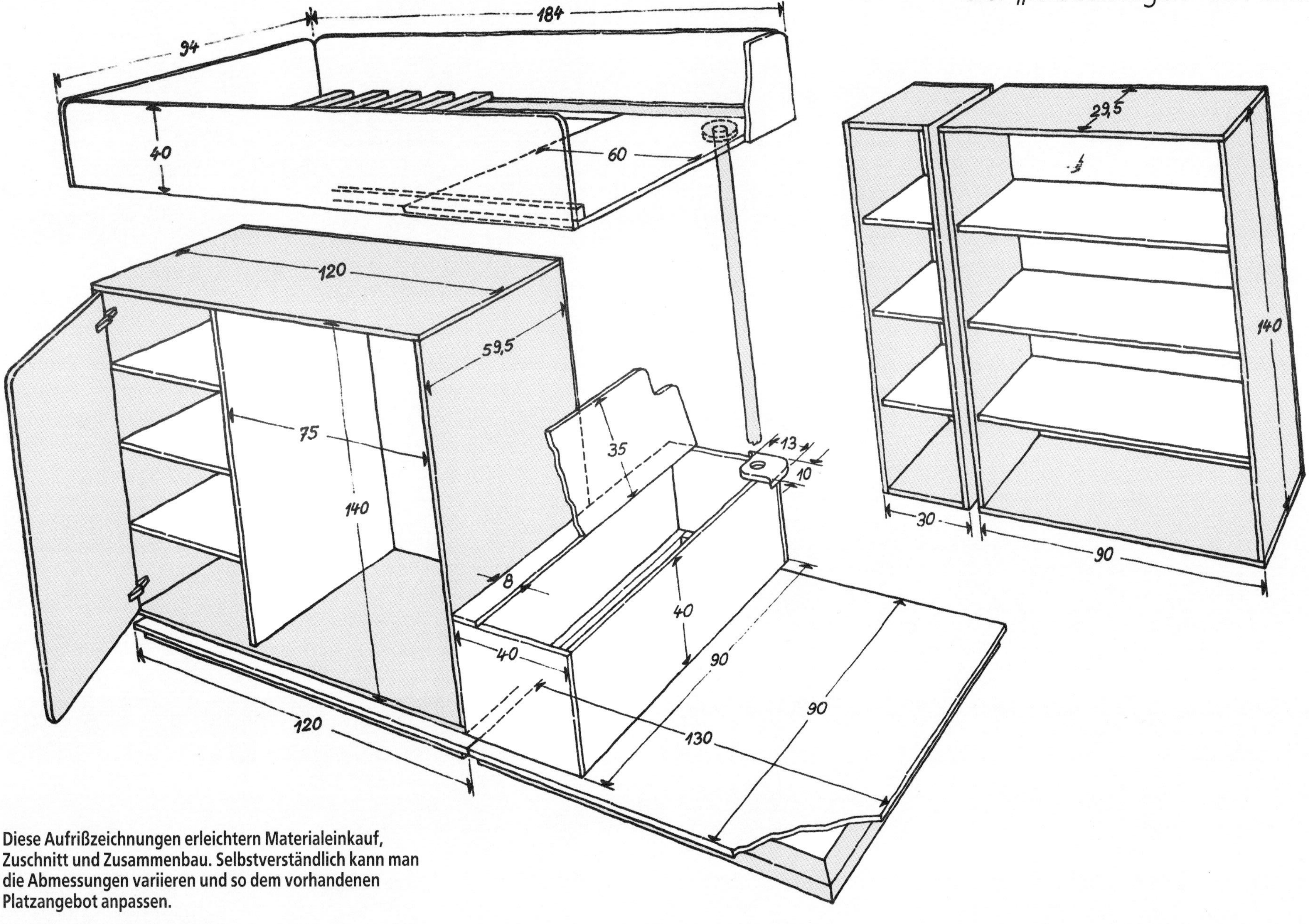

Diese Aufrißzeichnungen erleichtern Materialeinkauf, Zuschnitt und Zusammenbau. Selbstverständlich kann man die Abmessungen variieren und so dem vorhandenen Platzangebot anpassen.

14 Die Vorderfront des Pultes liegt zwischen den Seitenwänden. Deshalb ist die senkrechte Einschubleiste auch um die Materialdicke nach innen versetzt. Die bewegliche Schreibfläche liegt schräg auf, befestigt ist sie nur mit dem schmalen Streifen. Die Frontplatte wird von außen mit der Einschubleiste verschraubt.

15 Dann legt man den Deckel ein und verschraubt das kurze Stück mit den waagerechten Einschubleisten. Die Pultklappe selbst ist mit Klavierband befestigt und bleibt so beweglich.
Auf der Konstruktionszeichnung sieht man deutlich, daß die senkrechten Einschubleisten hinter der Frontplatte sitzen, obwohl sie auf der Abbildung an die Seitenwände geschraubt sind. Das hat seinen Sinn:
Genau diese Teile, Frontplatte und senkrechte Einschubleiste, entfallen, wenn man das „Wohnmobil" zusammensetzen will. Denn sonst kann man die Kommode nicht einschieben.
Und auch die Kommode hat ein Extra, das nur dann gebraucht wird, wenn sie als „Motor" eingebaut ist:
die beiden kleinen Brettchen, die – an der Rückwand winkelförmig angeschraubt – eine Nut bilden, in die der Lenkradträger geschoben wird. Wer die Teile öfter auswechseln will, leimt und schraubt die senkrechten Einschubleisten an die Frontplatte und nimmt beim Aufbau des Pultes Einteilverbinder, die durch die Seitenteile hindurch in die senkrechten Einschubleisten greifen.

16 Über Kreuz gesteckt bilden diese beiden Platten die Fachaufteilung der Kommode. Das waagerechte Stück ist um die doppelte Materialdicke kürzer als Deckel und Boden.

17 Wenn der Korpus geschlossen ist, befestigt man die Türen mit Gelenkscharnieren. Oben werden sie durch einen Magnetschnäpper gehalten.

18 Die Eckverbindungen der Schublade sind einfach, der Korpus wird geleimt und genagelt. Kleine Einschubleisten geben ausreichend Stabilität.

19 Zum Schluß paßt man den Boden ein. Auch er wird geleimt und genagelt. Zwei Kantenumleimer unter den Seitenwänden sorgen dafür, daß die Schublade leicht gleitet. Neben der Schublade sieht man den Griff. Das ist der „Scheinwerfer".

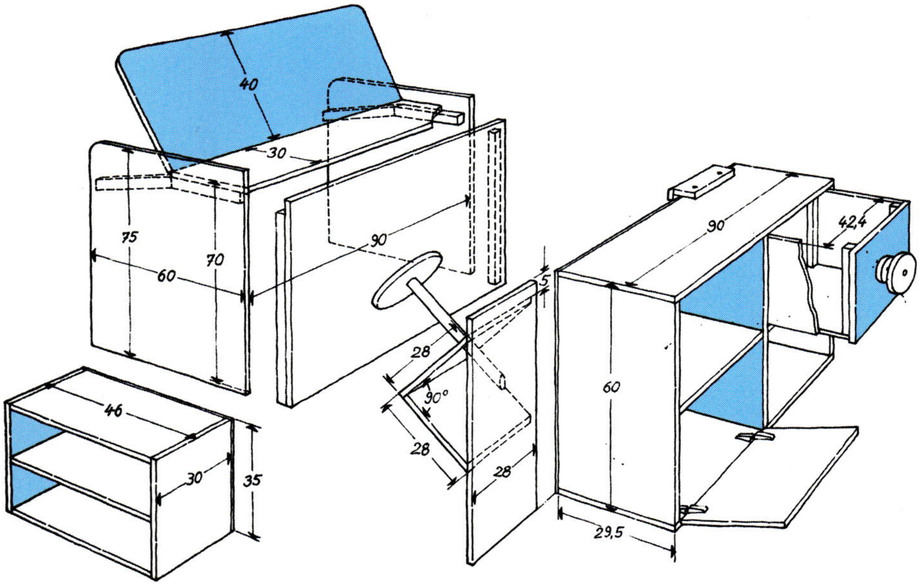

Das Pult

Die Kommode

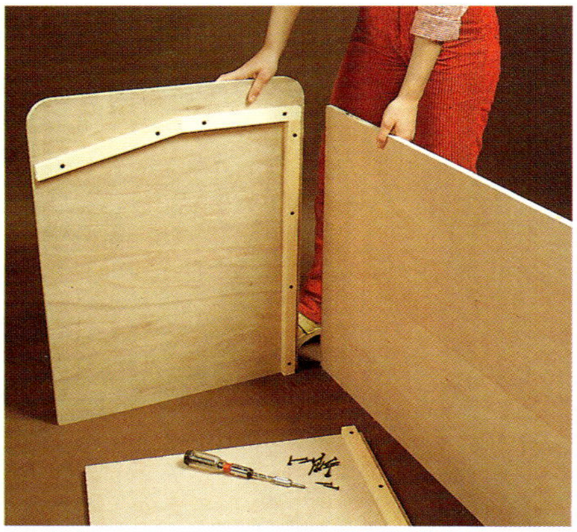

14 ▲

16 ▲

18 ▲

15 ▼

17 ▼

19 ▼

20 Wer einen solchen Kreisschneider für die Stichsäge hat, kann die Radscheiben leicht und problemlos aussägen. Aber mit einem Bandzirkel und gutem Augenmaß gelingt das sicher genauso rund. Die Hinterräder haben einen Durchmesser von 70 cm, die Vorderräder 50 cm. Wenn man die Räder drehbar befestigen will, muß man darauf achten, daß die Schrauben oder Zapfen nicht innen aus der Seitenwand wieder herausragen, weil sich sonst die Schubladen nicht öffnen lassen.
Natürlich kann man gerade hier ganz nach Lust und Laune schmücken. Da gibt es zum Beispiel die Möglichkeit, schwungvolle Kotflügel anzusetzen.
Aber bei all diesen Extras und auch bei der Bemalung sollten auch unbedingt die Wünsche des kleinen Fahrzeughalters berücksichtigt werden, denn schließlich ist es ja sein „Wohnmobil".
Auf alle sichtbaren Kanten werden schon vor dem Zusammenbau Umleimer aufgebügelt – das gilt insbesondere auch für die Fronten, die beim Aufbau als Wohnmobil nicht zu sehen sind.
Die Paletten, auf denen der Traumwagen parkt, kann man entweder direkt auf den Boden legen oder – wenn man das mobile Wohnen noch wörtlicher nimmt – Möbelrollen unterschrauben. Das bringt auch Erleichterung beim Saubermachen: das ganze läßt sich dann beiseite schieben.
Die Leiter wird einfach hinten angehängt und zum Einsteigen schräg angestellt. Sie ist aus gehobelten Fichtenbrettern, 2 cm dick und 10 cm breit. So ist der Zuschnitt schnell getan, weil einfach nur abgelängt werden muß. Das Holz soll aber sorgfältig geglättet und alle Kanten gebrochen sein, damit keine Verletzungsgefahr besteht.

20 ▲

Ungiftiger Anstrich

Nicht alle Lacke eignen sich für Kindermöbel und Spielzeug: Aber bei den meisten Farbdosen fehlt ein entsprechender Hinweis. Mit wasserhaltigem Dispersionslack läßt sich das Problem lösen. Er ist umweltfreundlich und enthält keine gesundheitlich bedenklichen Stoffe. Der schnelltrocknende Lack ist speichelfest und läßt sich rollen und streichen. Er ist im Fachhandel erhältlich.

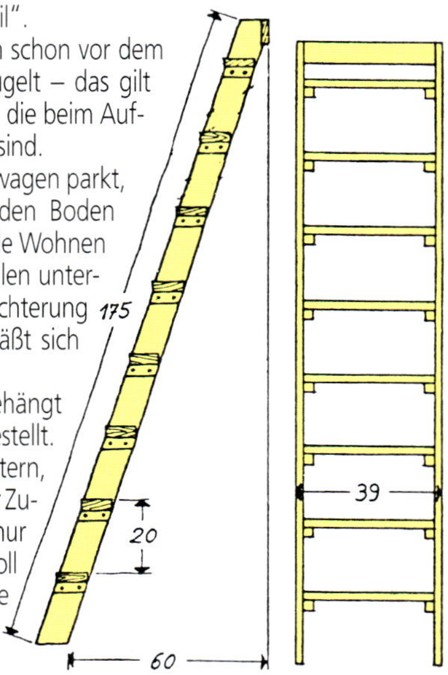

21 ▲

22 ▲

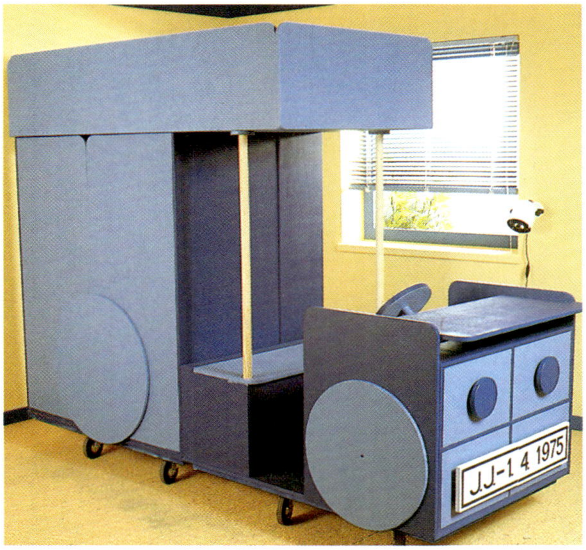

Auf der Zeichnung sieht man alle wichtigen Maße und auch den Winkel, in dem die Trittstufen eingesetzt sind. Insgesamt braucht man ca. 7 lfd. m.

21 Die Stufen liegen auf Einschubleisten (2 x 4 cm), die innen auf die Holme geschraubt werden. Mit selbstschneidenden Schrauben und einem Schnellschrauber geht die Arbeit rasch voran.

22 Die Trittstufen werden auf die Trägerleisten geschraubt. Erst müssen die oberste und die unterste Stufe eingepaßt werden, dann der Rest. Wichtig ist, daß die Stufen bündig und fest im Winkel sitzen. Unten angebrachte Gummiumleimer verhindern, daß die Leiter rutscht.

Ganz zum Schluß: Montage der Einzelteile

Die beiden Grundplatten, auf denen der Wagen aufgebaut wird, sollten (zum Beispiel durch Sturmhaken) fest verbunden werden, damit der „Motor" nicht einfach davonrollt. Dann stellt man den Schrank und das Regal mit den Rückseiten zueinander auf die hintere Platte. Das Pult kommt auf die vordere Platte, dort hinein schiebt man die Kommode. Die Truhe stößt an Schrank und Regal, das Bett liegt darauf und wird mit Stangen gestützt.

Richtiges Licht

Leuchten und Lampen erzeugen nicht nur Helligkeit, sie lassen sich auch gezielt zur Gestaltung eines Raumes einsetzen. Verschiedene Plätze stellen unterschiedliche Anforderungen an das Licht; Vorschläge dazu auf den nächsten Seiten.

Licht zum Lesen

Nur selten reicht eine dekorative Raumbeleuchtung auch als Leselicht aus. Das Eckregal bietet Licht für beide Zwecke. Für eine gemütliche Wohnstimmung sorgt die indirekte Beleuchtung. Der Strahler besorgt das richtige Licht zum Lesen, das über die Schulter auf die Lektüre fällt, ohne die Augen zu blenden. Die Lampen lassen sich wahlweise getrennt oder gemeinsam an- und ausschalten.

Bauanleitung Seite 184

Licht am Arbeitsplatz

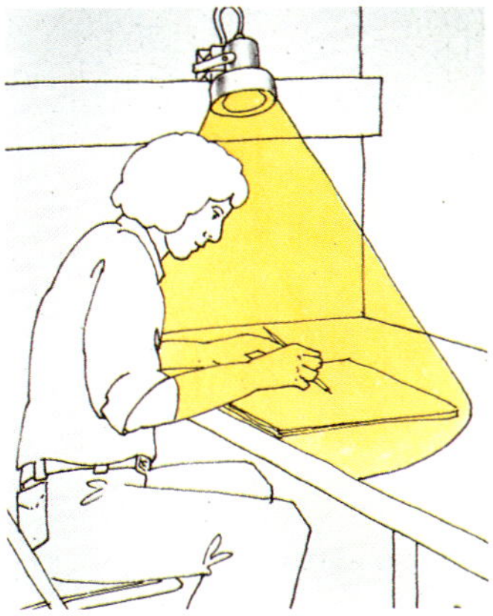

Es ist nicht einfach, einen Arbeitsplatz gleichmäßig flächig auszuleuchten und dabei eine Blendwirkung auszuschließen. Man behilft sich deshalb mit richtbaren Arbeitsleuchten, die zwar nicht die gesamte Fläche, abschnittsweise aber doch alles darauf bestrahlen können. Eine Arbeitsleuchte sollte an der linken Seite angebracht sein (bei Linkshändern rechts), damit der Schatten nicht vor die Hand, sondern von ihr weg fällt. Wenn der Tisch – wie in der Abbildung – ganz in die Ecke gesetzt ist, kann eine übliche Arbeitsleuchte nicht an der Kante befestigt werden. Hier hilft eine „Lichtschiene", auf der sich ein Klemmstrahler befestigen läßt.

Bauanleitung Seite 184

Licht am Bett

Auch im Bett wird gutes Leselicht gebraucht. Die Leuchte hat dieselben Anforderungen zu erfüllen wie die Leselampe im Wohnraum. Sie soll nicht den Raum beleuchten, sondern nur den Bereich über dem Beistelltisch und vor dem Kopf. Auch hier kommt es darauf an, daß man beim Lesen nicht geblendet wird. Meistens erfüllen Nachttischlampen diese Bedingung, häufig reicht ihr Licht aber auch nur über den Wecker und so eben bis an die Bettkante. Wer nicht nur lesen will, um müde Augen zu bekommen, sollte sich um besseres Licht bemühen. Das Licht aus dem Einbaustrahler läßt sich direkt auf die Lektüre richten und am Dimmer regulieren.

Bauanleitung Seite 185

Licht am Spiegel

Bauanleitung Seite 185

Ob im Badezimmer oder in der Flurgarderobe – der Spiegel soll das „wahre Gesicht" zeigen, wenn man hineinschaut. Der beste Spiegel nützt nichts, wenn er falsch beleuchtet ist. Man braucht kein akzentuiertes Licht, zum Beispiel aus Strahlern, sondern ein weiches; denn schließlich soll die Nase zu sehen sein und nicht nur der harte Schatten, den sie in einem zu konzentrierten Licht wirft. Unschöne Schatten entstehen auch, wenn man den Spiegel nur von unten beleuchtet. Am besten ist eine Rundherum-Beleuchtung oder Licht von den Seiten. In diesem Beispiel ist eine dekorative Lösung mit kopfverspiegelten Lampen gewählt, die den Betrachter nicht blenden können.

Leselicht aus dem Regal

Eine quadratische Platte trennt die Regalbeleuchtung vom Leselicht. Der Strahler wird vor die Blende gesetzt.

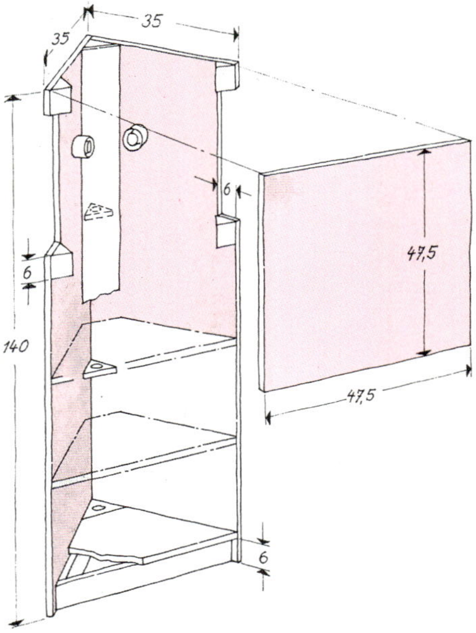

1 ▲

3 ▼

2 ▲

1 Die Regalböden werden dreieckig zugeschnitten. Ihre abgesägten Spitzen erhalten große Bohrungen, durch die später die Kabel geführt werden.

2 Mit Leim und kurzen Stiften werden sie in die Ecken gesetzt und anschließend mit einem schmalen Sperrholzstreifen verblendet.

3 Vier rechtwinklige, dreieckige Klötze (zum Beispiel von einer Dreieckleiste abgeschnitten) verbinden die Blende mit den Seiten des Regals. Dazu werden sie auf der Rückseite der Blende genau in die Ecken geleimt.

„Lichtschiene" mit Strahler

Die Zeichnung verdeutlicht die einfache Konstruktion. Ein U-Profil aus Spanplatten wird an die Wand gedübelt. Davor schraubt man, ein Brett oder eine Spanplatte, die nach oben übersteht. Den Überstand braucht man um die Klemmleuchte befestigen zu können. Die Maße sind so gewählt, daß auch eine Steckdosenleiste eingebaut werden kann, wobei die Verkabelung im Kasten unsichtbar bleibt. Wer noch mehr in der „Lichtschiene" unterbringen will, kann zusätzlich unter dem Kasten eine Leuchtstoffröhre anbringen, um beispielsweise eine Pinnwand damit zu beleuchten.

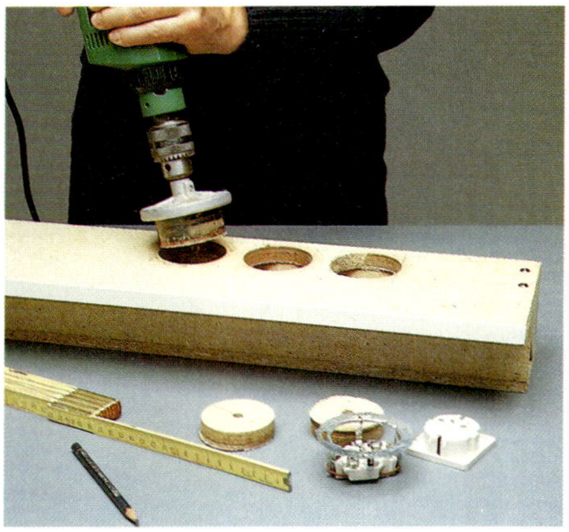

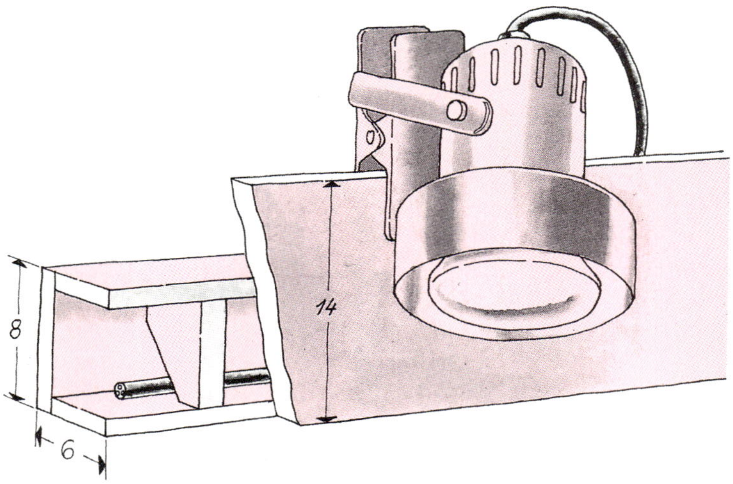

1 Drei Spanplattenstreifen werden zusammengeleimt. Dazwischen sitzen kleine Stützen, die die Konstruktion versteifen. Eine Ecke ist dabei ausgespart, damit die Verkabelung Platz findet. Wenn man die Frontplatte mit normalen Holzschrauben anbringen will, muß vorgebohrt werden. Bei Spanplattenschrauben erübrigt sich das.

2 Die Steckdosen werden genau ausgemessen; dann werden die Mittelpunkte auf der Frontplatte angezeichnet und dort die Lochsäge mit 6 cm Ø angesetzt. Die Steckdosenleiste wird von oben (von vorn) montiert.

Am Bett: der Strahler wird ins Bord eingebaut

Die genauen Maße des Bordes hängen von dem Durchmesser und der Einbautiefe des Strahlers ab. Die Gesamtbreite richtet sich nach der Breite des Bettes und des Beistelltisches bzw. beider Beistelltische bei einem französischen Bett. Das Bord wird dafür symmetrisch aufgebaut, erhält also einen zweiten Einbaustrahler auf der anderen Seite.

1 ▲

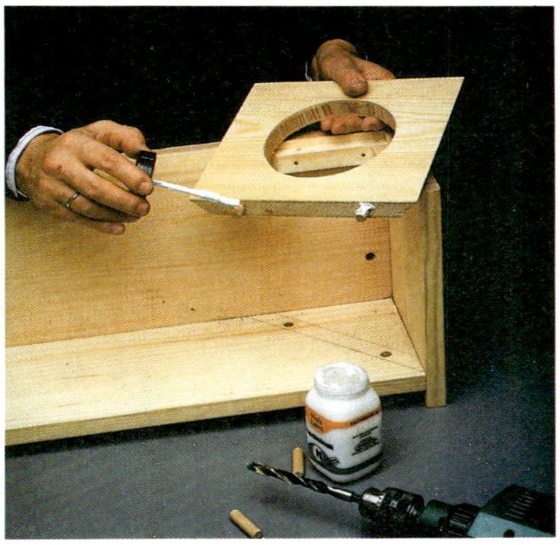

2 ▲

3 ▼

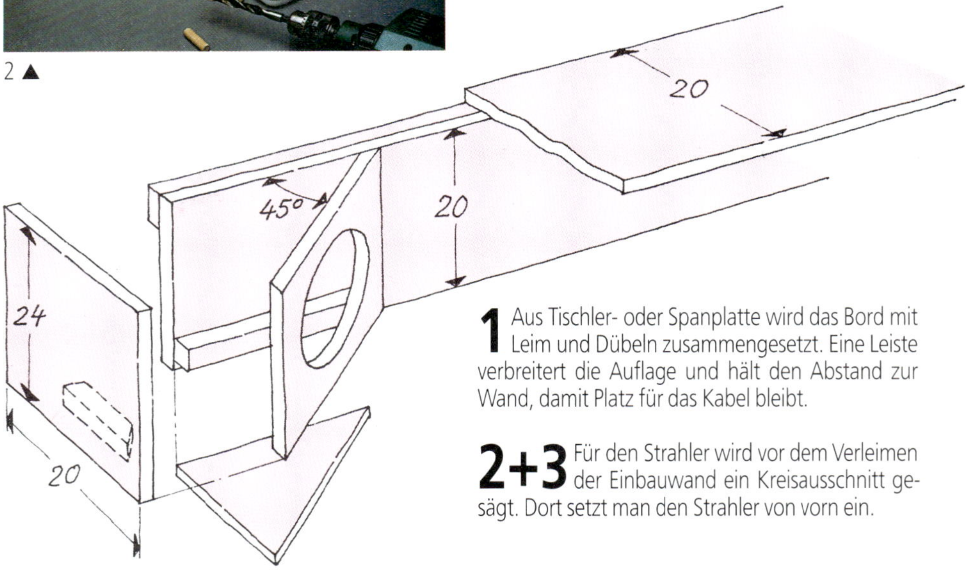

1 Aus Tischler- oder Spanplatte wird das Bord mit Leim und Dübeln zusammengesetzt. Eine Leiste verbreitert die Auflage und hält den Abstand zur Wand, damit Platz für das Kabel bleibt.

2+3 Für den Strahler wird vor dem Verleimen der Einbauwand ein Kreisausschnitt gesägt. Dort setzt man den Strahler von vorn ein.

Den Spiegel umgibt ein Leuchtrahmen

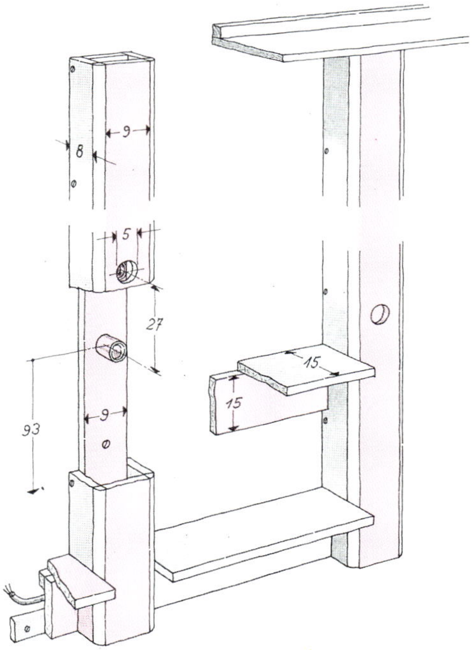

1 Die Lampenfassungen werden in gleichmäßigen Abständen auf einer 16-mm-Spanplatte montiert und an die Wand gedübelt. Darüber setzt man einen Kasten, der aus Spanplatte und Viertelstäben zusammengeleimt ist. 5 cm große Löcher, mit der Lochsäge herausgeschnitten, sorgen dafür, daß dieser auch genau über die Fassungen paßt.

2 Die Fußleisten können an der Wand bleiben. Damit das Kabel trotzdem verdeckt ist, wird eine Blende vorgesetzt, die auch als Ablage genutzt werden kann. Mit einer Abstandsleiste und zwei Schrauben wird sie in der Wand verdübelt.

3 Zwei Stollen „rahmen" den Spiegel. In ihnen verbergen sich die Lampenfassungen und ihre Verkabelung. Die 40-Watt-Kopfspiegellampen werden von vorn eingedreht. Die Verkabelungsarbeiten bei allen gezeigten Vorschlägen sollte man dem Fachmann überlassen.

Teppichboden schafft Behaglichkeit

Wenn es darum geht, eine warme, ruhige und behagliche Atmosphäre zu schaffen, dann ist Teppichboden der ideale Bodenbelag.

Richtiges Messen ist Voraussetzung für einwandfreies Verlegen der Teppichbahnen. Lieber zweimal messen als einmal falsch abschneiden, lautet die Faustregel.

Immer mehr hat sich textiler Bodenbelag von Wand zu Wand durchgesetzt. In Alt- wie in Neubauten hat er mittlerweile seinen festen Platz neben Parkett, Dielenboden und Steinfliesen. Und geschickte Heimwerker sehen es schon längst nicht mehr als ein Problem an, diesen Boden von Wand zu Wand, von Ecke zu Ecke selber zu verlegen. Das kann auf unterschiedliche Art geschehen. Man kann den Teppichboden vollflächig verkleben oder spannen. Viele Gewebearten sind aber auch relativ einfach „lose" zu verlegen.
In Heimwerkermärkten wie in Spezialgeschäften wird man vorzüglich beraten, wenn es um die Wahl der richtigen Ware geht, die man selber im Wohnbereich verlegen kann. Die Qualitätspalette ist so reichhaltig wie die Farbskala. Man findet mit Sicherheit das richtige für jeden Geschmack wie auch für die Belastung, der man den Bodenbelag aussetzen möchte. Einige wichtige Grundregeln müssen jedoch beim Verlegen von Teppichboden beachtet werden, wenn man auch längere Zeit Freude am neuen Teppich haben will.
Bevor man darangehen kann, den neuen Teppich zu verlegen, muß zuerst der Untergrund vorbereitet werden; grundsätzlich ist jede Unterlage geeignet, ob Estrich, Stein oder Holz. Wichtig ist nur, daß diese absolut eben ist. Estrich muß also an rauhen und unebenen Stellen gespachelt werden – an den Kanten klopft man ihn ab, um sicherzugehen, daß er nicht hohl

liegt. Fliesen und jede Art von Steinfußboden sollte man ebenfalls spachteln, wenn er Risse oder Unebenheiten hat. Bei Holzuntergrund muß man darauf achten, daß Dielen oder alte Parkettstäbe nicht federn, man kann sie auf den Lagerhölzern festschrauben, sollte aber auch zu breite Fugen verspachteln und Unebenheiten im Gesamtboden plan schleifen, bevor man sich an die eigentliche Verlegearbeit macht.
Und sollten die Unebenheiten sich gar nicht beseitigen lassen, schafft man eben eine neue ebene Unterlage durch Span- oder Sperrholzplatten.
An Werkzeugen und Material benötigt man eine Stahlschiene, ein Teppichmesser, einen Hammer und Spezialklebeband.

Teppichboden steht in jeder Qualität und Farbe zur Verfügung.
Hier nur eine kleine Auswahl der Farben.
Im Fachgeschäft oder im Heimwerkermarkt ist ein größerer Überblick möglich.

Beim Zuschneiden kommt es auf Exaktheit an

1 ▲

2 ▲

3 ▲

4 ▲

1 Auf dem vorbereiteten Boden wird an den Rändern das doppelseitig klebende Spezialband gerade und sauber verklebt. Hier müssen auf jeden Fall Falten vermieden werden.

2 Dann wird der zugeschnittene Teppichboden soweit wie möglich ausgerollt und mit der Hand scharf in die Zimmerecken gedrückt. Dabei muß darauf geachtet werden, daß die einzelnen Bahnen glatt liegen.

3 Für eine gerade Schnittkante ist es empfehlenswert, den Boden noch einmal mit dem Hammer in die Ecke zu stoßen.

4 Die Schnittlinie zeichnet man dann mit einem großen Schraubenzieher vor. Damit wird das Gewebe schon leicht angeritzt und der Schnitt erheblich erleichtert.

5 Mit einem gut geschärften Teppichmesser schneidet man dann die überstehende Kante der Bahn gerade ab.

6 Noch einmal wird mit dem Hammer der Teppich nach außen glattgestrichen, damit keine Wellen entstehen.

7 Vorher ist an der Türlaibung die Bahn senkrecht einzuschneiden, um die Türecke sauber verlegen zu können.

8 Bei Kopfnähten ist auf die Florrichtung zu achten. Mit einem Stahlkamm stellt man sie ganz schnell fest.

9 ▲

10 ▲

11 ▼

12 ▼

13 ▼

9 Um gerade und kaum sichtbare Nähte zu erhalten, legt man die Bahnen knapp übereinander und schneidet beide zugleich an einem Lineal entlang durch.

10 Dann werden die Nahtstellen mit Klebeband unterlegt und ganz hart aneinandergestoßen. Der Flor verdeckt den Stoß fast völlig.

11 Die Teppichkanten zum Flur werden mit einer Messingschiene, die den Übergang zum Steinboden ausgleicht, abgedeckt.

12 Viertelstäbe, unten an die Fußleiste geschlagen, bieten außerdem die Gewähr für mehr Festigkeit.

13 Spezialfußleisten, wie hier im Bild zu sehen, kann man mit Reststreifen bekleben. Das sieht gut aus und verdeckt die Kante wirkungsvoll.

Auch auf Treppen kann man Teppichboden verlegen.

Auf Treppen bringt Teppich eine ganze Reihe von Vorteilen. Zum einen wird die Treppe durch Teppich geschickt mit in den Wohnbereich einbezogen, zum anderen, und das ist mindestens genauso wichtig, bedeutend „leiser" gemacht. Das Verlegen, vor allem auf gewendelten Treppen, ist etwas schwieriger als in normalen Räumen. Mit etwas Geschicklichkeit und Geduld ist das jedoch kein wirkliches Problem. Es gibt mehrere Möglichkeiten:

a) Das Verlegen mit Teppichstangen.
b) Das Bekleben ohne die senkrechten Stoßkanten.
c) Das feste Verkleben des Bodens auf der ganzen Treppe einschließlich der Stoßkante.

Die dritte Möglichkeit ist die schwierigste und wird deshalb auf der folgenden Seite stellvertretend vorgestellt. Auch eine Verlegung mit Spezialklebe-

Eine Schablone erleichtert die Arbeit

Die dritte Möglichkeit ist die schwierigste und wird deshalb auf der folgenden Seite stellvertretend vorgestellt. Auch eine Verlegung mit Spezialklebeband ist möglich, sie muß aber aus Sicherheitsgründen sehr sorgfältig geschehen. In jedem Fall ist zu empfehlen, nicht nur die diversen Kanten mit Klebeband zu sichern, sondern auch die Stufen auf der Trittfläche mit einem zusätzlichen Streifen zu belegen, um absolute Rutschfestigkeit garantieren zu können.

Noch ein wichtiger Tip vom Fachmann:

Man sollte genau messen und lieber etwas reichlich Teppich kaufen, damit nicht bei der letzten Stufe gestückelt werden muß. Man sollte auch so viel Material zur Verfügung haben, daß der Flor auf allen Stufen die gleiche Richtung hat, und zwar von oben nach unten, wenn man wie im abgebildeten Beispiel, keine Schutzkanten verwendet.

Bei Verwendung von Teppichschutzkanten sollte der Flor von unten nach oben weisen, sagen Fachleute.

1 ▲

2 ▲

3 ▲

4 ▼

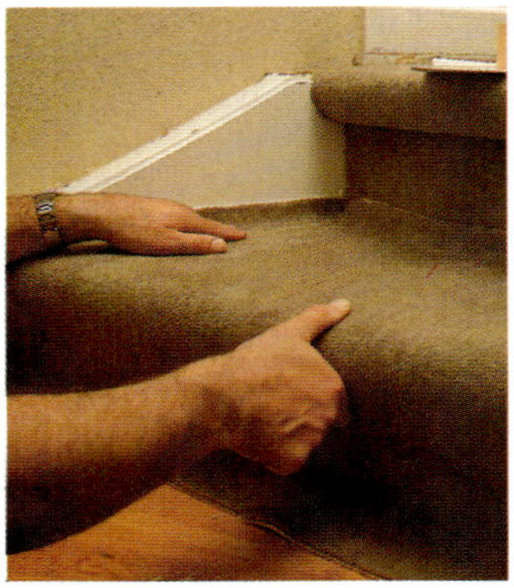

5 ▼

6 ▼

7 ▼

1 Beim Belegen einer Treppe mit Teppichboden ist das Ausmessen der Stufen sehr wichtig. Auch Profis schreiben sich die Maße jeder einzelnen Stufe auf, damit sie sich beim Zuschneiden nicht vertun. Noch besser, man fertigt sich für jede Stufe eine Schablone und schneidet danach den Teppich genau zu.

2 Stufen wie Stoßkanten müssen ausgiebig mit Spezialklebeband versehen werden, damit die Rutschfestigkeit garantiert ist.

3 Der Zuschnitt erfolgt für jede Stufe mit Stoßkante, dann wird der Boden scharf und glatt in die Ecken und auf die Flächen gedrückt.

4 Die Teppichkanten stehen etwas über, damit sie nach dem Verlegen exakt mit dem Teppichmesser beschnitten werden können.

5 Auch für dieses Beschneiden markiert man die Linie mit einem Schraubenzieher, damit keine Wellenlinien beim Schnitt entstehen.

6 Dann ist es einfach, mit dem Messer die vorgezeichnete Linie glatt und gerade nachzuziehen und nahtlose Übergänge zu schaffen.

7 Schließlich drückt man den Teppich vor allem am Stufenvorsprung fest an, damit er festen Halt bekommt.

Eßplätze, die überall passen

Durch geschickte Möblierung kann man häufig einen (fast) vollwertigen Ersatz für ein fehlendes Eßzimmer schaffen. Folgende Seiten zeigen drei verschiedene Einrichtungsideen.

Der Ausgestaltung einer Eßecke, wie sie in den Grundrissen vieler Wohnungen ausgewiesen ist, dient dieser erste Vorschlag. Um den meist doch sehr knappen Platz bestmöglich zu nutzen, wird eine Eckbank gebaut, die mit hinzugekauften Stühlen und einem Tisch zu einem Eßplatz für vier bis sechs Personen werden kann.
Das Material ist gehobeltes Fichtenholz. Einen passenden Tisch findet man in jedem größeren Möbelhaus. Um den Eßbereich noch zusätzlich von dem übrigen Zimmer abzusetzen, werden senkrechte Streben einfach auf die Wand gedübelt – gehobelte Fichtenbretter, die von der Oberkante der Sitzbank bis zur Decke reichen. Zum Saubermachen ist diese Konstruktion übrigens ideal: Die Eckbank steht nicht auf dem Fußboden, sondern ist mit einer Hakenleiste an der Wand befestigt. So kann man mit einem Besen oder einem Staubsauger mühelos unter der Bank saubermachen.

Die Bank wird einfach an die Wand gehängt

Diese Sitzbank wird genau nach Maß in eine vorhandene Ecke gebaut. Die Konstruktion ist so ausgelegt, daß jede Abmessung möglich ist.

1 Jedes Tragelement wird aus zwei Tischlerplatten-Zuschnitten gebaut. Mit Weißleim und Schrauben setzt man die Teile zusammen.

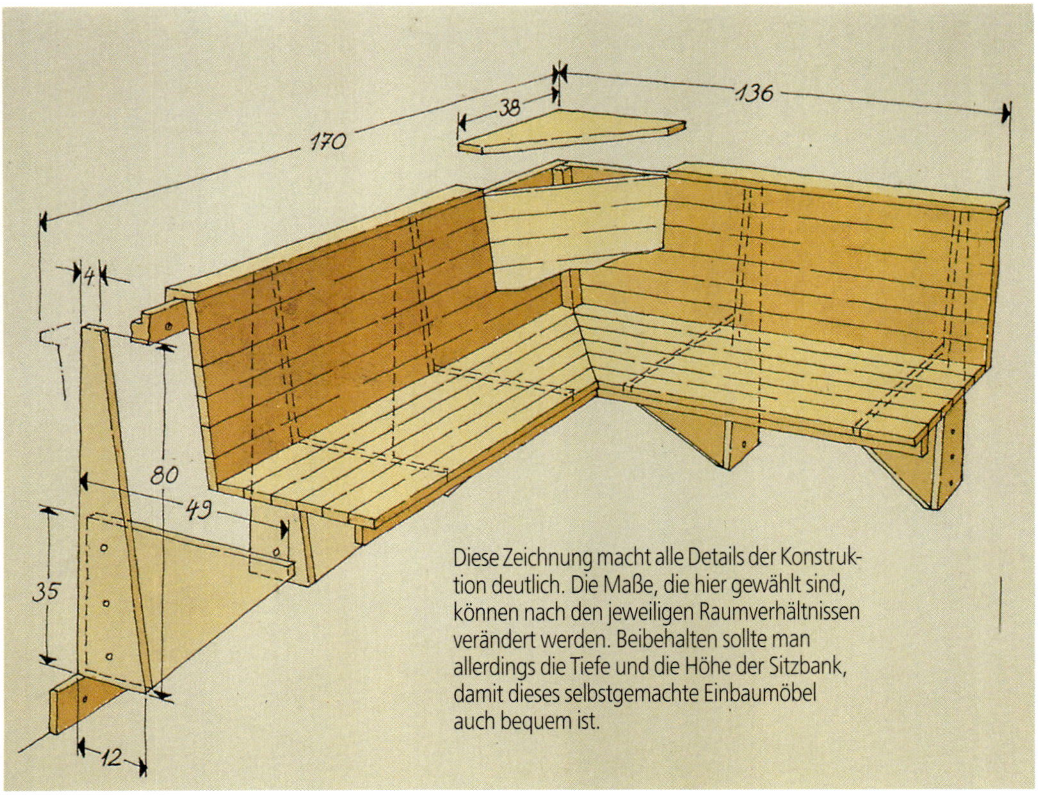

Diese Zeichnung macht alle Details der Konstruktion deutlich. Die Maße, die hier gewählt sind, können nach den jeweiligen Raumverhältnissen verändert werden. Beibehalten sollte man allerdings die Tiefe und die Höhe der Sitzbank, damit dieses selbstgemachte Einbaumöbel auch bequem ist.

2 Die Sitzfläche wird mit fünf Hobelbrettern 8,5 x 2 cm beplankt, die auf jedem Träger verschraubt werden. Ecken werden auf Gehrung zugeschnitten.

3 Jedes Bankteil wird an den Hakenleisten aufgehängt, wenn die Lehne mit sechs Brettern (7 x 2 cm) verkleidet ist. Die Wandleiste wird an den Trägern unterbrochen.

4 ▲ 6 ▼ 7 ▼ 5 ▲

4 Aus sechs Brettern und zwei Leisten baut man ein Füllstück für die Ecke. Die Brettkanten werden auf 45° zugesägt, damit sich dieses Füllstück den Rückenlehnen gut anpaßt.

5 Die Abdeckung für die Ecke baut man nach Maß aus zwei gehobelten Brettstücken, die man mit einem Dreieck aus Spanplatte verbindet.

6 Das fertige Abdeckstück für die Ecke wird nur lose aufgelegt. Damit bleibt der Raum hinter dem Füllstück der Lehne jederzeit zugänglich.

7 Die fest angeleimte und geschraubte Hakenleiste ist die einzige Aufhängung. Wo Träger sind, muß die „Nase" der Leiste auf 2 cm Breite ausgesägt werden. Eine Ecke bis auf den letzten Zentimeter genau ausfüllen – das kann nur eine Bank,

Fortsetzung auf Seite 194

Eßtisch zum Verschieben

Ganz besonders vielseitig ist dieser zweite Vorschlag: Aus verschiebbaren Platten lassen sich ganz nach Bedarf verschiedene Tischgrößen herstellen. Für vier Personen groß genug ist dieser Eßplatz, wenn er so wie oben aussieht. Kommen einmal Gäste dazu, kann man die „Zuwachs"-Möglichkeiten ausspielen. Die Tischplatten schiebt man einfach auseinander – und eine dritte Platte wird eingehängt. Sechs bis sieben Personen passen dann um diese Tafel. Auch die dritte Nutzungsmöglichkeit ist sehr attraktiv: Werden beide Tischhälften auseinandergeschoben, erhält man zwei separate, kleine Tische, an denen zum Beispiel zwei Kinder Schularbeiten machen können, ohne sich gegenseitig zu stören. Wenn dieser Tisch in eine größere Küche eingebaut wird, kann er auch Abstellfläche sein.

So wächst der Tisch: Die Hälften, an einer Schiene an der Wand befestigt, werden 60 cm auseinandergerückt. Dann paßt die dritte Platte genau in die Halter. Der Tisch ist nun 120 x 180 cm groß.

Fortsetzung von Seite 192

eine Bank, die man selbst nach Maß baut. Aus der Zeichnung und aus den Abbildungen der Arbeitsgänge wird die Konstruktion deutlich, die man auf die Abmessungen der eigenen Eßecke übertragen kann.
Bei allen Änderungen der Banklänge sollte man nur eines beachten: Der Abstand zwischen den Stützen sollte jeweils 60–85 cm betragen, damit die Spannweiten nicht zu groß werden. Denn schließlich hat eine vollbesetzte Eckbank ja einiges Gewicht zu tragen.
Zum Montageablauf: Als erstes baut man aus 19 mm dicker Tischlerplatte die Träger, deren Abmessungen der Zeichnung zu entnehmen sind. Als nächstes kommt die Aufhängung für die Wand an die Reihe. Deren Konstruktion kann man in Bild 7 gut erkennen.
Eine Hakenleiste wird so auf die Oberkanten aller Stützen geleimt, daß die „Nase" direkt an der Wand nach unten zeigt. Das Gegenstück zu dieser Hakenleiste wird an die Wand gedübelt. Diese Trägerleiste hat die „Nase" vorn, nach oben zeigend, so daß die Halterung der Bank exakt eingreifen kann.
Diese Hakenleiste (deren Funktion auch aus der Zeichnung deutlich zu entnehmen ist) kann man nach zwei Verfahren herstellen. Entweder wird eine Latte von 4 x 6 cm so ausgefalzt (auf der Kreissäge), daß sich das gewünschte Profil ergibt, oder ein Brett von 6 x 2 cm und Leisten von 2 x 2 cm müssen so zusammengeleimt und geschraubt werden, daß sie die gewünschte Form bekommen.

Die Rollen laufen in einer Stahlschiene

1 Die Wandschiene sieht so aus: Unter den Bretterwinkel wird die Schiebetürenschiene geschraubt. In dieser laufen dann die Rollenbeschläge für die Tischplatten.

2 So schraubt man die Rollenbeschläge unter die Tischplatten. Links eine herausschwenkbare Lasche (10 mm Sperrholz), die die Einlegeplatte tragen soll.

3 Leistendreiecke dienen zur Verstärkung bei der Montage der Beinrahmen. Hier wird geleimt, und der Rahmen mit langen Schrauben durch vorgebohrte Löcher mit der Platte verbunden.

4 Das Ausstellungsdreieck wird zunächst mit Holzdübeln unsichtbar an den Beinrahmen geleimt und dann mit der Tischplatte verschraubt. Der Beinrahmen ist so montiert, daß er 2 cm Abstand zu den Längskanten und zur Vorderkante jeder Tischplatte bekommt. Rohe Holzteile müssen lackiert werden.

Mit einer Mechanik, die eigentlich für Schiebetüren gedacht ist, wird dieser Eßtisch zu einem Platz mit vielen Möglichkeiten.
Jede Tischplatte kommt mit nur einem Beinrahmen aus, denn die gegenüberliegende Seite wird mit Rollen in einer Stahlschiene geführt. Die Halterung der Schiebetürschiene ist zudem noch so gestaltet, daß man sie als Ablage benutzen kann.
Der Bau der einzelnen Tischelemente bereitet keinerlei Schwierigkeiten, wenn man als Tischplatte eine stabverleimte Kiefernholzplatte nimmt. Diese Platten gibt es im Heimwerker- und Holzhandel schon mit versiegelter Oberfläche. In diesem Fall werden drei Platten von 60 x 120 cm benötigt. Die Beinrahmen dübelt man aus zwei 69 cm und zwei 42 cm langen Hobelleisten (Kiefer, 6 x 2 cm) zusammen. Weißleim kommt an alle Verbindungsstellen.
Die Wandbefestigung entsteht aus gehobelten Fichtenbrettern von 2 cm Dicke. An das 12 cm breite senkrechte Brett, das an die Wand gedübelt wird, schraubt man 2 cm unter der Oberkante das waagerechte Ablagebrett (10 cm breit). Unter die Unterkante der Wandbefestigung schraubt man die Schiebetürschiene (2 cm breit). Die Schiebetürrollen, deren Befestigungsblech abgewinkelt werden muß, gehören an die Hinterkante der Platte. Die dritte Platte wird an beiden Längsseiten mit je drei herausragenden Holzdübeln versehen. Diese greifen in Bohrungen von Sperrholz-Laschen ein, die unter die anderen beiden Tischplatten herausschwenkbar geschraubt werden.

Klappbarer Fensterplatz für das Frühstück zu zweit

Überall dort, wo aus Raumgründen einfach kein fester Eßtisch aufgestellt werden kann, bietet sich diese Klapptisch-Lösung an. Wenn es sich dann noch, wie in diesem Beispiel, um einen Fensterplatz handelt, hat man noch nicht einmal das Gefühl von Enge, der Blick kann hinaus ins Grüne schweifen. Allerdings muß dafür gesorgt sein, daß die Heizungsluft frei abströmen kann. Deshalb darf die Platte heruntergeklappt auch nicht bis zum Boden reichen. Und oben im Fensterbrett müssen Lüftungsschlitze sein.

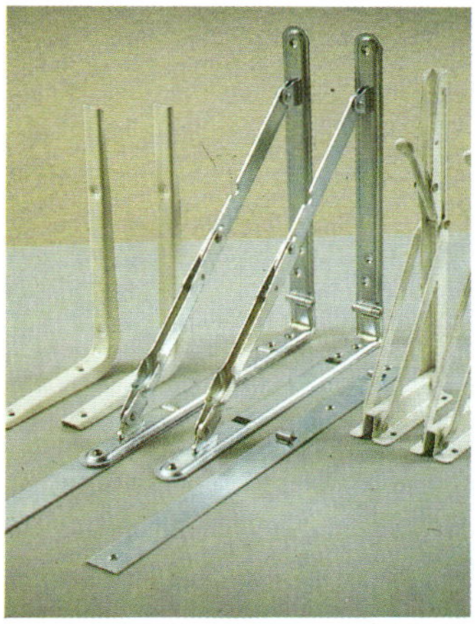

Konsolen gibt es in fester Ausführung (links) und zum Klappen in unterschiedlichen Größen, Ausführungen mit Stützstrebe sind stabiler als die einfache starre Winkelform.

1 Die Klappkonsolen sollen soweit nach innen versetzt angebracht werden, daß die Tischplatte später links und rechts an der Wand anliegt. Dazu wird erst eine Trägerleiste (zum Beispiel ein Dachlatte) an die Nischenseiten gedübelt, daran werden die Konsolen geschraubt.

2 Die Tischplatte wird auf den ausgeklappten Konsolen angelegt. Sie soll genauso dick sein wie das Fensterbrett, damit eine durchgehende Fläche entsteht. Ist das nicht der Fall, muß man entsprechend starke Distanzleisten unterlegen, um Niveaugleichheit zu erzielen.

3 Die Platte wird nach dem Frühstück einfach weggeklappt, und schon ist wieder Platz in der Küche. Die Heizungsluft strömt oben durch das Gitter.

Mit Spiegeln wird die Wohnung größer

Natürlich ist diese „Vergößerung" nur ein optischer – aber ein sehr wirkungsvoller – Trick. Die Möglichkeiten des Einsatzes von Spiegeln sind groß, die Kosten halten sich in Grenzen.

Ein nach unten geneigter Spiegel in einem Rahmen, der zur Kommode paßt, betont die stilvolle Einrichtung.

Es ist ein alter Kunstgriff, Räume durch Spiegel optisch zu vergrößern. Warum also sollte man beim Einrichten der Wohnung keinen Gebrauch davon machen? Dabei läßt sich gleich das Dekorative und Schöne mit dem Nützlichen verbinden:
Mit Lichtquellen zum Beispiel (Fenster oder Leuchten), die sich im Spiegel wiederholen, wird ein dunkles Zimmer heller und freundlicher. Ein besonders schönes Möbelstück oder eine Pflanze kann durch die Verdoppelung im Spiegelbild hervorgehoben werden. Und wenn man in der Wohnung bisher vergeblich nach einem Speigel in Körperhöhe gesucht hat, um vor dem Weggehen noch schnell den Sitz der Kleidung darin zu überprüfen, dann ist die Lösung dieses Problems ganz einfach eine spiegelverglaste Tür. Die Vorschläge hier sollen nur einige Anregungen geben – der eigenen Phantasie und dem Sinn für das Dekorative sind bei der Suche nach geeigneten Flächen und Möglichkeiten keine Grenzen gesetzt.

Eine spiegelverglaste Tür ist sehr dekorativ und läßt ein kleines Treppenhaus größer und heller wirken.

Die Stirnseite einer raumteilenden Schrankwand bietet sich für einen Spiegel in Körpergröße an.

Ein Spiegel am Schrank ist gleichzeitig auch praktisch

1 ▲

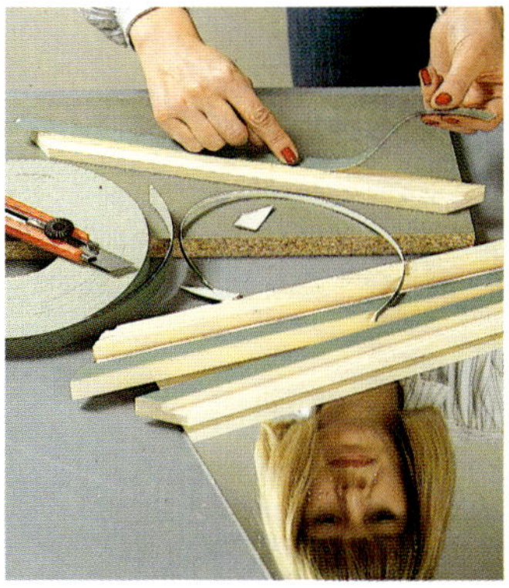

2 ▲ 4 ▼

5 ▼ 3 ▲

Mit einer Spiegelfläche an der Stirnseite einer raumteilenden Schrankwand erreicht man neben der dekorativen Wirkung ebenfalls einen praktischen Nutzen: der Spiegel in Körperhöhe wird bald für alle Familienmitglieder ein unentbehrlicher Ratgeber bei der Auswahl der Garderobe sein. Um die Verbindung zwischen der Spiegelfläche und dem Schrank zu betonen, erhält der Spiegel einen zum Holz der Schrankwand passenden Rahmen. Durch einen andersfarbigen Rahmen kann man natürlich auch – wenn es besser zur Einrichtung paßt – die Eigenständigkeit des Spiegels hervorheben.

Verschiedene Gegenstände, die sich auf dieser Fläche widerspiegeln, geben einem Raum einmal mehr ein neues Gesicht.

Spiegel setzen Akzente im Raum

1 ▲ 4 ▼

2 ▲ 5 ▼

6 ▼ 3 ▲

Diese „nostalgische" Kommode wird durch den nach unten geneigten Spiegel einmal mehr zum Blickfang des Eßzimmers. Der schön gedeckte Tisch verdoppelt sich, der sich widerspiegelnde Schein der Kerzen verleiht festlichen Tafelrunden einen strahlendschönen Glanz.

So wirkt fast jedes gute alte Stück durch einen Spiegel „doppelt wertvoll".

Mehr Licht und mehr „Raum" im Flur durch Spiegel an der Tür

1 Für die Schrauben zur Befestigung der unteren und oberen Leiste werden jeweils zwei Löcher vorgebohrt. Die beiden anderen Leisten brauchen nur aufgeklebt zu werden. Das reicht für den sicheren Halt des Spiegels völlig aus.

2 Mit Klebestreifen werden alle vier Teile des Rahmens auf der Rückseite versehen. Dafür verwendet man ein doppelseitig klebendes Montageband, das keine Lösungsmittel enthält.

3 Die untere Leiste wird am Schrank festgeklebt (Schutzstreifen vorher abziehen) und angeschraubt. Jetzt kann der Spiegel eingesetzt und ausgerichtet werden.

4 Die Seitenteile des Rahmens sollten vorsichtig von unten nach oben am Schrank festgeklebt werden.

5 Die obere Leiste wird schließlich eingepaßt, festgedrückt und angeschraubt.

---

1 In einer Gehrungslade werden die Profilleisten exakt zugeschnitten.

2 Zum Verleimen des Rahmens werden die Schnittkanten der Leisten gut mit Weißleim bestrichen, fest zusammengedrückt und der austretende Leim mit einem Tuch abgewischt. Mit Verleimklammern wird der Rahmen zusammengehalten.

3 Der Rahmen wird mit Holzbeize gestrichen, wobei zwischen Hoch- und Seidenglanz gewählt werden kann.

4 Je zwei Winkel aus Sperrholz geben dem Spiegel einen sicheren Halt. Der kleinere Winkel wird in die Nut des Rahmens geschoben und mit Weißleim bestrichen.

5 Der größere Winkel wird auf den kleineren geklebt und mit vier Schrauben auf dem Rahmen befestigt.

6 Zum Aufhängen des Spiegelrahmens wird in beide Seitenleisten je eine Schrauböse gedreht, durch die eine Nylonschnur gezogen wird. Zwei Stifte unterhalb des Rahmens sorgen für den geraden Halt des Spiegels.

Auf die Tür, die vorher gründlich gereinigt werden muß, werden – je nach Größe des Spiegels – zwei oder mehrere Spezial-Klebestreifen angebracht, welche man fest andrückt.

Der Spiegel wird an der unteren Kante ausgerichtet (die Schutzfolie vom doppelseitigen Klebeband wird vorher abgezogen – und dann vorsichtig nach oben angedrückt.

Treppenhaus und Flur sind manchmal eng. Aber deshalb müssen sie noch lange nicht so wirken. Mit spiegelverglasten Türen kann man erheblich mehr Helligkeit und Weite „herbeizaubern".
Ob man nun Türen mit oder ohne Glas hat, eine Spiegelfläche kann man immer anbringen. Und das macht nicht einmal viel Mühe: Anstelle der Glasscheiben werden Spiegel eingesetzt (siehe Abbildung Seite 196, unten), Türen mit Holzfüllung werden einfach beklebt. Wichtig bei der Auswahl der Tür ist, daß sich eine Lichtquelle im Spiegel wiederholt.

Spiegelfliesen: variabel und problemlos zu verarbeiten

Eine große Spiegelfläche ist in erster Linie natürlich sehr dekorativ. Daß sie aber gleichzeitig – wie jeder der gezeigten Vorschläge – nützlich ist, sieht man auf den ersten Blick: Der Raum wirkt durch das verdoppelte Fenster größer und heller.

Das Verlegen dieser Fliesen ist sehr einfach. Sie eignen sich übrigens nicht nur für Wohnräume, sondern zum Beispiel auch hervorragend für das Bad.

1 ▲

2 ▲

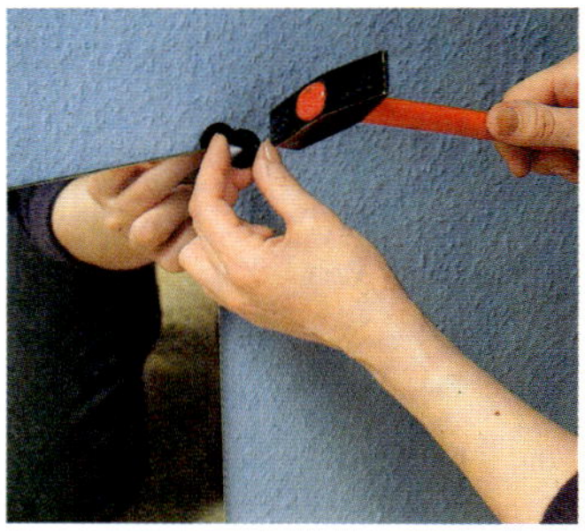

3 ▼

4 ▼

1 Als Werkzeug benötigt man lediglich Hammer und Zollstock. Ein Spiegelsatz besteht aus vier Spiegeln à 60 x 45 cm, 3 mm stark. Die beiliegenden Plastikhalter und -kappen sind bereits mit Nägeln versehen.

2 Die Fliesen werden von unten nach oben verlegt. Zunächst werden die beiden unteren Plastikhalter ausgerichtet und festgenagelt. Dann wird der Spiegel eingesetzt und die Nägel der beiden oberen Halter provisorisch eingeschlagen. Dann wird der Spiegel abgenommen und alle Nägel fest eingeschlagen.

3 Der Spiegel kann nun wieder eingesetzt und die Kappen auf die Halter genagelt werden.

4 Diese Halter sorgen zusätzlich für eine gleichmäßige Fugenbreite.

Garderobe im Flur: schlicht aus Fichtenholz

Eine Flurgarderobe muß in erster Linie möglichst viel Platz bieten und praktisch sein.

Der ganze Flur erhält durch den Einbau der Garderobe ein neues Gesicht. Das einheitliche Baumaterial – Fichtenholzbretter –, aus dem die abgehängte Decke und die Garderobenbretter gefertigt sind, macht das möglich. Eine 60 x 90 cm große Spiegelfläche, aus Fliesen zusammengesetzt, und eine ebenso große Pinnwand aus Korkplatten sorgen dafür, daß „Spickzettel" spätestens beim letzten Blick in den Spiegel ins Auge fallen.

Bevor mit den eigentlichen Arbeiten begonnen werden kann, sollte der Flur nach Möglichkeit frisch tapeziert und gestrichen werden (siehe dazu Seite 78–87). Dann kann man an die abgehängte Decke gehen. Dafür wird ein 10 cm breiter Spanplattenstreifen ringsum in etwa 230 cm Höhe an die Wände gedübelt, als Untergrund zum Aufnageln der Querbretter, der Abstandshalter und gleichzeitig als Schattenfuge, wenn diese Fichtenbretter 2–3 cm nach unten überstehen.

Die Garderobenbretter sind 2 cm dick, 20 cm breit und 2 m lang, die Ablagebretter 15 cm breit. Sie werden mit Leim und etwa 4,5 cm langen Holzschrauben von der Rückseite her verbunden. Das untere Ablagebord, lediglich 120 cm lang, dient als Auflage für den Spiegel und die Pinnwand. Die Spiegelfliesen werden mit Klebepads, die Korkfliesen mit Fliesenkleber auf eine 13 mm dicke Spanplatte entsprechender Größe geklebt. Zwei 12 mm breite Quadratleisten, die man oben und unten mit Schrauben befestigt, geben den beiden Brettern den erforderlichen Halt. Ob man für die Ausstattung der Garderobe farbige Nylonhaken oder solche aus Schmiedeeisen oder Messing wählt, ist eine Frage des persönlichen Geschmacks. Ein Besuch beim Baumarkt oder im Eisenwaren-Fachgeschäft verschafft schnell einen Überblick.

1 20 cm lange Brettchen werden als Abstandshalter auf den an der Wand festgedübelten Spanplattenstreifen genagelt. An ihnen befestigt man auch die Querbretter.

2 Deckenstrahler werden mit einigen Schrauben an den Querbrettern angebracht, damit hat man Lichtquellen, die sich leicht einstellen lassen.

3 Mit Weißleim und Holzschrauben verbindet man die Ablagebretter mit den Garderobenbrettern. Die Schraubenlöcher müssen erst gut vorgebohrt werden.

4 An die Wand montiert werden die Bretter mit Dübeln und Holzschrauben, wobei mit der Wasserwaage ausgerichtet werden muß.

5 Der Abstand zwischen den beiden Ablageborden muß so groß sein, daß Pinnwand und Spiegel dazwischen passen.

6 Zwei Quadratleisten, oben unter und unten auf das Ablagebord geschraubt, geben Kork- und Spiegelplatte festen Halt.

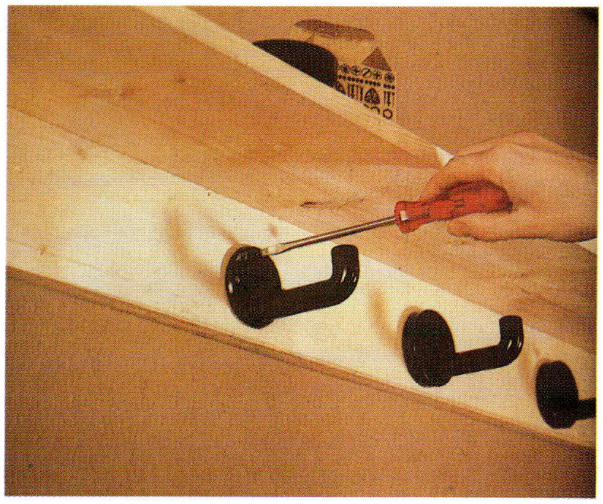

7 Mit Holzschrauben befestigt man die Nylonhaken an den Garderobenbrettern. Die Abdeckplatte wird dann aufgesteckt.

Platz für die ganze Familie bietet diese Garderobe aus preiswertem Fichtenholz. Selbst die Kleinen haben Kleiderhaken, die in erreichbarer Höhe angebracht sind. Eine abgehängte Decke aus dem gleichen Holz sorgt für ein geschlossenes Bild.

Praktische Phonomöbel

Selten gibt es Phonomöbel zu kaufen, die auf die individuellen Ansprüche „maßgeschneidert" sind. Passende Möbel sind schnell und einfach selbst gebaut.

In einer Altbauwohnung kann es passieren, daß man nicht bis zum Plattenspieler gelangt, ohne ihm einen unbeabsichtigten Tritt zu versetzen; denn die alten Fußbodendielen unter dem Teppich übertragen den Trittschall auch über Meter auf Gegenstände, die auf dem Boden stehen, also auch auf HiFi-Türme. Besonders empfindlich kann da der Tonarm des Plattenspielers reagieren, und das tut weder der Nadel noch der Platte gut.
Absolut sicher vor Trittschall ist die Stereoanlage nur, wenn sie an der Wand angebracht ist. Ein Regal sorgt dafür, daß alle HiFi-Komponenten einen festen und trittschallsicheren Platz bekommen. Außerdem kann man alles darin unterbringen, was man zum Betrieb und zur Bedienung der „Unterhaltungsmaschinerie" benötigt.
Sämtliche Bauteile des Regals bestehen aus 16-mm-Tischlerplatte (Limbafurnier). Die Stücke läßt man gleich im Baumarkt auf Maß zuschneiden, dann braucht man sie zu Hause nur zusammenzusetzen. Bei der Gelegenheit besorgt man sich gleich das passende Kantenfurnier. Die Maße für das abgebildete Phonoregal finden sich in der Zeichnung, mit dem Unterschied, daß hier als Alternative das linke Fach mit dem mittleren vertauscht wurde. Für den Zuschnitt ändert sich dadurch nichts. Bevor man aber die Maße direkt übernimmt, sollte man die Stereoanlage ausmessen. Gegebenenfalls muß die Breite eines Fachs oder die Gesamttiefe noch vergrößert werden.

1 Für die Seitenteile werden drei 12,5 cm breite Brettchen zu einem „U" verschraubt. Die Rückseite bleibt vorerst offen. Die 42 cm langen Stücke setzt man stumpf auf die 48er, und verbindet sie unter Beigabe von Leim mit kleinen, knapp 9 cm langen Klötzen.

2 Beim Einsetzen der Seitenfüllungen dienen diese Eckklötze als Anschlag und sorgen dafür, daß die Füllungen auf beiden Seiten um ca. 2 mm nach innen zurückgesetzt sind. Das sieht in jedem Fall ordentlicher aus, als wenn sie an irgendeiner Kante ein Stück überstehen, nur weil der Versuch, sie bündig einzuleimen, nicht ganz gelungen ist.

1 ▲

2 ▲

3 ▲

4 ▲

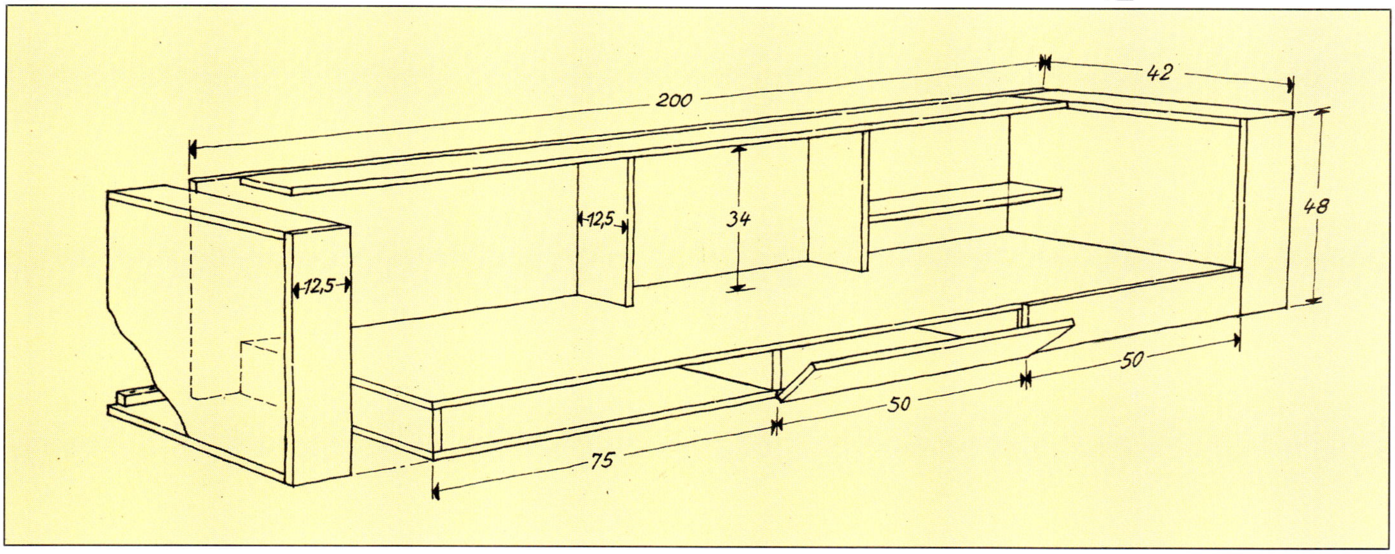

In einer Füllung läßt sich gut eine Steckdosenleiste unterbringen. Zwar würde für eine Stereo-Kompaktanlage schon eine einfache Steckdose ausreichen; aber vielleicht soll noch ein Strahler angeschlossen werden, und vielleicht braucht man von Zeit zu Zeit mal einen dritten Anschluß, zum Beispiel um Kassetten von einem anderen Gerät überspielen zu können.

3 Mit der Stichsäge schneidet man die Ausschnitte nur so groß, daß der Rand der Steckdosenleiste noch rundherum aufliegen kann.

4 Montiert werden die Steckdosen wie unter Putz. Um eine sachgerechte Elektroinstallation zu gewährleisten, sollte man die Verdrahtung einem Fachmann überlassen.

5 Der Sockelkasten braucht nur stumpf verleimt zu werden. Noch stabiler wird er, wenn man ihn zusätzlich dübelt. Die beiden mittleren Stege sollten gleich eingeleimt werden.

6 Mit Maschinenschrauben werden Seitenteil und Sockelkasten fest miteinander verbunden. Die Teile spannt man zum Bohren aneinander, sonst hat man doppelte Arbeit und Paßungenauigkeiten. Danach wird die Rückwand hinter Sockel- und Seitenteil geleimt und geschraubt.

7 Die Klappen lassen sich am einfachsten mit Klavierband befestigen. Wenn man normale Holzschrauben dafür verwendet, empfiehlt es sich vorzubohren. Als Verschluß dienen ein oder zwei Magnetschnäpper pro Klappe.

8 Stabilisierende Funktion haben die schmalen Brettchen, die senkrecht auf den Sockel und vor die Rückwand geleimt und von hinten angeschraubt werden. Mit dem Tischlerwinkel kann man sie nach den Fächern ausrichten. Zwischen solch einem kleinen Stollen und einer Seitenwand sind die Tonbandkassetten gut untergebracht. Die Böden dafür kann man einleimen oder lose auf Bodenträger legen.

9 Als letztes erhält das Regal Löcher für die Aufhängung. Wenn es dann noch nach Geschmack gebeizt, grundiert und lackiert ist, kann man es mit Dübeln und Schrauben an der Wand befestigen. Ein Phonoregal muß übrigens unbedingt waagerecht hängen.

5 ▲

6 ▲ 8 ▼

7 ▲ 9 ▼

Ein Regal für viele Zwecke

1 Das Einlegebord dieses mobilen TV-Tisches wird über zwei geleimte und gestiftete Leisten geschoben. Für die mittlere Trennwand werden vier Leisten innen befestigt und jeweils eine Sperrholzplatte von vorn und hinten darauf festgeschraubt. Die Rückseite des Tisches kann dadurch ebenfalls genutzt werden.

2 Auf dieser Abbildung wird sehr deutlich, wie die Eckverbindungen fertig aussehen. Bei den Umleimern sollte man darauf achten, daß Maserung bzw. Holzstruktur das gleiche Aussehen haben. In diesem Bauvorschlag ist Limbafurnier gewählt, das Möbelstück wird passend zum Fernsehgerät schwarz gebeizt.

Nicht nur Besitzer von Appartement- oder Mansardenwohnungen werden Gefallen an diesem Mini-TV-Tisch finden – auch in einem Gästezimmer nimmt er sich recht gut aus. Er bietet neben dem Fernsehgerät noch viel Platz für alle möglichen Dinge, zum Beispiel Zeitschriften, Bücher und Radio. Besonders vorteilhaft: das in Leichtbauweise hergestellte Regal kann problemlos über den Teppich gerollt werden. Das erweist sich als günstig, wenn man den zu später Stunde gesendeten Krimi lieber vom Bett aus sehen möchte. Ein weiterer Vorteil des Tischchens: es ist auch von der Rückseite zu benutzen.

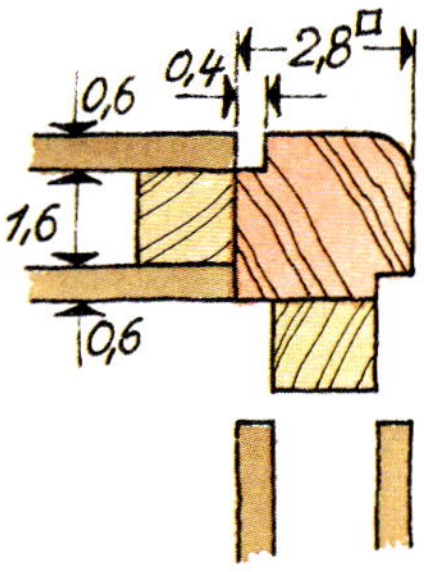

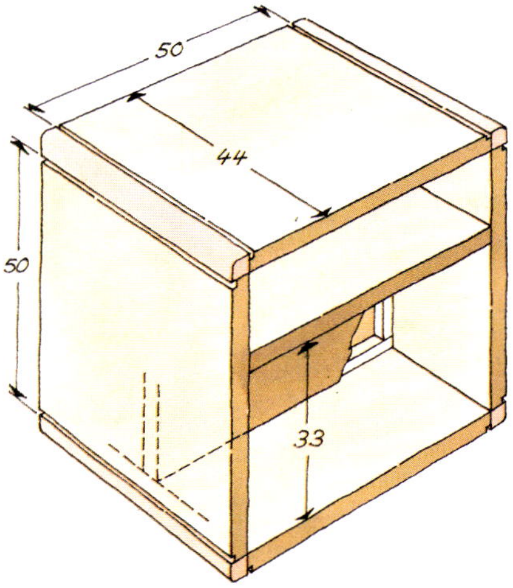

In der nebenstehenden Zeichnung wird das einfache Prinzip der Schattenfugen sehr deutlich. Man kann gut erkennen, daß die obere Sperrholzplatte ein Stück kürzer ist als die untere und die Eckleiste sich nahtlos zwischen die beiden Platten einfügen läßt. Diese Konstruktion hat den Vorteil, daß kleinere Ungenauigkeiten nicht sofort ins Auge fallen. Die Platten werden an die Leisten geleimt und mit gestauchten Stiften geheftet. Die Stiftköpfe werden leicht versenkt. Nach dem Beizen und Grundieren werden die Nagellöcher zusätzlich mit Wachs ausgestrichen.

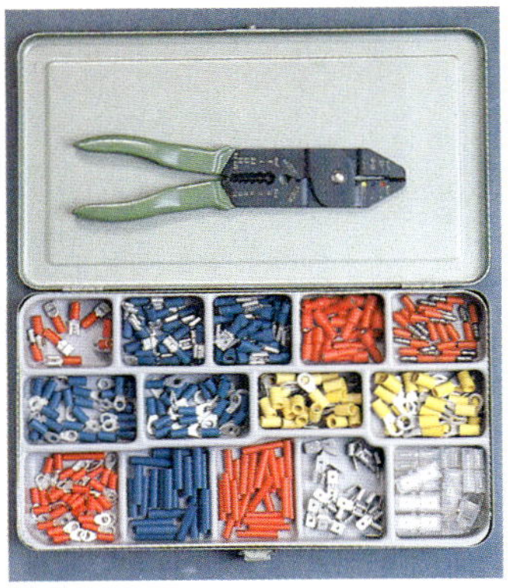

Das richtige Werkzeug für Arbeiten am Auto

Bei der Zusammensetzung eines Werkzeugsortiments, wie es hier gezeigt ist, sollte man großen Wert auf Qualität legen, denn häufig ist beispielsweise eine Mutter härter als der passende Schraubenschlüssel aus dem Sonderangebot.

Bei der Zusammenstellung eines persönlichen Werkzeugsortiments sollte man überprüfen, welche Arbeiten am Fahrzeug man selbst durchführen will und welches Werkzeug dazu benötigt wird. Denn ein planloser Einkauf kann sehr teuer werden. Auf der anderen Seite sollte man auch einmal darüber nachdenken, ob man nicht vielleicht auch neben dem Einbau von Zubehör regelmäßige Wartungsarbeiten und kleinere und vielleicht auch größere Reparaturen ins Programm aufnehmen will, denn eines ist sicher: Das Aufsuchen der Werkstatt führt meistens nicht durch die zu ersetzenden Teile zu hohen Rechnungen, sondern fast immer durch die Arbeitsstunden.

Da ist das Geld für den Ausbau des eigenen Werkzeugbestandes doch im eigenen Interesse sicher besser angelegt, und auch etwas teureres Werkzeug macht sich dann sehr schnell bezahlt.
Beim Kauf sollte man beachten, daß es Autowerkzeug nicht nur in den speziellen Autozubehör-Shops gibt, sondern auch in Baumärkten und Kaufhäusern. Zunächst sollte man die Angebote prüfen und vergleichen.

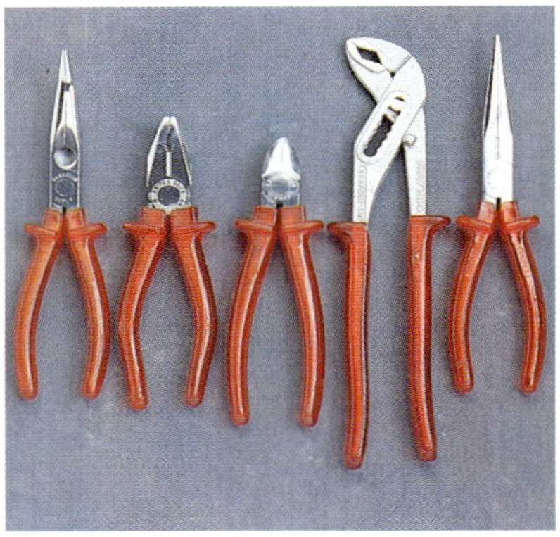

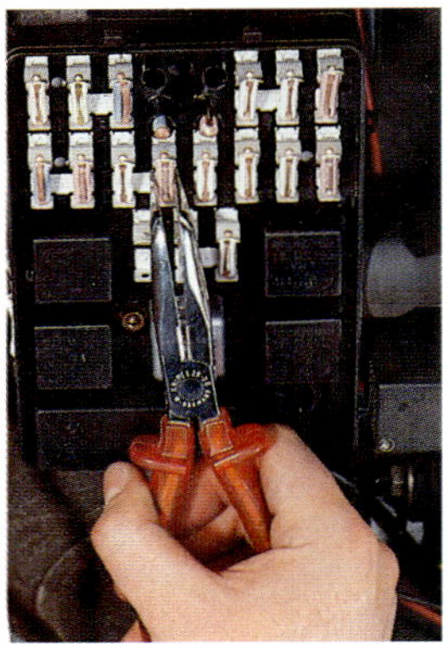

Unentbehrlich: ein Satz guter Zangen

Wer über ein solches Zangensortiment verfügt, braucht keinen Handgriff zu scheuen. Kaum ein Werkzeug ist so vielseitig und häufig einzusetzen wie die Zange. Bei jeder Zange wichtig: Ein kräftiger Griff mit einer ergonomisch gut geformten Ummantelung sorgt dafür, daß man richtig zupacken kann.

1 Die Storchschnabelzange mit ihren langen Backen ist an der Spitze um 45° gebogen und damit auch für das Arbeiten „um die Ecke" geeignet, wie auf dem Bild zu sehen: eine durchgebrannte Sicherung wird ohne viel Umstände gewechselt.

2 Die Kombizange mit ihrem universellen Einsatzbereich ist ebenso unabdingbar wie der

3 Seitenschneider, der zum Durchtrennen von Draht und Blech bestens geeignet ist.

4 Die Rohrzange ist eine Mischung aus Werkzeug und Schraubenschlüssel und

5 zeigt eine Storchschnabelzange mit gerader Spitze.

Quetschverbinder für fachgerechte Arbeiten an der Autoelektrik

Ein komplettes Quetschverbindersortiment ist die Voraussetzung für sichere und haltbare Verbindungen in der Elektrik des Fahrzeugs. Ob man nun ein Zusatzinstrument einbauen oder vielleicht sogar die Auto-Stereo-Anlage selbst montieren will – für dauerhafte und einwandfrei leitende Kabelverbindungen kommt ein solches Sortiment immer wieder zum Einsatz. Für Kabelstärken von 1,0 über 1,5 bis zu 2,5 mm ist alles vorhanden, was man braucht. Flachstecker, Rundstecker und Hülsen gehören ebenso zum Sortiment wie Kabelschuhe und Stoßverbinder. Ersatzteile sind im Fachhandel erhältlich. Damit die lötfreien Verbindungen gelingen, ist die Verwendung der mitgelieferten Spezialzange unerläßlich.

Werkzeuge für häufigere und ganz spezielle Arbeiten

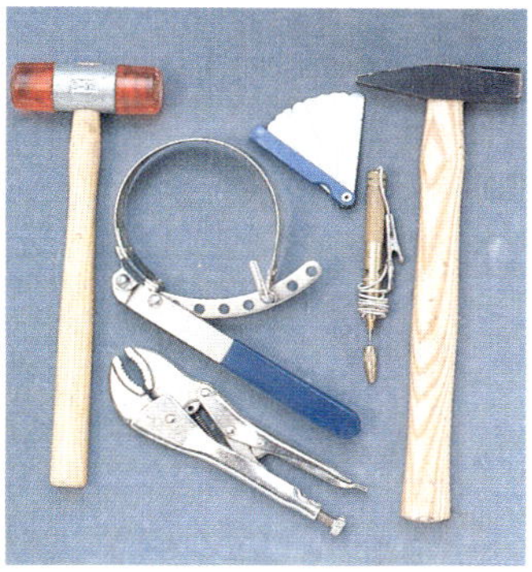

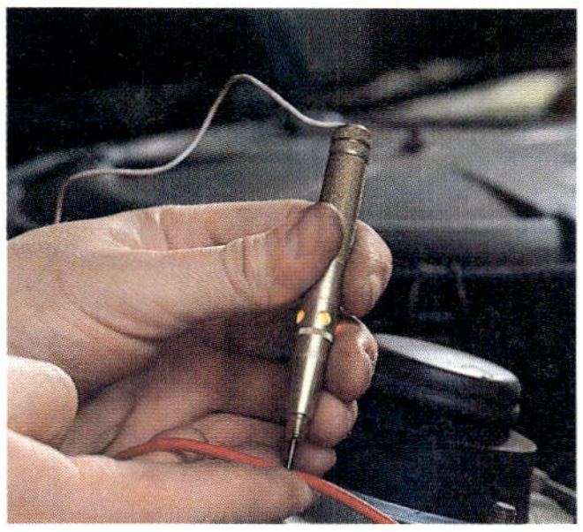

Der Gummihammer bietet eine Reihe von Vorzügen, die ein gewöhnlicher Hammer nicht hat: Mit ihm kann man auch auf den Griff eines Schraubendrehers schlagen, ohne diesen zu beschädigen, oder mit leichten Schlägen eine Delle im Blech ausbeulen, ohne daß dabei der Lack abplatzt. Die Kunststoffenden sind schraubbar, so daß sie bei Bedarf ganz einfach ausgetauscht werden können. Die Gripzange ist sozusagen die dritte Hand des Autobastlers, weil sie festhält, ohne daß sie festgehalten werden muß. Damit ist sie unentbehrlich für jeden, der ohne fremde Hilfe auskommen muß. Das in der Mitte gezeigte Spannwerkzeug ist unter anderem beim Entfernen des alten Ölfilters hilfreich. Die Fühlerlehre dient zum Beispiel zum Einstellen des Elektrodenabstandes der Zündkerzen, und der Spannungsprüfer ist notwendig bei der Fehlersuche in den Stromkreisen.

Kreuzschlitz-Schraubendreher werden oft gebraucht

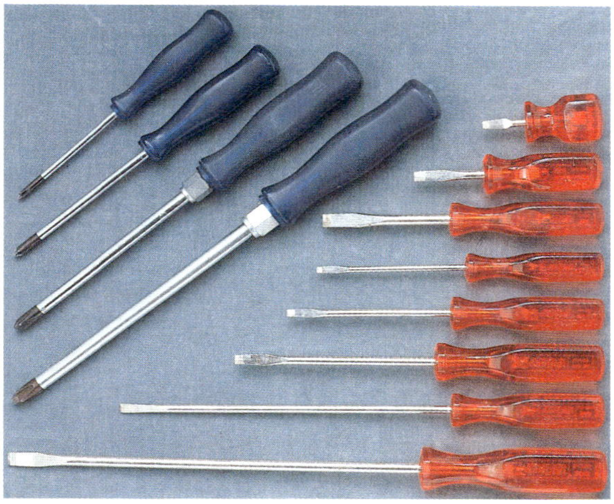

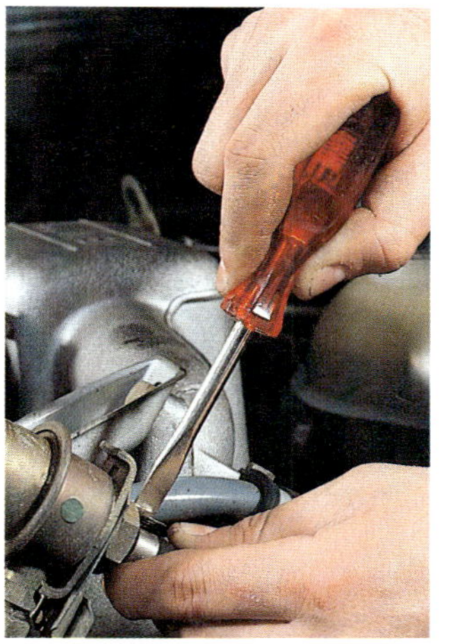

Für nahezu jede Arbeit am Auto sind Schraubendreher ein besonders wichtiges Werkzeug. Ob mit Kreuz- oder Längsschlitz, sie sollten immer in mehreren Größen vorhanden sein. Eine zu klein gewählte Klinge dreht sich schnell aus dem Schlitz heraus und beschädigt die Schraube dann vielleicht so stark, daß zeitraubendes Aufbohren und neuerliches Gewindebohren die unangenehme Folge sein können. Andererseits kann eine zu große Klinge leicht das umgebende Metall beschädigen. Zur Länge der Schraubendreher ist zu bedenken, daß zum Beispiel tief im Motorraum liegende Teile nur mit sehr langen Klingen zu erreichen sind und andererseits eine kurze Ausführung auf engem Raum die Arbeit sehr erleichtern kann.

Steckschlüsselkasten mit Knarre

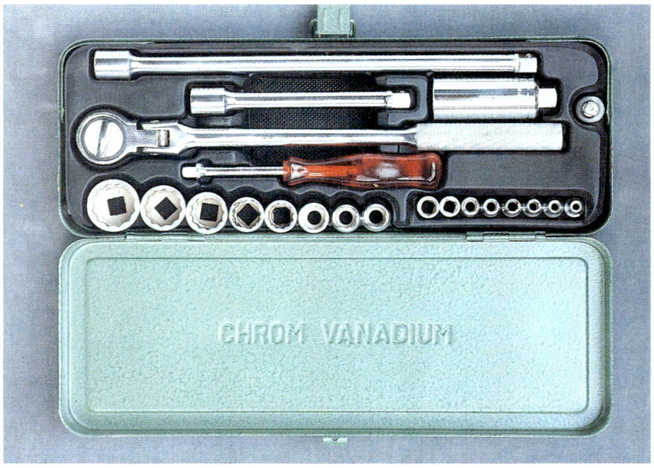

Eine Steckschlüsselgarnitur aus Chrom-Vanadium-Stahl ist bei den meisten Arbeiten eine zusätzliche Hilfe, weil durch die umschaltbare Gelenkknarre das Lösen und Anziehen von Muttern erleichtert wird. Ein kompletter Satz enthält neben der Knarre auch einen Steckgriff, zwei verschieden lange Verlängerungsstücke, mit deren Hilfe die Einsätze auch an unzugänglichen Stellen eingesetzt werden können, und darüber hinaus noch die Sechskant- bzw. Zwölfkanteinsätze in Größen von 4–22 mm sowie einen Zündkerzenschlüssel. Steckschlüsselgarnituren werden in vielen unterschiedlichen Güte- und auch Preisklassen angeboten. Hier lohnt sich der Vergleich und eine sorgfältige Auswahl des Werkzeugs ganz besonders. Zwar lassen sich hier und dort die Einsätze nachkaufen, aber wenn die Knarre selbst der Belastung nicht standgehalten hat, wird die Beschaffung von Ersatz nicht nur schwieriger, sondern auch teurer.

Man braucht beides: Gabel- und Ringschlüssel

Gabel- und Ringschlüssel sollten mindestens in der Größe von 10–23 mm vorhanden sein, dann ist man für alle gängigen Muttern gerüstet. Gabelschlüssel sind zwar nicht für jede Arbeit am Auto das ideale Werkzeug, dafür kann man mit ihnen auf engstem Raum arbeiten. Ringschlüssel in Zwölfkantausführung haben den Vorteil, daß sie nicht abrutschen können. Wenn möglich sollte man dem Ringschlüssel den Vorzug geben, weil er die Mutter schonen hilft. Wenn man einen Gabel- und einen Ringschlüsselsatz hat, wiederholen sich natürlich die Größen. Das ist kein Zufall, sondern Absicht, weil man so auch Arbeitsgänge ausführen kann, für die zwei Schlüssel benötigt werden: der eine zum Kontern und der zweite zum Festziehen der Mutter.

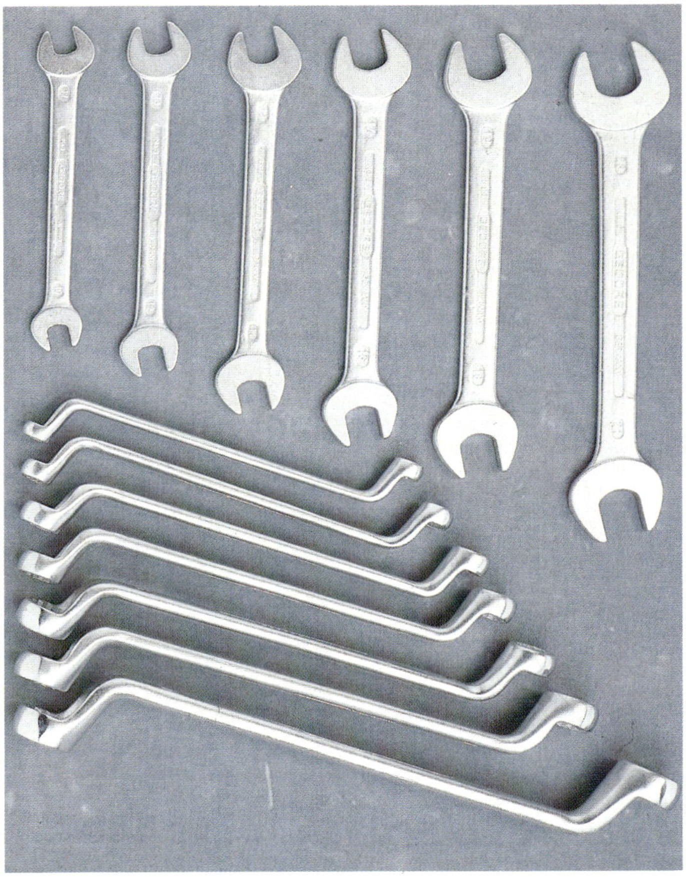

Der neue Auspuff ist schnell selbst montiert

Es ist nicht zu überhören, wenn der alte Auspuff seinen Dienst quittiert; meist ist er durchgerostet. Das ist kein Wunder, denn der Auspuff wird von Hitze und Feuchtigkeit belastet wie kein anderes Teil am Wagen. Ungefähr alle zwei Jahre, so lautet eine Faustformel, ist eine neue Auspuffanlage „fällig". Die Montagearbeiten sind einfacher als man glaubt.

Im Laufe eines durchschnittlichen Autolebens muß die Auspuffanlage etwa fünfmal gewechselt werden. Wenn man das selbst macht, kann man gegenüber den Werkstattpreisen rund 20 Prozent Ersparnis einkalkulieren. Zwar gibt es reine Auspuffwerkstätten, die mit Montagefestpreisen werben, aber die Auspuffanlage muß man dann auch dort kaufen. Und das geht in der Regel beim Autohändler um einiges preiswerter. Das Wechseln der Auspuffanlage funktioniert natürlich am einfachsten, wenn eine Hebebühne oder eine Grube zur Verfügung

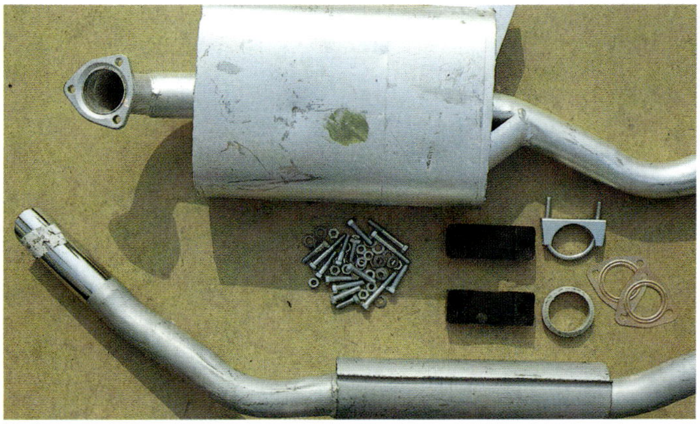

steht. Dafür gibt es zwei Möglichkeiten: In vielen Städten kann man in Selbsthilfewerkstätten für ein geringes Entgelt stundenweise eine Hebebühne mieten. Andernfalls versucht man es vielleicht mal bei einem Tankstellenpächter in der Nähe: Auch hier läßt sich sicher etwas machen. Das Wechseln einer Auspuffanlage nimmt nicht viel Zeit in Anspruch, so daß die hier entstehenden Kosten kaum ins Gewicht fallen. Praktisch für den Autobastler: Seit einiger Zeit gibt es im Autozubehörhandel komplette Reparatursätze für eine Vielzahl von Autotypen. Diese kompletten Reparatursätze enthalten nicht nur alle Schalldämpfer und Rohrleitungen, sondern auch sämtliche Montageteile, zum Beispiel Auspuffschellen, Schrauben und Muttern. So kann man ganz sicher keine Einzelteile vergessen, und das Heraussuchen vieler Teilenummern aus dem Katalog entfällt.

1 Schrauben an Auspuffanlagen rosten besonders schnell. Mit einem rostlösenden Kriechöl vermeidet man Schwierigkeiten bei der Demontage der alten Anlage.

2 An den Gummiaufhängungen benötigt man zum Lösen der Muttern zwei Schraubenschlüssel gleicher Größe; einem zum Halten und den anderen zum Schrauben.

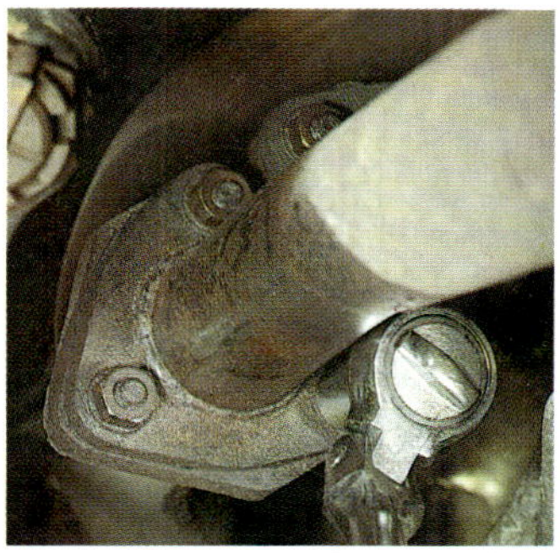

3 Am Krümmer ist der Auspuff mit jeweils drei Schrauben und Muttern befestigt. Diese Schrauben können mit einer Gelenkknarre mühelos erreicht werden.

4 Das letzte Stück an der alten Anlage kann nun abgenommen werden. Anschließend sollte man den Unterboden gründlich inspizieren und Rost gleich behandeln.

5 Die Montage des neuen Auspuffs erfolgt in umgekehrter Reihenfolge. Die Scheiben aus Kupfer verhindern ein Anrosten des Auspuffs am Krümmer.

6 Fest anziehen muß man die Schrauben, damit die Halterungen sich nicht lösen. Die Gummihalter zwischen Auspuff und der Karosserie sorgen dafür, daß vom Motor erzeugte Vibrationskräfte nicht auf die Karosserie übertragen werden.

Bandagen und Paste für Reparaturen unterwegs

Wenn der Auspuff während einer Reise ein Loch bekommt, muß nicht die ganze Anlage gewechselt werden. Kleinere Risse oder ähnliche Defekte lassen sich mit der Bandage beheben.

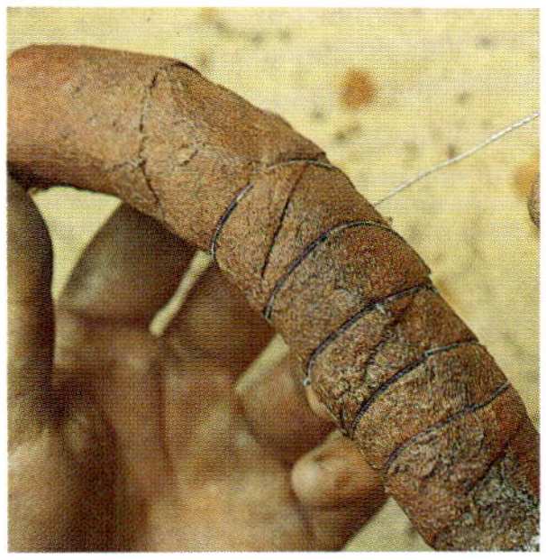

Die schadhafte Stelle wird zunächst gereinigt. Dann hält man die Auspuffbandage kurze Zeit in Wasser und wickelt sie anschließend um die beschädigte Stelle. Mit Hilfe eines Drahtes wird die Bandage dann befestigt.

Kleinere Durchrostungen in Schalldämpfern oder Rohrleitungen können mit einer Auspuffdichtmasse wieder gestopft werden. Vorher wird die Reparaturstelle mit der Drahtbürste gesäubert.

Zur besseren Haftung wird der Auspuff vor der Reparatur angewärmt. Dann wird die Schadstelle angefeuchtet und die Knetmasse mit Spachtel oder Daumen in das Loch gedrückt. Dabei muß man auf gute Verbindung mit dem Metall achten und mit angefeuchteter Hand glätten.

Keine Angst mehr vor dem TÜV!

Auf den TÜV sind Autofahrer meist nicht gerade gut zu sprechen. Fast jeder hat es schon erlebt, daß es Beanstandungen an seinem Wagen gab. Das muß nicht sein! Mit ein paar Inspektions- und Wartungsarbeiten ist es oft schon getan.

Was und wo der TÜV alle zwei Jahre mit kritischen Augen inspiziert, ist kein Geheimnis. Also kann man auch selbst vorher den einen oder anderen Defekt erkennen und je nach Schwierigkeitsgrad selbst beheben oder beheben lassen. Einige Bereiche prüft der TÜV genau. Da ist zunächst einmal die Ausrüstung: Warndreieck und Erste-Hilfe-Kasten, Rückspiegel, Hupe, Blinker und Scheibenwischer. Dann werden Zustand und Funktion der Lichtanlage gecheckt. Lenkung und Bremsanlage werden beim TÜV-Termin besonders sorgfältig untersucht. Falls man hier irgendwelche Unregelmäßigkeiten feststellt, sollte man in jedem Fall unverzüglich eine Werkstatt aufsuchen – unabhängig von einem zu erwartenden TÜV-Termin. Den Zustand der Reifen und eine Mindest-Profiltiefe kann man auch selbst erkennen und darauf rechtzeitig reagieren. Weitere Punkte, die Beachtung finden, wären dann noch die Feuersicherheit, vor allem der Kraftstoffanlage sowie die Dichtigkeits- und Befestigungsprüfung der Auspuffanlage. Und natürlich werden alle tragenden Karosserieteile auf Korrosion überprüft. Die obligatorische Abgas-Sonderuntersuchung (ASU) sollte man der Einfachheit halber vorher in der Fachwerkstatt erledigen lassen.

Ein Tip, der die nächste Vorführung erleichtern kann: Der Fahrzeughalter ist nicht verpflichtet, die Hauptuntersuchung am Wohnort durchführen zu lassen. In kleineren Orten wird auch ohne die vorherige Ausgabe eines Termins geprüft. Das ist sicher manchmal die etwas längere Anfahrt wert.

Nicht nur die Auspuffanlage wird auf Dichtigkeit und Mängel an den Befestigungsstellen überprüft, sondern auch die Bremsleitungen.

Mit kleinen Prüfungen spart man sich viel Ärger

1 ▲

2 ▲

3 ▲

4 ▲

5 ▼

6 ▼

7 ▼

1 Wie wichtig gutes Licht ist, hat jeder Autofahrer schon oft genug selbst erlebt. Daß diese Lichtanlage mit durchgerostetem Reflektor ihre Aufgabe nicht mehr erfüllen kann, ist völlig klar. In diesem Fall muß der ganze Beleuchtungskörper ausgetauscht werden.

2 Das Einsetzen einer H4-Lampe muß mit ganz besonderer Sorgfalt durchgeführt werden, denn ein Berühren des Glaskolbens kann die schnelle Zerstörung der ganzen „Birne" zur Folge haben. Nach dem Einbau muß die Lichtanlage wieder eingestellt werden.

3 Der Austausch einer Glühlampe in der Heckbeleuchtung ist ganz einfach durchzuführen. Die Kunststoffverkleidung wird abgeschraubt, dann sind alle Glühlampen gut zu erreichen und können mit einer leichten Drehung aus der Halterung gelöst und dann mühelos ausgewechselt werden.

4 Ein ölverschmierter Motor wird vom TÜV sicher beanstandet. Um die Ursache der Verschmutzung herauszufinden, empfiehlt sich eine Motorwäsche. Im Handel befinden sich verschiedene Schmutzlöser, die den Motor „einweichen". Anschließend den Motorblock mit Wasser abspülen und ermitteln, wo Öl austritt.

5 Stoßdämpfer sollen das unkontrollierte Auf- und Abschwingen der Karosserie verhindern. Das können sie natürlich nur dann, wenn sie einwandfrei in Ordnung sind. Ein sicheres Zeichen für einen „müden" Stoßdämpfer ist erkennbarer Ölaustritt.

6 Auch auf die Bremsen sollte man einen Blick werfen. Eine Reparatur sollte hier aber unbedingt dem Fachmann überlassen werden. Nicht nur der Zustand der Beläge muß beachtet werden, auch die Bremsscheibe darf keine tiefen Rillen aufweisen.

7 Die Profiltiefe eines Autoreifens muß mindestens einen Millimeter betragen. Für die Fahrsicherheit – besonders auf nassen oder verschmutzten Straßen – reicht das allerdings kaum aus. Es muß auch überprüft werden, ob das Reifenprofil gleichmäßig abgenutzt ist.

Lackreparaturen: kein Problem

Wenn immer mehr Stellen des Lacks kleine und große Roststellen zeigen, dann ist es Zeit für eine gründliche Überholung. Die häufigsten Problemstellen am Auto sind hier zusammengefaßt. Wichtig, wenn die Lackreparaturen nicht bloße „Kosmetik" sein sollen, ist der fachmännische Lackaufbau.

Wer eine Lackreparatur perfekt durchführen will, muß sich mit den Vorbereitungsarbeiten zur Lackierung besonders gründlich befassen. Denn ob es kleine, durch Steinschlag verursachte Roststellen sind oder auch größere Schäden, bei denen sich der Rost schon unter dem Lack ausgebreitet hat, oder ob die Karosserie bereits durchgerostet ist – der Rost muß gründlich entfernt werden, wenn die Reparatur dauerhaft erfolgreich sein soll. Die bei der Rostbeseitigung entstehenden Vertiefungen bzw. Löcher in der Karosserie werden mit Spachtelmasse wieder aufgefüllt, die es speziell für jede Art und Größe der Reparatur gibt. Auf eine Schicht grober Spachtelmasse folgt ein Feinspachtel, und durch abgestuftes Schleifen mit immer feiner werdendem Schleifpapier erhält man einen Untergrund, der einen einwandfreien Lackauftrag möglich macht. In welchem Umfang man eine Lackreparatur selbst vornimmt, hängt natürlich auch vom Zustand und Alter des Wagens ab.

Kleine Roststellen erfordern sicherlich nur eine lokale Behandlung der Schäden und keine Ganzlackierung. Wenn man lackiert, sollte man den Aufbau der Lackschicht so durchführen, wie es bei einem neuen Fahrzeug üblich ist: Auf die Blechoberfläche wird zunächst eine Grundierung aufgetragen. Diese ist meist mit einem rostschutzhaltigen Zusatz versehen und garantiert eine gute Haftung auf dem Blech. Die nächste Schicht ist dann ein Füller. Er gleicht eventuelle Schleifspuren aus und verschließt die Poren der Grundierung. Darauf folgt dann schließlich der Decklack, die glänzende und wetterbeständige Haut des Autos. Frischer Lack benötigt einige Tage, bis er gründlich ausgehärtet ist, darum ist Vorsicht geboten mit der ersten Wagenwäsche oder bei Polierarbeiten.

Mit einer Spritzpistole lassen sich große Flächen am besten bearbeiten. Für einen gleichmäßigen Lackauftrag werden solche Flächen im Kreuzgang mit Lack überzogen. Um die lästige „Läuferbildung" zu vermeiden, wird zunächst nur ein leichter Farbhauch aufgesprüht. Dieser bildet dann die ideale Grundlage für einen zweiten und dritten Sprühgang.

1 ▲

2 ▲

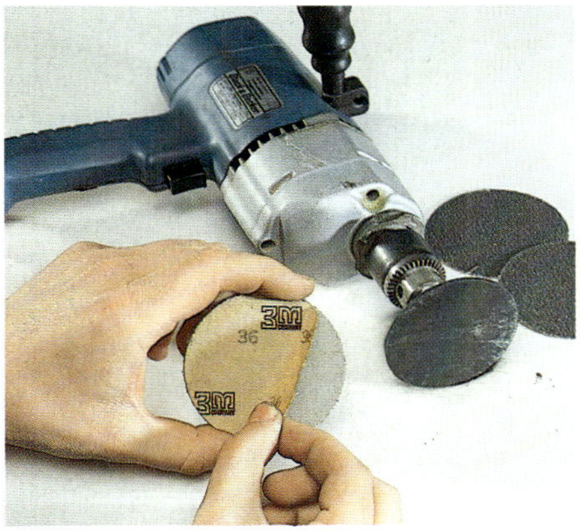

3 ▲

4 ▲

5 ▲

6 ▲

7 ▼

8 ▼

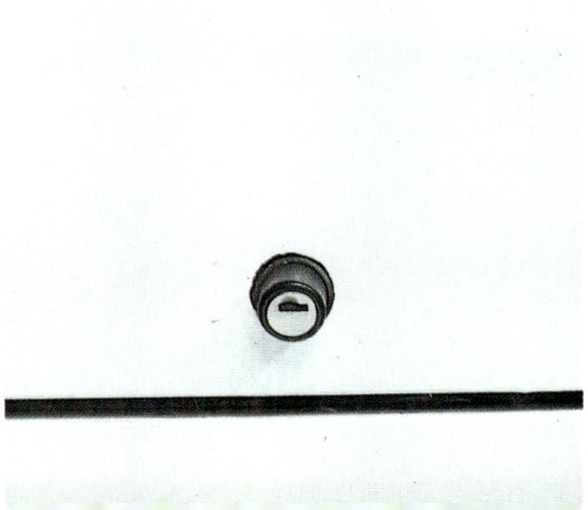

1 Nicht zu übersehen: Rund um das Kofferraumschloß hat sich der Rost schon sehr stark ausgebreitet. Hier muß dringend etwas unternommen werden, um ein Weiterrosten zu vermeiden. Eine solche Schadstelle erfordert gründliche Vorarbeiten.

2 Das Schloß wird ausgebaut, damit man dem Rost auch richtig zu Leibe rücken kann. Als erstes wird die Umgebung der Schadstelle mit einem feuchten Schwamm von grobem Schmutz befreit.

3 Alle Rostpartikel müssen restlos entfernt werden, sonst ist eine dauerhafte Lackreparatur nicht möglich. Darum wird zunächst eine grobe Schleifscheibe zur Rostentfernung eingesetzt.

4 Beim Schleifen der Schadstelle bezieht man ca. 4–5 cm der angrenzenden Lackfläche mit ein. Nur so ist gewährleistet, daß keine Unterrostung die Arbeit schon bald wieder zunichte macht. Mit dem Schleifen sollte man erst dann aufhören, wenn wirklich alles wieder metallisch blank geworden ist.

5 Um eine möglichst glatte Oberfläche zu erhalten, werden alle Unebenheiten im Feinschliff beseitigt. Hier wird mit 400er Naß-Schleifpapier und reichlich Wasser geschliffen. Die Schleifrückstände werden abgewaschen, dann läßt man die Fläche gründlich abtrocknen, bevor weiter gearbeitet werden kann.

6 Eine Grundierung mit „Filler" sorgt für eine ebenmäßige, glatte Oberfläche, auf der der folgende Lackauftrag gut haften kann. Das Umfeld der Reparaturstelle wird mit Zeitungspapier abgedeckt und mit Abdeckband abgeklebt. Nach etwa zwei Stunden Trockenzeit kann man, falls nötig, noch einmal mit 600er Wasserschleifpapier nacharbeiten und gegebenenfalls (wenn Metall durchkommt) auch noch einmal nachgrundieren.

7+8 Mit Hilfe einer Spritzpistole wird der neue Lack aufgetragen. Der Abstand der Spritzdüse zur Oberfläche sollte 20–30 cm betragen. Im ersten Spritzgang wird nur ein leichter Farbnebel aufgetragen. Mit dem Lackauftrag beginnt man stets außerhalb der Spritzfläche und setzt auch erst außerhalb ab, nur so kann eine gleichmäßige Farbschicht ohne „Nasen" oder auch ohne dünne, durchscheinende Stellen und rauhe Oberflächen erreicht werden.

Von der richtigen Grundierung hängt sehr viel ab

Das gehört dazu, wenn man sein Auto fachgerecht mit einem neuen Lack versehen will – neben dem „Filler" und einer zusätzlichen Grundierung natürlich auch der Originalfarbton des Autolackes. Im Fachhandel erhält man den Farbton wahlweise in Dosen oder als Spray. Wichtig bei allen Formen: Farbgenauigkeit ist nur dann gewährleistet, wenn der Lack vor Gebrauch kräftig aufgeschüttelt bzw. aufgerührt wird. Die Gebrauchsanweisungen beachten!

9 ▲

10 ▲

11 ▲

12 ▼

13 ▼

9 Wenn der Rost sich an schwer zugänglichen Stellen, wie zum Beispiel hier an dem Einfüllstutzen, ausgebreitet hat, muß sehr rigoros vorgegangen werden, um ein Ausbreiten des Rostes zu verhindern.

10 Unter der Gummileiste hat der Rostabfall durch Feuchtigkeit schnelle Fortschritte gemacht. Zunächst wird die Gummileiste mit Hilfe eines Spachtels zurückgeschoben, dann kann mit einem großen Schraubendreher der grobe Rost gründlich weggekratzt werden.

11 Eine vollständige Rostbeseitigung ist an einer so schwer erreichbaren Schadstelle trotz sorgfältigen Schleifens kaum möglich, so daß die mechanische Rostumwandlung durch eine chemische ergänzt wird. Durch die Umwandlung des Rostes (von Eisenoxyd in Eisenphosphat) entsteht eine schützende Phosphatschicht, die eine weitere Unterrostung sehr verzögert. Den Rostumwandler trägt man satt auf und entfernt lose Schichten. Dieser Vorgang wird mehrfach wiederholt.

12 Die zinkhaltige Grundierung verhindert ebenfalls eine weitere Rostbildung und bildet eine gute Grundierung für folgende Lackarbeiten. Am besten trägt man mehrfach auf, aber jeden einzelnen Anstrich muß man gut durchtrocknen lassen.

13 Ein satter Lackauftrag versiegelt die Schadstelle und sorgt dafür, daß der Rost nicht so schnell wieder eine Chance hat, die Karosserie des Autos zu beschädigen. Die Ränder werden später mit Polierpaste geglättet.

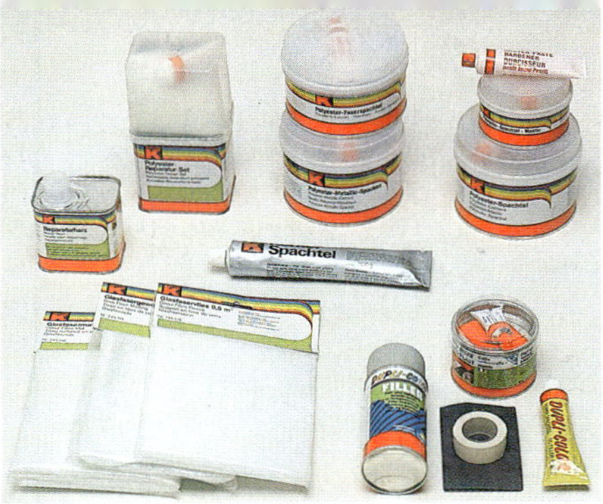

Zur Reparatur von durchgerosteten Stellen der Karosserie und zum Beseitigen von Rissen und Löchern muß Spachtelmasse oder Glasfaservlies verwendet werden. Im Handel bekommt man alles, was zur Reparatur kleinster Löcher oder auch großer Durchrostungen benötigt wird: feine oder grobe Spachtelmasse in verschiedenen Größen, Glasfaservlies in mehreren Stärken und Feinspachtel für das Beheben und Ausgleichen letzter Unebenheiten.

17 Zur Beseitigung von Unebenheiten wird im nächsten Arbeitsgang ein Feinspachtel verwendet. Wenn die Oberfläche nach dem Grobspachteln schon recht glatt geschliffen worden ist, geht das Nachspachteln problemlos.

18 Mit immer feinerem Schleifpapier (bis zu 600er Körnung) wird die Reparaturstelle im Naßschliffverfahren von Hand immer weiter bearbeitet, bis die Unebenheiten beseitigt sind.

14 ▲

15 ▲

17 ▲ 19 ▼

18 ▲ 20 ▼

16 ▲ 21 ▼

14 Wer genau hinguckt, kann es erkennen: An diesem Radkasten hat der Rostfraß unter dem Lack schon ein Ausmaß erreicht, das eine umfangreichere Reparatur dringend nötig macht.

15 Die mürbe Roststelle wird zunächst mit einem Hammer so weit aufgeschlagen, bis das intakte Blech erreicht ist. Hier sollte man keinen Kompromiß eingehen, da der Lackaufbau nur dann von Dauer ist, wenn ein einwandfreier Untergrund als Basis vorhanden ist.

16 Das Auftragen der Spachtelmasse folgt auf den Grobschliff, bei dem alle noch verbliebenen, vom Rost angefressenen Blechteile weggeschliffen werden und die angrenzenden Bereiche so lange bearbeitet werden, bis absolut gesundes Blech um den Rostdurchbruch erreicht ist. Die Ränder des Durchbruches werden dann nach innen geschlagen, damit der Schaden übergangslos zugespachtelt werden kann. Man darf immer nur so viel Spachtel anrühren, wie man in den nächsten Minuten braucht.

19 Wenn der letzte Schleifstaub entfernt ist, kann die erste Lackschicht aufgetragen werden.

20 Kleine Rostpunkte und Kratzer werden einfach wegradiert. Der praktische Rostradierer hat eine Spitze aus gebündeltem Draht oder aus Glasfasern.

21 Das Auftragen eines Schutzlackes oder auch des Lackes im Originalfarbton schützt von Weiterrostung.

Unterbodenschutz verlängert das Auto-Leben

Auch wenn mit dem Streusalz inzwischen in einigen Bundesländern eine der Hauptursachen für Rostfraß an der Unterseite des Autos buchstäblich aus dem Verkehr gezogen ist, bleibt ein perfekter Unterbodenschutz unerläßlich. Die Verarbeitung ist einfach.

Gerade an der Unterseite des Fahrzeugs kann Rostfraß große Schäden anrichten. Das muß nicht sein. Denn jeder Autofahrer kann sein Fahrzeug mit einem ausreichenden Schutz versehen, indem er die Fahrzeugunterseite mit einem Unterbodenschutzauftrag versieht. Aber: Auch wer sein Fahrzeug bereits mit einem solchen Schutz versehen hat, sollte bisweilen einen Blick unter sein Fahrzeug werfen, denn durch Steinschlag oder schlechte Haftung kann sich die Schutzschicht teilweise gelöst haben.

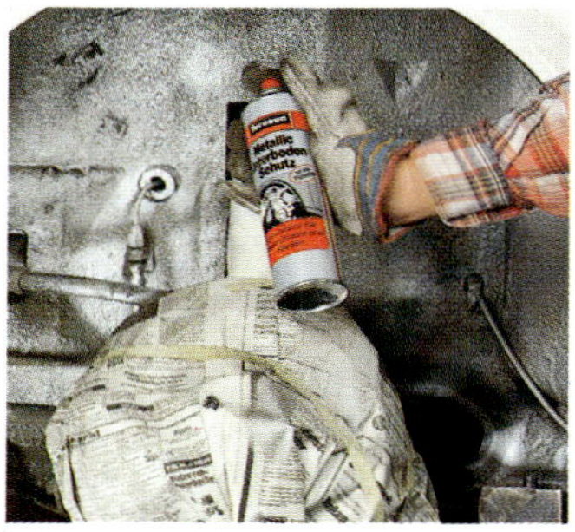

1 Gründliche Reinigung der Radkästen ist unbedingt erforderlich, bevor Unterbodenschutz aufgetragen wird. Dazu werden die Räder abmontiert und die Bremsen mit Zeitungspapier abgedeckt.

2 Alle Winkel und Ecken erreicht man sicher mit Unterbodenspray. Die Trockenzeit beträgt ca. eine halbe Stunde, so daß das Fahrzeug gleich wieder betriebsbereit ist.

Zunächst muß der Rost gründlich entfernt werden

3 Roststellen entstehen zum Beispiel durch hochgewirbelte Steinchen recht schnell. Umfassender Schutz vor weiterer Rostbildung ist in diesem Fall unbedingt notwendig. Zunächst empfiehlt sich grobes Reinigen und Entfernen loser Teilchen, zum Beispiel mit einer Drahtbürste.

4 Ein Schleifvorsatz auf der Bohrmaschine ist sehr gut geeignet, die Schadstelle bis auf das blanke Blech abzuschleifen. Man muß so weit ins Umfeld der zu reparierenden Stelle schleifen, daß wirklich kein Rost mehr zu sehen ist. Eine Schutzbrille ist hierbei unerläßlich.

5 Ein Rostprimer ist das richtige Mittel, um weiteres Rosten zu verhindern. Er bildet auch einen einwandfreien Haftgrund für den folgenden Unterbodenschutzauftrag.

6 Unterbodenschutz aus der Dose wird mit einem Flachpinsel auf große Flächen aufgetragen. Die tiefliegenden Teile des Fahrzeugs und die Frontpartie sind durch Steinschlag besonders gefährdet und sollten mit einer doppelten Lage Unterbodenschutz versehen werden, damit ein dauerhafter Schutz erwartet werden kann. Beim Auftrag des Materials muß darauf geachtet werden, daß alle beweglichen Teile, Motor und Getriebe sowie die Auspuffanlage von Unterbodenschutz freibleiben.

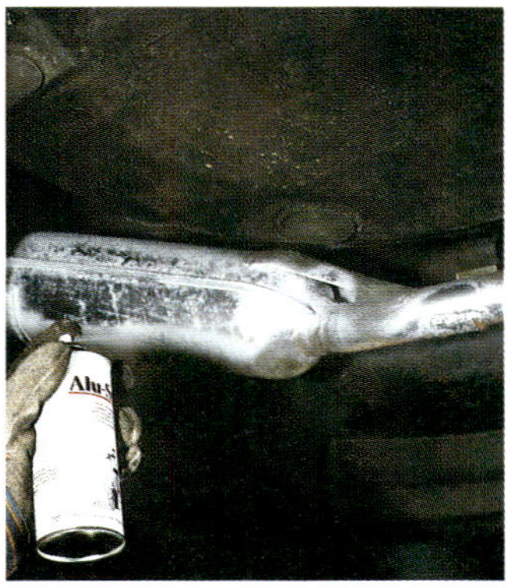

7 Die Auspuffanlage kann vor Rostbefall von außen mit einem besonderen hitzefesten Auspuffspray oder mit dem hier verwendeten Aluminiumspray geschützt werden.

Auftrag mit dem Pinsel oder aus der Spraydose

Wenn der Rost schon deutlich am Blech arbeitet, ist es mit einem einfachen Unterbodenschutzauftrag nicht mehr getan. Es sind dann schon einige Vorarbeiten erforderlich, um ein weiteres Ausbreiten der Korrosion zu verhindern. Denn wenn die Lackschicht, die ja die Karosserie vor Feuchtigkeit schützt, bereits so verletzt ist, rostet es nach allen Seiten weiter, auch unter dem scheinbar noch intakten Lack. Die Spätfolge, die nicht allzu lange auf sich warten läßt: Rostlöcher, die gar nicht mehr oder nur mit sehr hohem Aufwand zu bekämpfen sind. Und wenn dann sogar tragende Teile betroffen sind, ist sicher, daß auch der TÜV bei der nächsten Fälligkeit seinen Segen verweigert.

8 Wenn der Rost an tiefliegenden Teilen der Karosserie die Lackschicht durchdrungen hat, kann mit Unterbodenschutz das Weiterrosten unterbunden werden. Dazu wird die Fläche mit einem Schwingschleifer und grobem Schleifpapier vom Rost befreit. Auch hier muß bis auf das blanke Blech geschliffen werden. Anschließend wird das Blech gereinigt.

9 Unterbodenschutzspray kann gleichmäßiger aufgetragen werden als das pinselfähige Material aus der Dose. Der Auftrag erfolgt erst, wenn der Rostprimer angetrocknet ist.

10 Mit einem Lackspray erhält die Oberfläche ein glänzendes Aussehen und wird zusätzlich geschützt. Die Umgebung der zu lackierenden Fläche wird mit Zeitungspapier abgedeckt. Das Lackspray wird erst aufgetragen, wenn der vorhergehende Anstrich getrocknet ist.

11 Hier ist der Rost gründlich bekämpft worden. Eine so bearbeitete Schadstelle muß mit Sicherheit nicht so bald wieder behandelt werden.

Tempostat: Computergesteuerter „Gasfuß“ hilft Sprit sparen.

Der Bausatz macht den Selbsteinbau problemlos

Der Tempostat ist ein Computer, der die Motorleistung so reguliert, daß der Wagen konstant eine vorprogrammierte Geschwindigkeit hält. Der Bausatz besteht aus vier Teilen: dem Frequenzgenerator, dem elektronischen Regler, dem Stellglied und der Bedieneinheit (Bild rechts).
Die Bedieneinheit der Anlage soll für den Fahrer bequem erreichbar sein. Sie wird am besten auf der Ablage oder der Konsole des Wagens angebracht (siehe Bild oben).

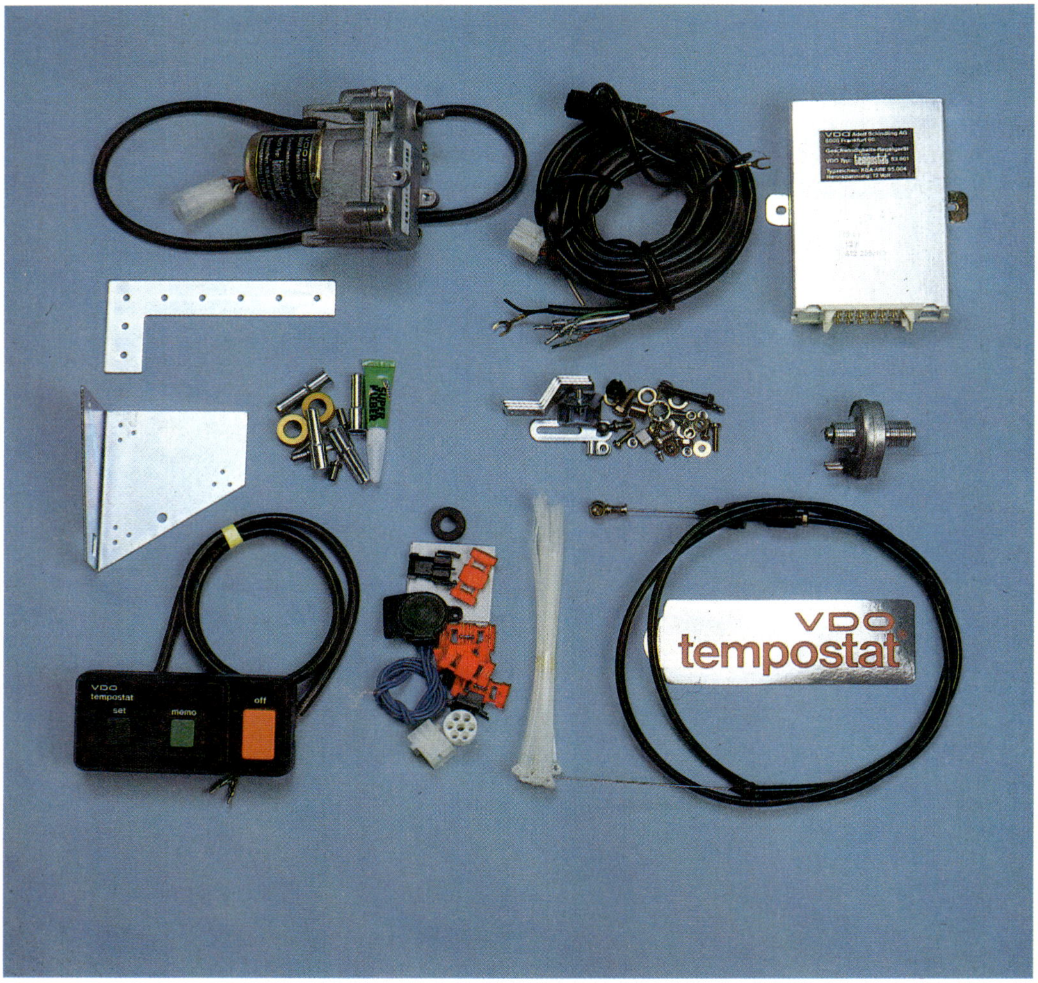

1 Der Luftfilter wird abgenommen, um im Motorraum Platz für den Einbau des Geräts zu bekommen. Die gesamte Montage muß sehr sorgfältig durchgeführt werden, da in einigen Bereichen die Fahrsicherheit des Autos berührt wird.

2 Das Stellglied kann vor dem Einbau im Auto schon vormontiert werden. Anschließend wird der Halter befestigt und der Anlenkhebel mit der Bezeichnung X nach oben montiert. Die Auflagefüße bringt man später an.

3 Als Montageort für das Stellglied ist eine freie Stelle an der Karosserieinnenseite des Motorraumes am besten geeignet. Wichtig: Der Radius des Bowdenzuges darf durch das neue Element nicht kleiner als 150 mm werden!

Komplizierte Verdrahtungsarbeiten sind nicht nötig

In teuren Limousinen ist sie nur gegen saftigen Aufpreis erhältlich, in Mittelklassewagen wird sie oft gar nicht erst angeboten: die elektronische Geschwindigkeitsregelung, die auf Knopfdruck eine gewünschte Geschwindigkeit hält und dabei erheblich sparsamer Gas gibt, als der Fahrer das könnte.
Als Bausatz gibt es die Anlage, Tempostat genannt, jedoch für alle Fahrzeuge, egal ob normale Vergasermotoren, Einspritzer oder Diesel. Der Einbau ist nicht schwierig, erfordert aber einige Sorgfalt, damit die Fahrsicherheit nicht beeinträchtigt wird.
Die Bedieneinheit wird im Blickfeld des Fahrers untergebracht und ist das einzige, was immer vom Tempostat zu sehen ist. Sie hat drei Schaltfunktionen: „set", „memo" und „off". Bei Druck auf die Taste „set" wird die im Moment gefahrene Geschwindigkeit vom Computer gespeichert und anschließend elektronisch genau eingehalten. Bei Fahrten auf Landstraßen und Autobahnen kann man dabei bis zu 15 Prozent des normalerweise verbrauchten Kraftstoffs einsparen.

5 Die Tachometerantriebswelle muß auf einem geraden Stück getrennt werden, um den Frequenzgeber einzubauen. Dazu wird der Schutzschlauch abgemantelt, die Welle mit dem Seitenschneider durchtrennt und der Geber eingesetzt.

Beim Bremsen und Kuppeln schaltet er automatisch ab

Denn kein Fahrer gibt so genau Gas wie der Tempostat. Wenn unerwartet ein Hindernis auftaucht und der Fahrer bremsen oder kuppeln muß, schaltet sich das Gerät sofort selbsttätig aus. In kritischen Situationen erfordert es also keine besondere Aufmerksamkeit, die das Unfallrisiko erhöhen würde. Erst nach der nächsten Beschleunigung wird die bisherige Fahrgeschwindigkeit wieder einreguliert, wenn dazu die grüne „memo"-Taste gedrückt wird. Ein Druck auf die Taste „off" schaltet das Gerät

Fortsetzung auf Seite 222

6 Der Frequenzgeber arbeitet in jeder beliebigen Lage. Nach der Montage muß überprüft werden, ob die Enden der Flexwelle noch im Tachometer und im Getriebe greifen.

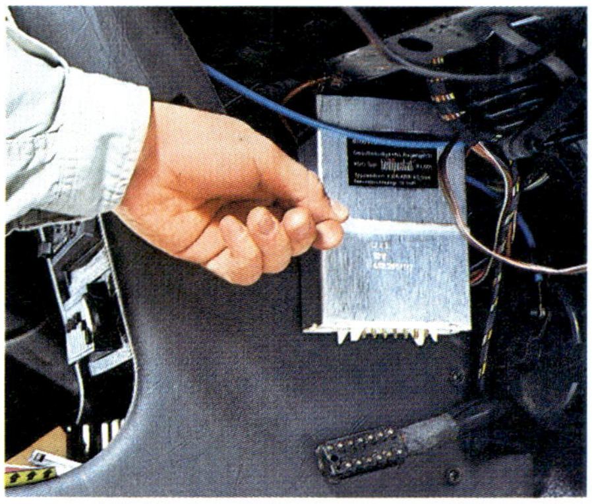

7 Die elektrische Verkabelung beginnt mit der Verlegung des Kabelbaums vom Regler aus. Der Regler wird unter dem Armaturenbrett wassergeschützt montiert. Eine Bohrung, in der Spritzwand des Motors ermöglicht die Verkabelung mit dem Stellglied.

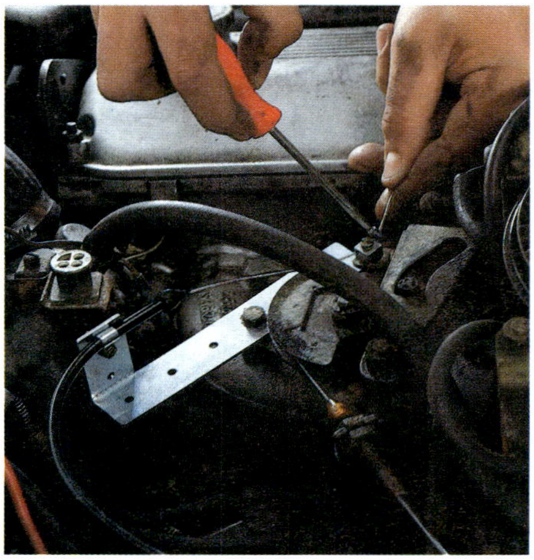

4 Die Auflagefüße, die das Stellglied fest mit der Karosserie des Wagens verbinden, werden jetzt montiert. Welche Vorarbeiten dafür notwendig sind, richtet sich nach der Lage des gewählten Einbauortes im Fahrzeug.

8 Die Kabel sind bereits vormontiert, lediglich die, die durch enge Bohrungen geführt werden, müssen noch aufgesteckt werden. Da sie verschiedene Farben haben, sind sie mit Hilfe des Schaltplans leicht richtig zu verbinden.

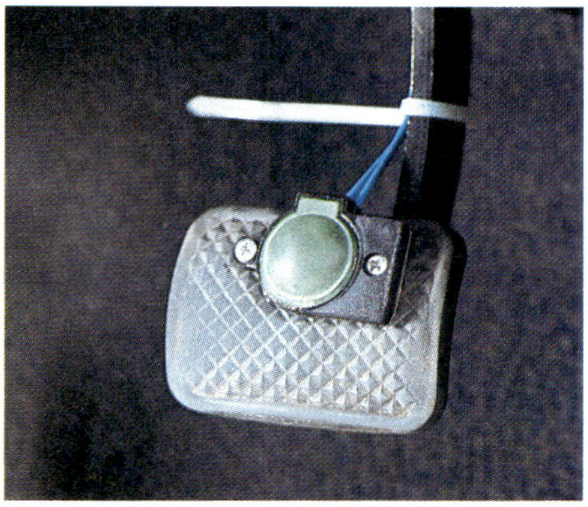

9 Der Kupplungsschalter wird so auf das Kupplungspedal geschraubt, daß er beim Treten des Pedals auf jeden Fall betätigt wird. Bei einem stark gewölbten Pedal sollte eine kleine Buchse als Abstützung angebracht werden.

10 Die Bedieneinheit muß der Fahrer gut erreichen können. Die Fläche, auf der sie angebracht wird, muß staubfrei sein, damit die Klebeplättchen gut haften. Das Kabel wird möglichst wenig sichtbar zum Regler geführt.

ganz aus. Bei jedem Halt und beim Abschalten des Motors stellt es sich darüber hinaus selbsttätig aus. Dasselbe geschieht, wenn die Fahrwiderstände, zum Beispiel Wind oder Steigung, zu stark werden. Bei Bedarf muß der Tempostat dann neu auf eine passende Geschwindigkeit programmiert werden.
Grundsätzlich funktioniert das Gerät erst ab 40 km/h; so kann er nicht unbeabsichtigt angestellt werden und versehentlich Parkmanöver oder ähnliches stören. Flottes Überholen ist auch bei eingeschaltetem Tempostat ganz normal durch stärkeres Gasgeben möglich. Nach dem Überholen übernimmt das Gerät automatisch wieder die Geschwindigkeitsregelung.

Die Benzinersparnis ist enorm

Wenig sinnvoll ist der Tempostat nur im Stadtverkehr, wo häufiges Schalten und Bremsen unvermeidlich ist. Ob auf Strecken mit Tempolimit oder bei freier Fahrt – die gleichmäßige Fahrweise mit weniger Beschleunigungs- und Bremsmanövern sorgt für weniger Verschleiß am Fahrzeug und für weniger Kraftstoffverbrauch. Der Fahrer kann sich voll auf den Verkehr konzentrieren und muß nicht immer noch den Tacho im Auge haben, der Gasfuß ist in Ruhestellung – all das ermöglicht entspanntes Fahren.
Das Tempostat-Gerät ist im Autozubehör-Fachhandel erhältlich. Das Gerät verfügt über eine allgemeine Betriebserlaubnis (ABE) und muß deshalb nicht beim TÜV vorgeführt werden.

Auch die Schubabschaltung senkt den Kraftstoffverbrauch

Bis zu zwölf Prozent Kraftstoffersparnis kann man durch den nachträglichen Einbau einer automatischen Schubabschaltung erreichen. Spezielle Einbausätze erleichtern die Montage.

1 Die Luftansaughutze der Gemischbildungsanlage wird abgebaut und ausgewaschen. Das ist wichtig, damit die spätere Klebestelle fett- und ölfrei ist. Genau nach Plan wird die Einbaustelle des Schubabschaltventils ausgemessen und angezeichnet. Dann wird ein Loch in der erforderlichen Größe, zum Beispiel mit einem handelsüblichen Locheisen, ausgestanzt. Der Ausschnitt muß genau passen, damit später keine Falschluft angezogen werden kann.

2 Das Drehzahlrelais wird am besten hinter der Batterie am Radkasten des Fahrzeugs befestigt. Die Anschlüsse sollten nach unten zeigen. Der zum Lieferumfang gehörende Kabelbaum wird auf das Relais gesteckt.

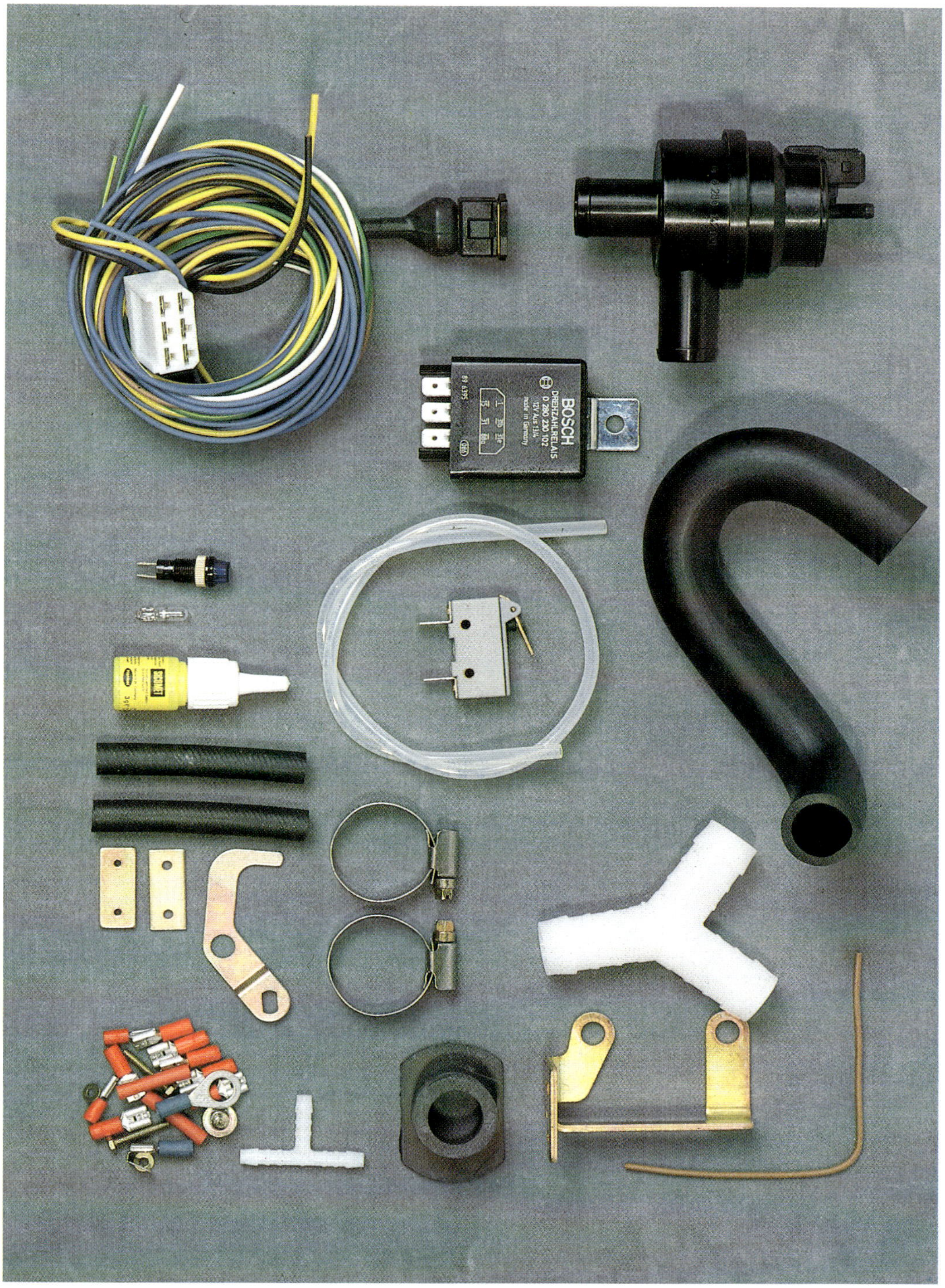

Die hier vorgestellte Schubabschaltung spart im Stadtverkehr bis zu 12 Prozent Kraftstoff, ohne daß die Fahrleistungen des Fahrzeugs in irgendeiner Art und Weise beeinträchtigt werden.

Zubehör für den nachträglichen Einbau im Kraftwagen läßt sich in zwei Gruppen einteilen. Da ist zunächst das Zubehör, das dem Fahrer hilft, eine möglichst wirtschaftliche Fahrweise einzuhalten, indem es ihn ständig mit Informationen versorgt. Das geht vom einfachen Drehzahlmesser bis zum Bordcomputer. Und dann gibt es noch das Zubehör, das ohne Zutun des Fahrers wirksam wird und nach dem Einbau automatisch beim Sparen hilft. Dazu gehört neben modernen Zündanlagen, Leichtlaufreifen u. ä. auch die Schubabschaltung. Sie basiert auf einem Tatbestand, der für alle Fahr-

3 Der Drosselklappenschalter wird mit den entsprechenden Befestigungsteilen am Drosselklappengehäuse der Gemischbildungsanlage befestigt. Die Montage erfolgt an den vorhandenen Schrauben des Gehäuses, an denen die Befestigungsteile des Schalters sicheren, wackelfesten Halt bekommen.

zeuge mit einem Otto-Motor gilt. Die Motoren brauchen auch dann Kraftstoff, wenn sie bei ruhendem Gaspedal durch Schub rollen. Das ist ein Zustand, der sich beim täglichen Betrieb häufig einstellt: Das Auflaufen auf langsameren Verkehr, das Ausrollen vor roten Ampeln, die Gasrücknahme vor Kurven usw. Der drehende Motor erzeugt im Ansaugrohr einen geringen Unterdruck, der einen gewissen Kraftstoffverbrauch zur Folge hat. Die Schubabschaltung erkennt das und schaltet die Kraftstoffzufuhr ab, sobald der Fuß vom Gas genommen wird. Der Motor läuft weiter, bekommt aber kein Benzin mehr. Sobald er seine Leerlaufdrehzahl erreicht hat oder wieder Gas gegeben wird, setzt die Kraftstoffzufuhr wieder ein. Die Montage der Schubabschaltung setzt gute Kenntnisse des Fahrzeugmotors und genaues Arbeiten voraus. Es muß für den Einbausatz auch eine Allgemeine Betriebserlaubnis erteilt sein, die gewährleistet, daß der Motor nicht stehen bleibt und das Abgasverhalten nach dem Einbau den Bestimmungen entspricht.

Das soll jedoch keinen abschrecken, denn normalerweise ist für die Bausätze, die man im Fachhandel kaufen kann, eine allgemeine Betriebserlaubnis (ABE) bereits erteilt. Eine spätere Vorführung beim TÜV ist unter diesen Umständen nicht erforderlich.

Auch der Einbau ist nicht allzu schwierig. Auf jeden Fall sollte man sich genügend Zeit nehmen, die beiliegende Einbauanleitung genau zu lesen. Wenn man dann noch die eigentlichen Einbauarbeiten gut vorbereitet, Anschlußkabel kennzeichnet, Bohrlöcher markiert und die gesamte Anlage noch einmal außerhalb des Wagens ausbreitet, dann kann eigentlich nicht mehr viel schiefgehen.

Wichtig ist, daß man für die elektrische Verdrahtung der Schubabschaltung (wie übrigens für alle anderen Arbeiten an der Autoelektrik auch) Quetschverbinder und die dazugehörige Spezialzange verwendet (siehe auch Seite 208). Außerdem wird selbstverständlich vor Beginn der Verdrahtungsarbeiten die Batterie abgeklemmt.

4 ▲ 5 ▼

4 Die Einstellung des Drosselklappenschalters wird so vorgenommen, daß er bei kleinstmöglicher Öffnung der Klappe schaltet. Diese Einstellung muß ganz exakt durchgeführt werden, weil sich das Fahrverhalten des Fahrzeugs sonst verschlechtert. Der Schaltpunkt ist akustisch hörbar, die Überprüfung der Einstellung mit einer Fühlerlehre ist aber trotzdem notwendig.

5 Das Schubabschaltventil wird in die eingeklebte Gummibuchse bis zum Anschlag eingesteckt. Der Anschluß muß nach unten zeigen, wenn das Ventil mit einer Schlauchschelle in der Gummibuchse befestigt gesichert wird. Die Schelle muß ganz fest angezogen werden.

6 Für die elektrische Verbindung werden alle Leitungen nach Plan verlegt und auf die benötigten Längen gekürzt. Entsprechende Klemmen bzw. Kabelschuhe werden mit einer Quetschzange an den Leitungen befestigt.

7 Die Leitungen im Motorraum sollte man so verlegen, daß sie durch die Motorwärme keinen Schaden nehmen können. Sie werden auf die vorgesehenen Stecker aufgesetzt.

8 Die Kontrolleuchte wird an einem geeigneten Ort im Sichtbereich des Fahrers eingebaut. Sie leuchtet auf, wenn der Motor betriebswarm ist und kein Gas gegeben wird, d.h. der Wagen sich im Schiebebetrieb befindet.

6 ▲

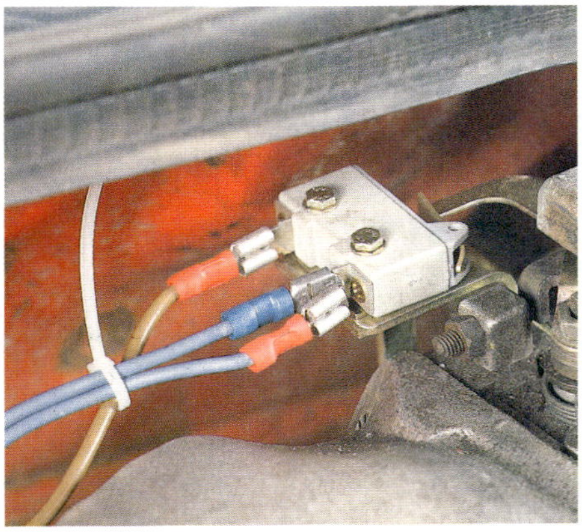

7 ▲

Freie Sicht am Heck

Unbestreitbar wird die Verkehrssicherheit eines Autos beeinträchtigt, wenn die freie Sicht nach hinten durch eine verschmutzte Heckscheibe getrübt wird.

Komplette Bausätze wie zum Beispiel dieser machen den Einbau der Wisch-Wasch-Anlage einfacher, als es auf den ersten Blick aussieht. Der relativ geringe Aufwand lohnt sich auf jeden Fall.

Unerläßlich
bei Kombifahrzeugen und Kompaktautos

Heckwischer an Fahrzeugen mit Abrißheck sind ohne Zweifel ein bedeutender Beitrag zur Verkehrssicherheit. Dennoch gehören sie nicht immer zur serienmäßigen Ausstattung dieser Modelle, sondern sind meist nur gegen Aufpreise in Verbindung mit anderen Extras erhältlich. Es empfiehlt sich also, den Heckwischer selbst einzubauen. Der zusätzliche Einbau von elektrischem Scheibenspüler und Spritzdüse bedeutet keinen großen Mehraufwand, denn die gesamte Anlage wird mit einem Zwei-Stufen-Schalter bedient. Doch ebenso wie bei der Frontscheibe sorgt die Kombination von Wischen und Waschen für eine schnelle Reinigung der Scheibe. Zum Einbau muß man die Hecktürverkleidung vorsichtig entfernen. Nach der mitgelieferten Einbautabelle werden dann von außen die Bohrung für die Wischerachse und die Bohrung für die Spritzdüse angerissen und angekörnt. Dann wird mit einem 4-mm-Bohrer vorgebohrt und für die Wischerachse mit 12,5 mm, für die Spritzdüse mit 10 mm das endgültige Loch gebohrt. Für die Wischerachse wird auch gleich die Türinnenwand so mit durchgebohrt, daß die Bohrung sich im rechten Winkel zur Heckscheibe befindet. An der Bohrschablone schneidet man die Bohrung für die Wischerachse aus; dann wird sie so auf die Türinnenwand geklebt, daß sich die beiden Bohrungen überdecken. Anschließend wird die Türinnenwand nach Schablone angekörnt und am besten mit einem 8-mm-Bohrer ausgebohrt. Damit man beim Bohren die Türaußenwand nicht beschädigt, sollte man einen möglichst kurzen Bohrer verwenden, auf den eine Hülse als Tiefanschlag gesteckt wird. Man kann auch zwischen die beiden Türbleche ein Stück Hartholz oder Stahlblech legen.

Nun kann man die Stege mit einem Seitenschneider durchtrennen und den Ausschnitt mit einer Feile grob glätten. Es folgt die Prüfung, ob der Motor durch den Ausschnitt in die Hecktür montiert werden kann. Dazu werden die Sechskantmuttern, Dichtklappe und Scheiben von der Motorgewindelagerbüchse abgenommen. Bei stark schrägen Flächen ist es möglich, daß eine geringe Vergrößerung des Ausschnitts nötig ist. Alle Bohrlöcher werden entgratet und mit Lack und Grundierung gegen Rost geschützt. Dann legt man das Formstück in den Ausschnitt, führt die Kabel durch die Öffnung und befestigt den Motor. Für den Einbau der Waschanlage stehen zwei Spülertypen zur Verfügung. Ein Beutelspüler, der besonders für den Einbau hinter einer Seitenabdeckung geeignet ist, und der Tankspüler, der mit der mitgelieferten Halterung an einer senkrechten Wand im Laderaum angebaut wird. Beide haben ein Fassungsvermögen von ca. 1,5 Litern. Zur Verlegung der Kabel müssen in der Nähe des Heckklappenscharniers zwei Löcher gebohrt werden, durch die der Plastikschlauch für den Wassertransport und die elektrischen Leitungen in den Innenraum geführt werden. In den Plastikschlauch setzt man ca. 10 cm von der Düse entfernt das Rückschlagventil ein. Die Spritzdüse wird in die Bohrung eingedrückt; das Spritzloch soll zur Mitte der Heckscheibe zeigen. Die Kabel, die zum Schalter führen, werden an der linken oder rechten Seite des Fahrgastraumes nach vorne verlegt. Die Batterie wird abgeklemmt, der elektrische Anschluß laut Schaltplan vorgenommen und der Schalter in Reichweite des Fahrers eingebaut. Dann schließt man die Batterie wieder an, und nach dem Auffüllen des Wassertanks kann der erste Probelauf stattfinden.

1 Der genaue Einbauort für den Heckwischer und die Spritzdüse werden ausgemessen und angezeichnet. In den mitgelieferten Einbauhinweisen sind die genauen Maße angegeben.

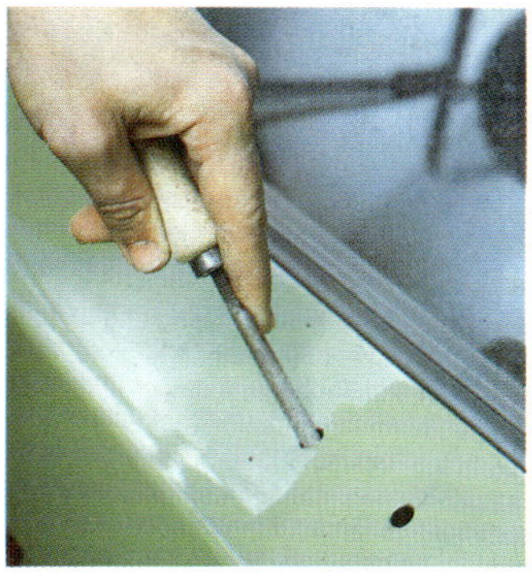

2 Beim Bohren der Löcher muß man vorsichtig zu Werke gehen, damit der umliegende Lack nicht beschädigt wird. Anschließend werden die Bohrlöcher entgratet und mit Rostschutz behandelt.

3 Der Platz für den Wischermotor wird auf der Innenseite der Heckklappe geschaffen. Eine Bohrschablone markiert die ungefähre Größe; bei schrägen Flächen wird der Ausschnitt entsprechend vergrößert.

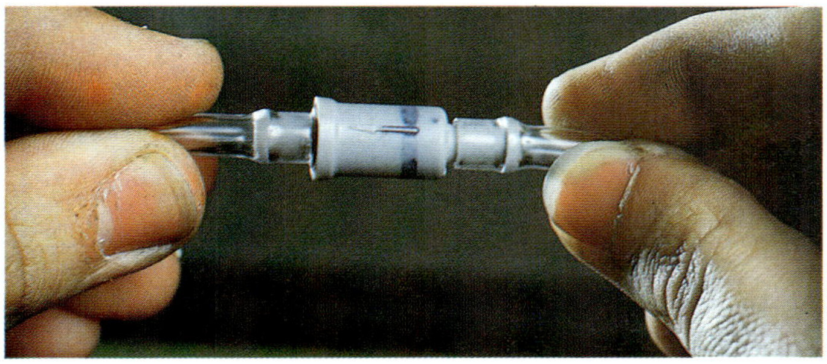

4 Das Rückschlagventil wird etwa 10 cm von der Spritzdüse entfernt in den Schlauch eingesetzt. Die Durchflußrichtung ist durch einen Pfeil gekennzeichnet.

5 Der Plastikschlauch für den Wassertransport muß so verlegt werden, daß er nicht eingeklemmt werden kann. Diese Stelle zwischen Heckklappe und Fahrzeugkarosse bietet den meisten Platz.

6 ▲

6 Der Heckwischermotor wird eingesetzt. Das um den Ausschnitt verlegte Formgummi zur Erleichterung der Montage wird eingefettet; es soll dicht am Motorgehäuse anliegen, damit der Motor einen festen Sitz erhält.

7 ▼

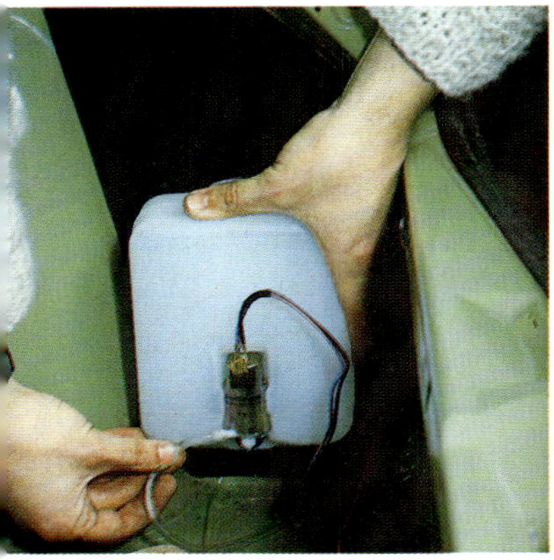

7 Der Wassertank wird mit dem mitgelieferten Befestigungshalter an einer senkrechten Fläche befestigt. Anschließend wird die Verkabelung vorgenommen.

8 ▼

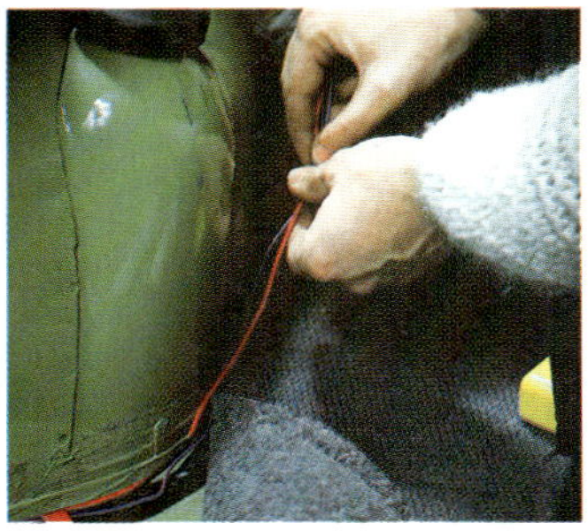

8 Die Kabel verlegt man am zweckmäßigsten unter den Bodenmatten. Auf einwandfreien Leitungsverlauf ist zu achten, damit die Kabel nicht scheuern oder eingeklemmt werden können.

9 ▼

9 Der elektrische Anschluß wird genau nach dem beigefügten Schaltplan durchgeführt. Der Einbauort des Schalters am Armaturenbrett soll so gewählt werden, daß er vom Fahrer gut zu erreichen ist.

Tips für den Autowinter

Mit wenigen Handgriffen wird das Auto fit für den Winter.

Beschlagene Scheiben müssen nicht sein. Ein Anti-Beschlag-Tuch ist imprägniert; es sorgt dafür, daß die Scheiben im Nu klar werden, und verhindert ein erneutes Beschlagen.

Im Winter kann man mit dem Auto so manche unangenehme Überraschung erleben. Eine kalte Frostnacht – und schon läßt einen das Fahrzeug im Stich. Die Ursachen können vielfältig sein, aber eines haben alle gemeinsam – es sind meist nur Kleinigkeiten, die bei etwas sorgfältigerer Vorbereitung auf die Tücken von Feuchtigkeit, Eis und Schnee gar nicht erst zu einem Defekt geführt hätten. In der morgendlichen Dunkelheit und bei eisiger Kälte kann man die Ursache nur schlecht ergründen und das Auto wieder startklar machen.

Fazit: Vorsorge kann nicht schaden und ist sicher sehr hilfreich. Einige Schwachstellen verdienen besondere Aufmerksamkeit – zunächst einmal die Batterie, die den Belastungen der kalten Jahreszeit oft nicht mehr gewachsen ist, wenn sie bereits einige Jahre auf dem Buckel hat oder der Flüssigkeitsstand in den Kammern nicht mehr stimmt. Wichtig ist auch die Leitfähigkeit der Kabel und Stecker: Mangelnde Kontaktfähigkeit kann die Startversuche zu einem aussichtslosen Unterfangen machen. Alte und verbrauchte Zündkerzen haben im Auto jetzt nichts mehr verloren und müssen ausgetauscht werden. In der auf Seite 230 stehenden Checkliste finden sich weitere Dinge, die man im Autowinter beachten sollte.

1 Neue Wischerblätter können Wunder wirken. Gerade für die feuchte Jahreszeit sollte man einen neuen Satz Wischerblätter kaufen.

2 Die Schloßkappe ist eine preiswerte Plastik-Abdeckung, die das Eindringen von Feuchtigkeit und das Einfrieren verhindert.

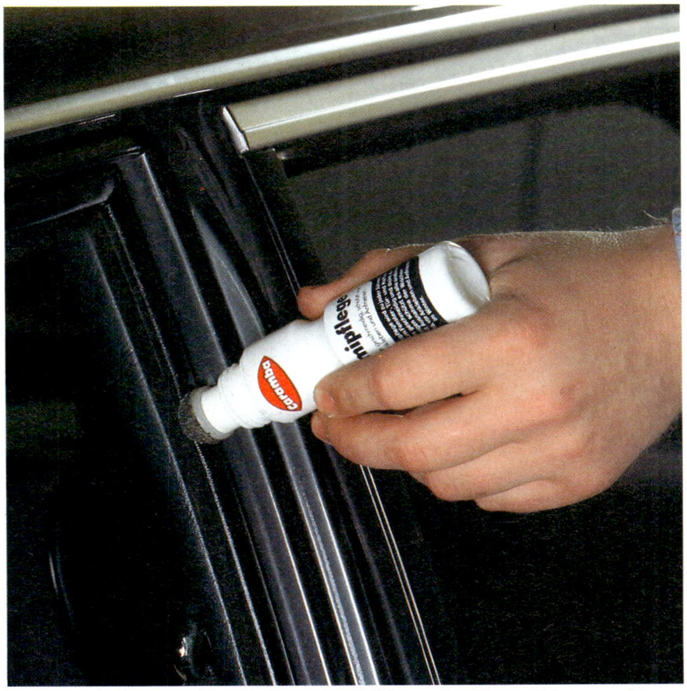

3 Gummipflegemittel verhindern das Anfrieren der Gummileisten an Türen, Haube und Kofferraumdeckel. Alle Dichtungen einstreichen.

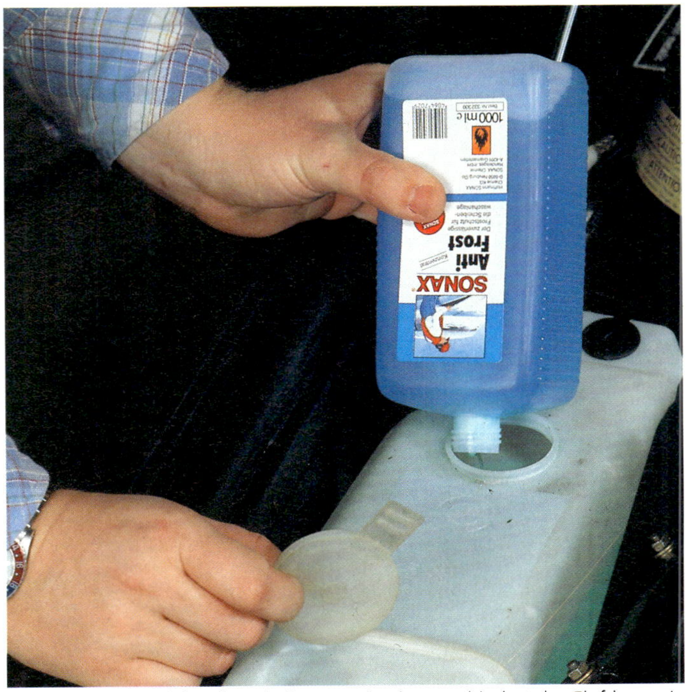

4 Anti-Frostmittel für die Scheibenwaschanlage verhindert das Einfrieren. Je nach Temperatur mehr zugeben.

5 Batterie-Polfett hilft, die Salzbildung an den Anschlüssen zu verhindern und sorgt für ausreichenden Stromfluß.

6 Frostschutz-Prüfer für das Kühlwasser geben Auskunft über den Gefrierpunkt der Kühlflüssigkeit (üblich: etwa –30 Grad).

CHECKLISTE

Starthilfe-Kabel gehören jetzt in jedes Auto. Reihenfolge bei der Energie-Vermittlung:
Beide Pluspole verbinden, dann Minuspol an der frischen und zuletzt an der schwachen Batterie anschließen. Das Abklemmen dann genau umgekehrt.
Profiltiefe der Reifen checken. Empfehlung für den Winter: Profiltiefe mindestens 3 mm.
Luftfilter auf Winterbetrieb einstellen. Das erleichtert dem Motor das Atmen.
Korrosion an Sicherungen durch Drehen in der Klemme beseitigen.
Kühlwasserstand und -konzentration überprüfen. Falls nötig, austauschen oder ergänzen.
Scheibenwaschanlage mit ausreichend Frostschutz auffüllen.

7 Schlechten Kontakt gibt es nicht, wenn die Korrosion oder Feuchtigkeit mit Aktiv-Öl rechtzeitig „unterwandert" wird.

Erste Hilfe am Auto

Falls man mit dem Auto einmal aneckt, muß man nicht gleich in die Werkstatt fahren.

Leuchten oder eine neue Stoßstange kann jeder selber auswechseln. Original-Ersatzteile und alles, was man sonst so braucht, gibt's im Autohandel.

1 Das neue Rücklicht für den Golf wechselt sich leicht aus. Nur vier Schrauben halten es. Die Stecker sind verschiedenfarbig und unverwechselbar.

2 Diese Stoßstange wurde „kaputtgeparkt". Ein kleines Malheur: eine neue kostet ca. 200,– DM (Golf GTD) beim V.A.G.-Ersatzteildienst.

3 Mit vier Bolzen wird die Stoßstange im Wagenheck gehalten. Man löst die Bolzen mit einem 17er Steckschlüssel mit Verlängerung von der Wagenunterseite her. Seitlich am Kotflügel wird die umlaufende Kunststoffauflage in Plastiktellern gehalten.

4 Die neue Stoßstange zuerst über die seitlichen „Teller" schieben, anheben und mit einem Bolzen von unten fixieren. Kurz die ganze Baugruppe nachpassen, die restlichen drei Bolzen eindrehen und festziehen. Fertig!

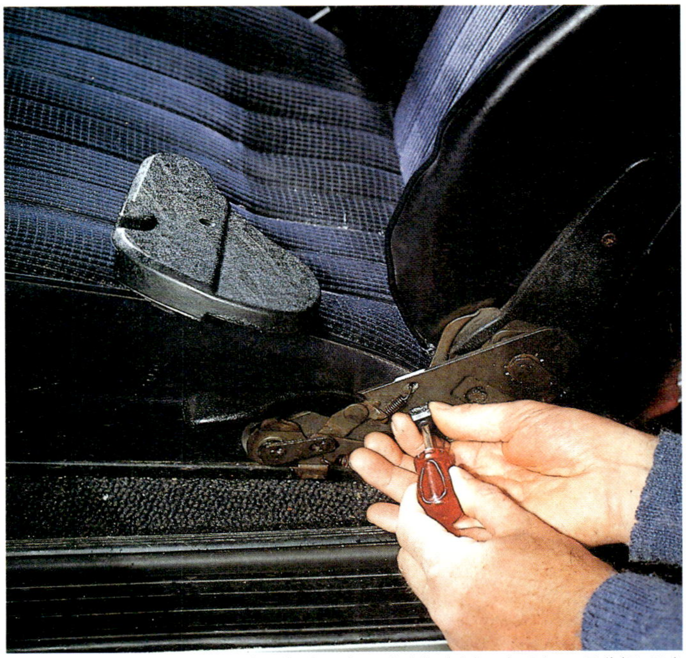

5 Plastik an der Verstellmechanik des Sitzes bricht leicht ab. Dieses Teil (BMW) kostet ca. 12 DM und wird mit einer einzigen Schraube angeschraubt.

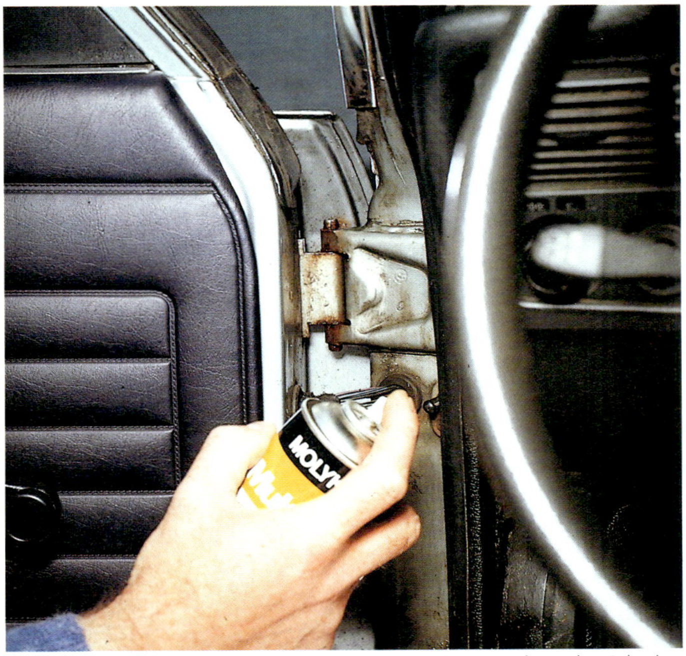

6 Klemmende Türscharniere bekämpfen Sie mit einem rostlösenden Schmiermittel mit gezieltem Strahl aus der Dose; das Kriechöl sparsam anwenden.

7 Der Schlüssel klemmt im Schloß. Mit dem naßgesprühten Schlüssel die Stifte im Schloßzylinder gangbar machen. Das Papiertuch schützt Hand, Lack und Fensterglas vor dem Spray. Sollte Sprühnebel die Windschutzscheibe verschmieren, Schlämmkreide aufreiben, antrocknen lassen und mit Glasrein nachputzen.

TIP

Die Fahrgestellnummer des Wagens ist der Schlüssel zum richtigen Ersatzteil. Der Autohändler hält es bereit oder er besorgt es. Vergleichen hilft. Der Preis kann um etwa 30 Prozent differieren.

Damit das Auto leiser wird

Das ist alles, was man benötigt, um das Auto rundum leiser zu machen.

Alle Matten und Folien – mit Ausnahme der Antirutschmatte für den Kofferraum – sind selbstklebend.
Das komplette Material kostet für ein normales Auto etwa 200 Mark.

Viele Menschen fühlen sich durch Lärm gestört. Verkehrslärm, Fluglärm, Baulärm und mehr zerren an unseren Nerven. Da muß es wirklich nicht sein, daß auch die durch das eigene Auto verursachten Geräusche das Wohlbefinden stören. Zumal es so einfach ist, mit den richtigen Mitteln am richtigen Ort jedes Fahrzeug deutlich leiser und das Fahren viel angenehmer zu machen. Daß man gegen den Lärm etwas tun kann, wissen natürlich auch die Autohersteller. Aber nur die wenigsten liefern ihre Fahrzeuge bereits serienmäßig mit einer vernünftigen Schalldämmung – die Sparpolitik läßt solche Maßnahmen wohl meist nicht zu. Das ist allerdings kein Grund zum

Hadern, denn alles, was nötig ist, um das Auto rundum leiser zu machen, gibt es als nachträglich einzubauendes Zubehör.
Was gemeinhin als Fahrgeräusch bezeichnet wird, hat viele verschiedene Ursachen. Zum Beispiel das Abrollen der Reifen auf dem Asphalt: dagegen kann man natürlich nichts unternehmen. Aber gegen die Geräusche, die von Motor, Getriebe und anderen mechanischen Teilen an das Ohr dringen, kann man etwas tun. Eine Schalldämmmatte, in die freien Flächen der Motorhaube geklebt, unterdrückt den Luftschall. Wenn diese Matte auch an Stirnwand, Kofferraumhaube und Kofferraumseitenteilen angebracht wird, ist es schon ruhiger im Auto. Eine zweite Geräuschquelle sind die schwingenden Karosserieflächen, die durch den Fahrbetrieb angeregt werden. Auch hier kann man wirksam Abhilfe schaffen – mit Antidröhnplatten für Autotüren, Seitenteile und ebene Bodenbleche. Bei Blechteilen mit starker Oberflächenverformung kommt Schalldämmschmelzfolie zum Einsatz, besonders also an der Bodengruppe des Fahrzeugs. Auch die Wirkung von Unterbodenschutz, mit dem Pinsel dick aufgetragen, sollte nicht unterschätzt werden. Er schützt nicht nur vor Rost, sondern auch vor Lärm.

1 Schalldämmmatte ist das richtige Material, um den Motorlärm zu schlucken. Ein sauberer Untergrund ist notwendig, damit die Matte einwandfrei klebt und auch hält.

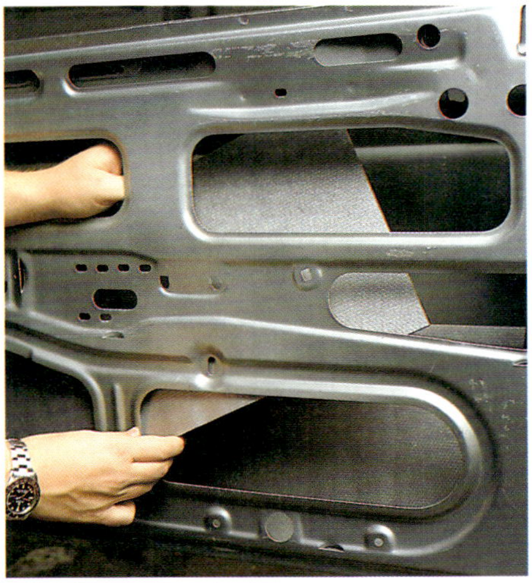

2 Für die Autotüren ist die Antidröhnplatte das geeignete Mittel, um Vibrationsgeräusche wirkungsvoll zu unterdrücken. Für paßgenaue Stücke Maß nehmen, die Platte einritzen und brechen.

3 Stark verformte Oberflächen sind für die Schmelzfolie kein Problem. Sie kann mit einem Heißluftgebläse erwärmt werden und paßt sich dann jeder Unebenheit an.

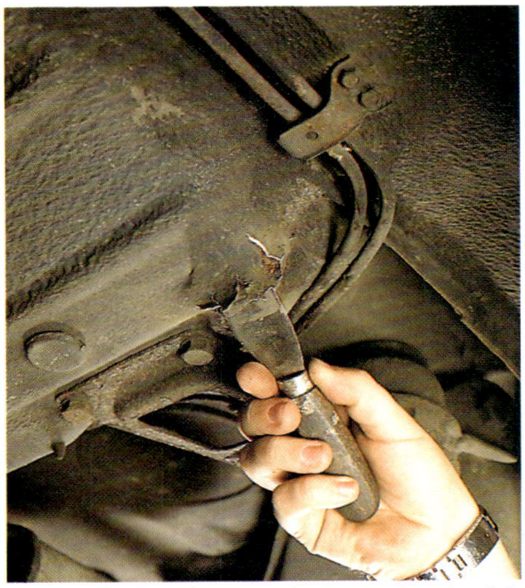

4 Unterbodenschutz aus der Dose trägt ebenfalls zur Geräuschminderung bei. Er ist bei vielen Fahrzeugen serienmäßig vorhanden, aber lose Stellen sollten jetzt ausgebessert werden.

5 Eine Antirutschmatte, einfach eingelegt, sorgt dafür, daß keine Klappergeräusche entstehen und auch in einer schnell durchfahrenen Kurve alles an seinem Platz bleibt.

Dem Diesel wird eingeheizt

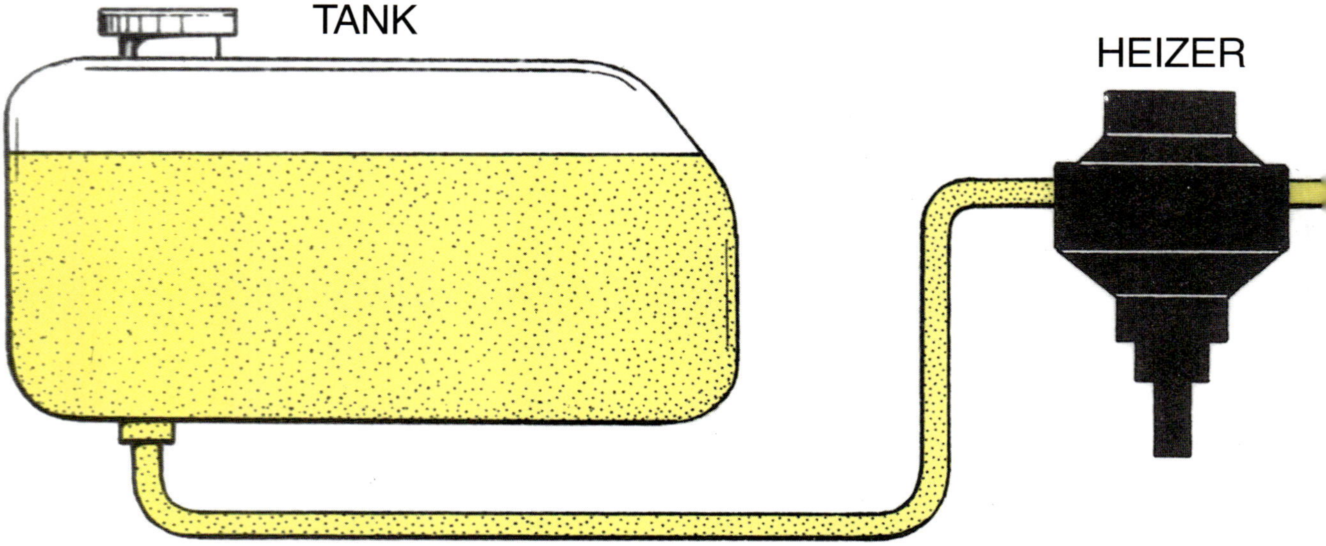

Diesel sind unter den Personenwagen im Vormarsch, seit die Motoren immer zugkräftiger und stärker geworden sind. Die Turboaufladung und der größere Hubraum machen aus den Diesel-Pkws Renner, mit denen das Fahren Spaß macht. Außerdem sind Dieselmotoren umweltfreundlich. Der Kraftstoff war schon immer bleifrei. Aber er enthält Paraffin.

Von der Menge des Paraffins im Dieselkraftstoff hängt es ab, ob man noch bei winterlichen Temperaturen um –15 °C vorankommt. Paraffin bildet nämlich Flöckchen, die klein genug sind, um durch die Kraftstoffleitung zu kommen, aber zu groß, um den Kraftstoff-Filter zu passieren. Dagegen half bisher nur Normalbenzin aus der Bleifreizapfsäule, weil dieses das Paraffin am Ausflocken hindert. Je nach Zugabemenge bis –40 °C, wenn man halb und halb mischt. Dann verliert der Diesel aber an Temperament, und wenn es wärmer wird, muß man rasch an die Dieselsäule zum „Nachdicken". Viele Dieselfahrer haben in der Winterzeit einen Reservekanister mit 5 l Benzin im Kofferraum (seit kurzem in einigen Ländern verboten). Benzin hilft jedoch nicht mehr, wenn der Filter erst einmal dicht ist. Von allen diesen Vorgängen im Kraftstoff merkt man nichts, wenn das Fahrzeug mit einem Dieselheizer ausgerüstet wird, wie er von Bosch für den Selbsteinbau angeboten wird. Der elektrische Heizer, der im Fachhandel für rund 230 DM zu haben ist, wird unmittelbar vor den Kraftstoff-Filter montiert. Er arbeitet dank eines Temperatur-Sensors automatisch und nur dann, wenn die Kraftstoff-Temperatur unter 0° Celsius sinkt. Eine ausführliche Einbauanlei-

1 Diesel-Heizer mit beiden Blechschrauben in Filternähe befestigen. Schläuche knickfrei verlegen und dicht anschließen. Motor starten und dabei Leitung entlüften lassen.

2 Mit der Kabelzange Leitungen nach Farbe mit den richtigen Kabelschuhen und Quetschverbindern aufbauen. Ein fertiger Kabelbaum wird nicht mitgeliefert. Relais anschließen.

Mit der dem Filter vorgeschalteten, kontrollierbaren Dieselheizung zum Selbsteinbau kann man der Winterkälte ein Schnippchen schlagen.

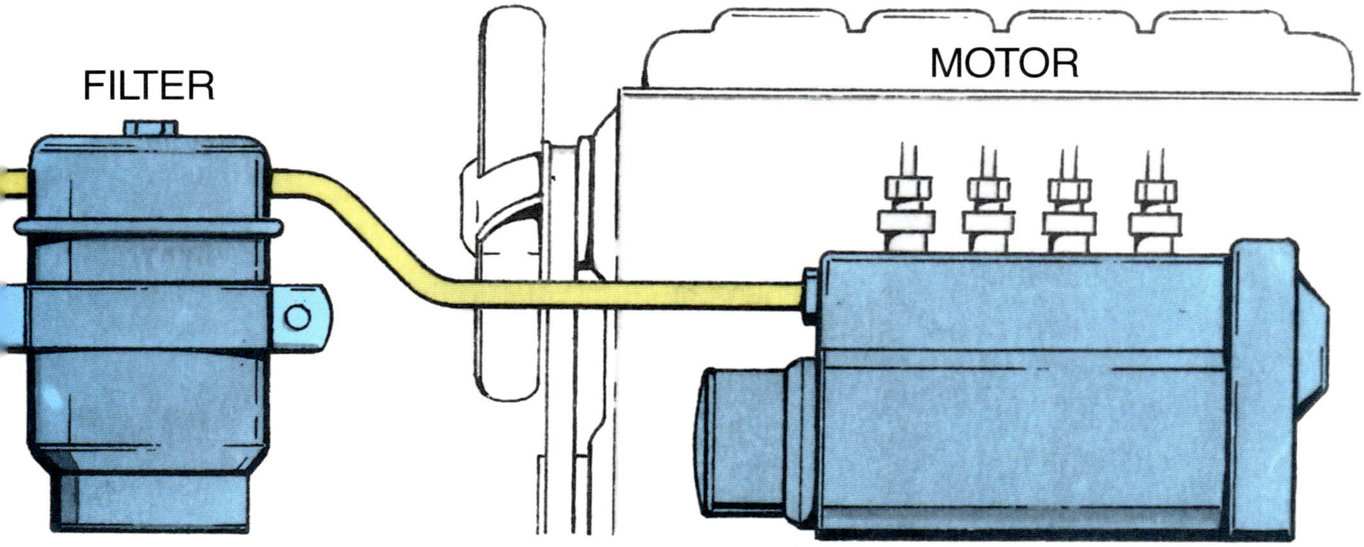

tung liegt jeder Packung bei. Die Montage ist in etwa 2½ Stunden Arbeitszeit zu schaffen.

Wie hilft die Heizung dem Dieselöl durch den Filter?

Die Zeichnung zeigt den Heizer mit seiner Zu- und Ableitung. Der Zuleitungsschlauch wird vom Filter genommen und auf den Eingang zur Dieselheizung gesteckt. Ein mitgeliefertes Schlauchstück vom Ausgang des Heizers zum Filter legen. Schlauchklemmen festziehen. Die eingedrungene Luft wird vom Motor selbst abgeschieden. Der Schaltkreis über das Relais und die eigentliche Heizung muß nach dem mitgelieferten Einbauplan präzise nachvollzogen werden. Eine schwierige Klippe ist das Aufspüren des blauen Kabels D+/61 an der Lichtmaschine, für das der Abzweigverbinder meist zu groß ist. Hier droht Wackelkontakt.

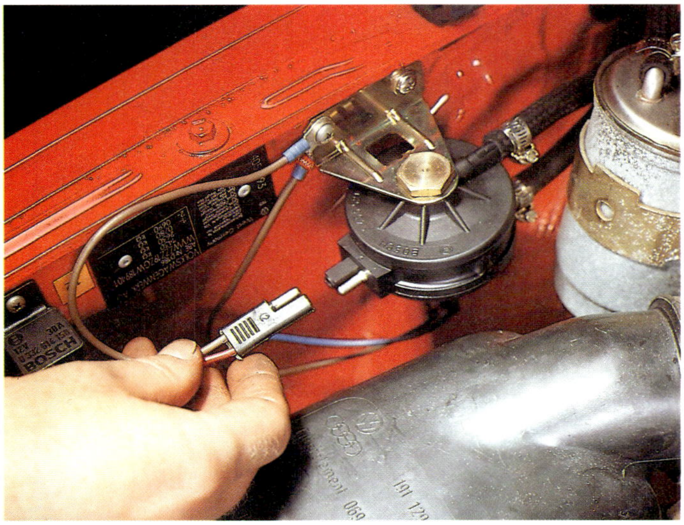

3 Der Stecker für den Heizstrom wird unverwechselbar an den Heizer angeschlossen, während die Masseleitung unter die eine Blechschraube des Dieselheizers verlegt wird.

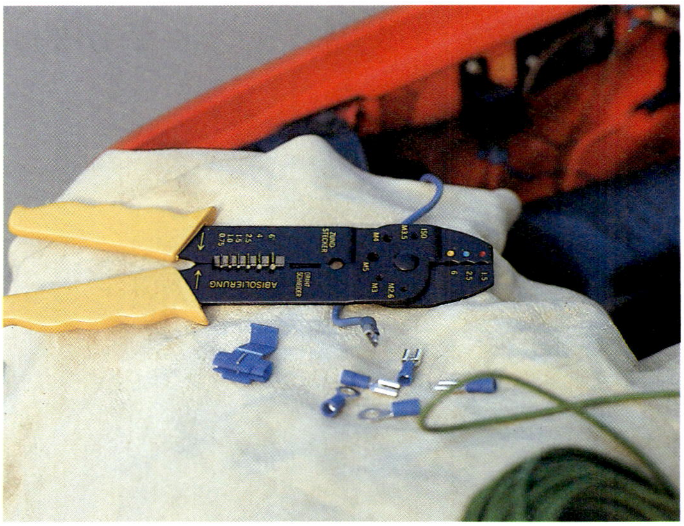

4 Das Relais wird von der Generatorkontrolle gesteuert (D+/61). Die freie Klemme 87 ist für eine Kontrolleuchte am Armaturenbrett gedacht (nicht im Lieferumfang).

Stichwort-Verzeichnis

A

B

C

D

E

F

G

S

T

U

V

W

Z

Wir danken folgenden Firmen für die freundliche Bereitstellung von Fotomaterial bzw. redaktionellen Beiträgen:

AEG-Telefunken, 6000 Frankfurt
Seiten 8–17
Grünzweig + Hartmann u. Glasfaser AG, 6700 Ludwigshafen
Seiten 130/133
Henke Treppen, 4990 Lübbecke
Seiten 42/43
Henkel, 4000 Düsseldorf
Seiten 78–87
Marley-Werke, 3050 Wunstorf
Seite 47
Fotos partly Nordform, 2000 Norderstedt
Seite 134
Wirus Werke, 4830 Gütersloh
Seiten 45/46